당신의 집은 어디에 있는가

당신의 집은 어디에 있는가

1판 1쇄 발행 :: 2020년 7월 24일

지은이 | 제이원

발행처 | (주)좋은연필
등 록 | 제2016-5호 (2016년 3월 9일)
주 소 | 서울시 도봉구 노해로 67길 2 한국빌딩 B2 5-107호
전 화 | 02-900-7203
팩 스 | 02-6280-7203
이메일 주소 | gpencil7@naver.com
네이버포스트 | https://post.naver.com/gpencil7

ISBN 979-11-957636-4-1   13320

* 잘못된 책은 구입하신 서점에서 바꾸어 드립니다.
* 좋은연필 네이버 포스트에서 다양한 지식과 정보를 공유하고 있습니다.
* 좋은연필은 독자 여러분의 소중한 아이디어와 원고 투고를 기다립니다.
  원고가 있으신 분은 gpencil7@naver.com로 간단한 개요 및 연락처를 함께 보내주세요.

당신의 집은
어디에 있는가

제이원 지음

목차

프롤로그

당신의 집은 어디에 있는가? 12
집을 꼭 사야 할까? 14
우리가 사지 않아도 외국인들이 산다 16
이유를 알아야, 해결방법을 찾는다 18

Part 1. Reason
당신은 왜 집이 없는가?

Chapter 1.
내부적인 원인

집 안 사도 행복한데? 필요성을 못 느끼는 당신 22
남의 말에 흔들리는 빈약한 소신 23
가격하락에 대한 두려움 25
인구가 줄면, 짜장면값은 하락하는가? 27
돈이 많이 필요하다는 오해 30
세금에 대한 걱정, 배보다 배꼽이 클 수 없다 32

과도한 자기애가 판단력을 흐린다 **34**
사용가치와 자산가치를 구별하지 못하는 당신 **37**
인간은 원래 돈 문제에 비합리적이다 **38**
돈에 대한 위선적인 태도 **39**
Safe is Risky, 안정은 위기의 징조다 **41**

Chapter 2.
외부적인 원인

다양한 정보가 오히려 당신을 가난하게 만든다 **44**
환경이 당신의 부를 결정한다 **47**
누가 호구인지 모른다면 당신이 호구다 **49**
남의 돈 무서운 줄 알아야 한다 **51**
시간은 당신의 돈을 갉아먹는다 **53**
잘못된 공부가 실천을 방해한다 **56**
폭락을 외치면서 집 사는 폭락론자들 **57**
부동산 정책에 흔들리는 국민 **59**

Part 2. Problem
당신은 어쩌다 하우스푸어가 되었는가?

Chapter 1.
내집마련으로 인해 문제를 겪고 있는 사람들

포르쉐가 비싸서 못 사는 건 당연한데, 부동산은 왜? **64**

성급한 내집마련은 안 하느니만 못하다 65
신도시에 대한 환상 67
똘똘한 한 채가 과연 답일까? 70
뱁새가 황새 쫓는 식의 내집마련 71
소액입주 분양물건의 위험성 73

Chapter 2.
잘못된 투자로 인해 고통받는 사람들

잘못 끼운 첫 단추가 투자를 망친다 78
남에게 의존하는 투자는 결국 이용만 당한다 80
단기투자는 거위의 배를 가르는 짓 82
제대로 배워야, 제대로 투자한다 83
신도시 상가투자는 대부분 망한다 85
머리가 여럿인 괴물, 공동투자 88
월세만 노린 섣부른 배당투자 90
상승할 때 추격매수하는 투자 93
과도한 대출의 위험성 97
부정적인 마인드 98
새로운 것은 없다 100
리스크 관리의 부재 103

Part 3. Solution
당신을 위한 집은 따로 있다.

Chapter 1.
집을 사기 전,
돈 다루는 기술부터 익혀라

돈을 버는 게 먼저다 106
습관성 소비를 중단하라 108
소비는 행복이 아닌 스트레스다 109
신상품 마케팅에 속지 말라 110
열등감이 곧 가난의 지름길이다 112
필요와 욕구를 구별하라 114
가난의 유전자를 끊어라 116
지출수단의 미니멀리즘 118
근로소득이라는 쳇바퀴는 기회다 121
거인의 어깨에 올라타라 123
코리아 드림 125
종잣돈을 만드는 기술 126

Chapter 2.
집을 고르는 기술

월급쟁이일수록 집이 더 필요하다 131
당신에게 필요한 집 제대로 알기 133

좋은 입지는 누구나 잘 안다 136
한 달에 200만 원 버는데 집을 살 수 있을까? 138
집에 살 것인가, 집을 살 것인가 141
집은 늘려가는 것이다 143
특정 지역만 오르지 않는다 146
실거주는 직주근접이 우선이다 148
미래 가치가 아닌 현재 가치에 집중하라 150
탐욕은 경계 1호 대상 151

Part 4. Strategy
실행전략

Chapter 1.
실행을 위한 마음가짐

스스로 궁함을 깨달아라 156
밑 빠진 독부터 점검하라 158
소득 대비 지출을 통제하라 161
대출 갚을 때도 순서가 있다 165
월급 외 또 다른 현금흐름이 필요하다 166
빚을 소비와 연결하지 말라 168
투자 기간을 정하지 말라 170
동기부여는 이제 그만 172
당신이 실천할 수 있는 공부를 하라 173

Chapter 2.
실패 확률 0%
부동산 투자 전략

황금 지표 전세율 바로 알기

매매가와 전세가의 특성 이해하기 **178**
전셋값이 집의 원가다 **180**
전세율 상승과 하락이 의미하는 것 **182**
임계점을 찾아라 **187**
전세율 변화로 상승 지역은 순환한다 **190**
전세율이 높은 부동산은 굳이 팔 필요가 없다 **194**

입지를 선정하는 방법

택지지구 vs 난개발지구 **197**
초등학교 입지는 언제나 옳다 **199**
용의 꼬리보다 뱀의 머리를 노려라 **201**
지방 투자, 선입견을 버리자 **203**
핵심위치를 주목하라 **208**
남는 건 결국 환경이 주는 프리미엄 **210**

수익률에 대한 이해

돈은 퍼센티지로 생각하라 **212**

수익률에 대한 이해 213
투자 가계부를 활용하라 217
허위 수익률에 속지 말라 219
집을 사기 위한 자금 전략 221

초보자를 위한 부동산 투자 TIP

당신만을 위한 소거 투자법 225
상가보다 주거 부동산이 좋은 이유 226
내 집을 위한 또 다른 집이 필요하다 231
인터넷 매물을 믿지 말라 232
투자와 투기를 구별하지 말라 234
초보자라면 부동산 경매를 꼭 배워라 237

Chapter 3.
당신이 피해야 할 함정

주식과 펀드의 유혹 242
금융 상술에 속지 말라 245
부동산 저평가의 오류 247
부동산 임장에 대한 잘못된 인식 250
로또가 된 청약시장 255
분양시장의 속사정 258
단기 매매의 종착역은 실패다 262
첫 투자 성공의 저주 265

Chapter. 4
자산을 지키는 원칙!

내 돈은 결코 남이 벌어주지 않는다 **268**
퇴사는 옵션이 아니다 **271**
자산의 진정한 가치를 이해하라 **274**
인맥은 리스크다 **277**
멀리 가려면 혼자 가라 **279**
리스크 관리는 실패조차 성공으로 만든다 **281**
당신의 돈을 남에게 알리지 말라 **283**
시간에 대비하라 **287**
당신 스스로 할 수 있다. 그 방법을 배워라 **289**

에필로그

집이 당신의 평생직장이다 **292**
투자는 계획대로 되지 않는다 **294**
인생은 길고, 지름길은 없다 **296**

프롤로그

당신의 집은 어디에 있는가?

많은 사람이 명품 가방, 고급 자동차를 사기 위해 꼼꼼히 자금계획을 세운다. 일부는 적금까지 들어가며 사치품을 사는 데 열을 올린다.

사치품에 대해서는 가격을 별로 의심하지도 않는다. 오히려 가격이 비싸면 비쌀수록, 그만한 가치가 있다고 생각하는 경향이 있다.

그러나 집은 어떤가? 집은 가방이나 자동차와는 비교도 안 될 만큼, 자산 상승의 높은 가치를 가지고 있는데도, 사람들의 인식은 그렇지 않다. 집을 사는 것에는 아무런 계획도 없다.

그리고 대다수 사람이 유독 집에 대해서는 가격을 인정하지 않는다. 본인 기준에 집값이 비싸게 느껴지면 거품이라 생각하고, 가격이 내려가야 한다고 믿는다.

투자나 실거주에 상관없이 집을 사는 행위 자체를 부정적으로 보는 시각도 꽤 있다. 이미 부정적인 생각이 꽉 차 있기 때문일까? 긍정적인 생각이 들어갈 틈이 보이지 않는다. 그래서인지 집 사는 것 자체를 포기하고, 욜로와 소확행을 추구하며, 현재를 마냥 즐기는 사람들이 늘어나고 있다.

그러나 생각을 바꿔야 한다. 집을 사는 건 이제 선택이 아닌, 필수다.

집은 의식주를 구성하는 기본 요소다. 사람이 살아가는 데 꼭 필요한 3대 요소 중 하나란 얘기다. 집은 생존을 위해 꼭 필요한 것이면서, 동시에 가족 간의 정서와 각자의 공간을 만들어가는 소중한 가치를 지닌다. 더불어 당신의 자산을 늘려주는 수단이기도 하다.

하지만 2018년 기준 주택보급률이 100%가 넘어가는데도, 자기 집 한 채 소유하지 않은 사람들이 여전히 많다.

필자는 그 이유에 대해 깊이 생각해보았다. 아마도 집에 대한 잘못된 편견 때문이리라. 그래서 필요성을 아예 느끼지 못하거나, 혹은 집을 사고 싶은 마음은 있어도 방법을 몰라 행동으로 옮기지 못하고 있는지 모른다. 집을 사고 안 사고는 개인의 자유라 해도, 문제는 무주택자가 놓치는 수많은 기회다.

자본주의 사회는 자산을 소유하고 있느냐, 그렇지 않으냐에 따라 구성원의 삶의 질이 달라진다.

앞서 말했듯, 집은 주거 공간의 가치와 더불어 자산으로써의 가치를 지닌 생산수단이다. 자본주의에서 자산을 소유하지 않은 사람은 자신의 영토(땅) 없이 전쟁을 치르는 것과 같다. 기댈 곳도, 돌아갈 곳도 없는 그런 목적 없는 전쟁 말이다. 집 따위 안 사도 된다고 가볍게 넘길 것이 아니라, 자신을 보호해 줄 내 집이 어디에 있는지 깊이 생각해볼 문제다.

아울러, 이미 집을 산 사람들도 문제가 없는 것은 아니다.

필자는 2008년부터 부동산 투자를 해오면서, 10년이 넘는 시간 동안 투자 시장에서 다양한 사람들을 만났다. 그들 중에는 무리한 내집마련으로 하우스푸어가 된 사람도 있었고, 첫 투자는 성공했지만, 자만에 빠져 최종적으로 실패한 사람도 있었다.

조급한 마음에 잘 돼 가던 투자를 망친 케이스, 남의 말만 듣고 퇴직금까지 쏟아부어 전 재산을 날린 케이스, 열거하자면 끝이 없겠다. 이들은 집을 자산으로써 제대로 활용하지 못했고, 결과적으로 집이 있어도 행복하지 않았다.

다양한 사연이 있지만, 핵심은 하나다.

집을 소유했건, 안 했건 많은 사람이 여전히 불확실한 마음으로 "내 집은 어디에 있는가?" 고민하고 있다는 사실이다.

필자는 이 책을 통해서 사람들이 그런 고민에 대한 답을 찾을 수 있길 바란다. 그러기 위해서는 원인과 문제점을 제대로 짚어내는 것이 우선일 것이다. 집이 없는 사람들에겐, 그 이유를 살펴보고 생각을 전환할 수 있는 방향을 제시하고자 한다. 집을 샀어도 고통받는 사람들에겐, 문제를 진단하여 해결할 수 있는 올바른 방법을 제시하고자 한다.

필자의 책을 집어 든 사람이라면, 분명 집에 대한 관심을 조금이라도 갖고 있을 것이다. 부동산과 투자에 대해 좀 더 명확한 답을 찾고 있을 거라 생각한다. 종교를 부정하는 사람보다, 사이비종교를 믿는 사람이 신과 더 가까이에 있다는 격언이 있듯, 관심이 있는 만큼 목표에 더 가깝게 다가갈 수 있을 것이다.

이 책이 당신의 집을 찾는데, 반드시 도움이 되리라 확신한다.

집을 꼭 사야 할까?

집을 꼭 사야 하는지 의문을 가지는 사람도 있을 것이다. 집을 소유하지 않아도, 지금 당장 생활하는 데 큰 문제가 없기 때문이다. 전월세 살아도 먹고 싶은 거 다 먹고 하고 싶은 거 다 하고 사는데, 굳이 비싼 돈 들여서 힘들게 집을 사야 하는지 필요성을 못 느낄 수도 있다.

그렇다면 아직 상황파악을 잘 못 하고 있는 것이다. 문제는 당장 드러나지 않는다. 잠복기를 거쳐 서서히 증상이 드러나듯, 무주택 역시 서서히 문제점을 드러내게 되는 것이다.

평생 내 집 없이 전월세를 산다는 것은 근로소득이라는 외줄에 의지한 채, 불안한 미래로 내던져지는 것과 같다. 근로소득이 있을 때는 내 집마련, 투자와 같은 단어가 나와는 전혀 상관없이 느껴진다. 그러나 근로소득이라는 외줄이 끊어지면 어떻게 될까? 그때는 기댈 곳 하나 없이 끝 모를 아래로 떨어지게 된다.

30대까지는 그럭저럭 재취업이 쉬울 수도 있다. 젊다는 이유만으로도 할 수 있는 일의 범위가 넓기 때문이다. 그러나 40대가 넘어가면 취업과 이직보다 퇴사가 더 쉽다. 그때 되어서 내 집 한 채 없이 세상 속에 내던져진다면, 남들보다 한참 뒤처진 곳에서 혼자 고전할 수밖에 없다.

통계청 자료 기준, 1986년부터 2018년까지 33년간의 평균 물가상승률은 3.65%이다. 당신의 소득은 매년 3.65% 이상씩 상승하고 있는가?

연봉 상승은커녕, 누군가는 연봉 동결, 누군가는 회사 사정으로 인해 연봉이 삭감되었을 수도 있다. 또 다른 누군가는 퇴직으로 인해 소득이 통째로 없어졌을 수도 있다.

급여 상승이 아닌 가계 실질소득 증가율을 살펴보면, 통계청 자료 기준 2003년부터 2018년까지 소득 분위 10분위 중, 5분위 중간 소득 계층의 연평균 소득상승률은 2.41%다. 즉, 우리나라 중산층 소득 상승률이 물가 상승률보다 낮다는 말이다.

하지만, 지난 30년간 전국 주택가격 상승률은 평균 3.3%다. 주택가격 상승률이 중산층 가계 소득 상승률보다 더 높은 것이다.

당신의 근로소득이 제자리걸음을 하고 있을 때도, 주택가격은 계속 상승하고 있다.

주택가격이 계속 올라가는 건 필연적인 결과다. 주택은 인플레이션, 인건비, 물가를 모두 반영한 자산의 가치를 지니기 때문이다.

이러한 결과가 무엇을 의미할까? 집은 어떤 상황에서도 자산으로서 든든한 대비책이 된다는 뜻이다.

그것만으로도 지금 당신에게 집이 꼭 필요한 이유다.

우리가 사지 않아도 외국인들이 산다

전 세계는 이제 국경이 없는 시대가 되었다. 돈도 마찬가지로 국경 없이 흐르고 있다. 상황이 이렇다 보니 다른 나라의 부동산을 사는 것은, 더 이상 어려운 일이 아니다.

대한민국 부동산은 이제 자국민이 살 때까지 마냥 기다려주지 않는다. 한국인이 사지 않아도 누군가는 결국 산다는 말이다.

우리나라는 2019년 1월 기준, 총 93개국과 조세 조약을 맺고 있다. 조세 조약이란, 조약을 맺은 국가끼리 이중과세를 방지한다는 제도다. 그에 따라 조약을 맺은 국가끼리는 한 나라에서 세금을 내면, 다른 나라에서는 납부한 세금만큼 내지 않을 수 있다.

쉽게 말해, 외국인은 우리나라 부동산을 취득하여 소득이 생겨도, 자국에 세금을 내면 우리나라에 세금을 안 내도 된다는 말이다.

부동산 투자자를 투기꾼이라고 몰아붙이며 우리 국민끼리 싸우는 동안 일부 외국인들이 어부지리 격으로 이득을 보고 있다. 우리나라 국민은 열심히 일해서 세금을 내고 있는데, 외국인들은 세금도 안 내고 혜택을 누리면서, 자산 상승의 이득까지 취하고 있는 것이다. 심지어 외국인이 소유한 집을 한국인이 월세로 살고 있는 경우도 심심치 않게 본다.

이러한 현상을 볼 때, 결국 누가 손해겠는가?

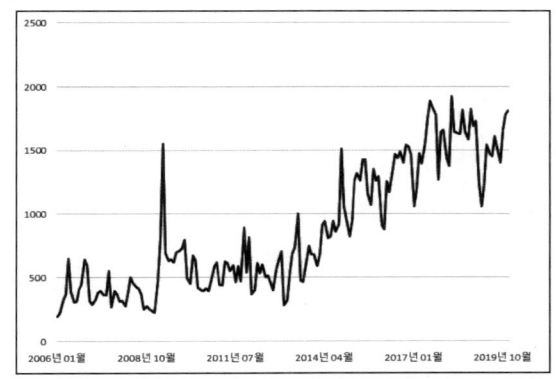

〈외국인 부동산 거래 현황, 매년 큰 폭으로 증가하고 있다 - 국토교통부 자료〉

위 그래프를 보자. 외국인들의 거래량이 하루가 다르게 늘고 있다. 이런 상황에서 머지않은 미래에 다음 세대가 구매할 수 있는 집이 얼마나 남아있을지 알 수 없는 노릇이다. 사고 싶어도 살 수 없는 날이 올지도 모른다.

그렇다고 무턱대고 우리나라 부동산이면 무조건 다 사야 한다는 말이 아니다. 집을 사는 행위에 대한 부정적인 생각을 바꾸고, 자본주의 사회의 정당한 경제 활동으로 인정해야 한다는 말이다.

솔직히 말하자면, 집을 안 사면 당신만 손해다. 그렇게 비싸다고 투덜대는 와중에도 결국 누군가는 집을 사고 자산을 늘려가고 있기 때문이다. 이왕 누군가가 사야 한다면, 당신이 주인이 되는 것은 어떤가?

이유를 알아야, 해결방법을 찾는다

'집이 있으면 리스크도 있지만, 집이 없으면 행복도 없다.'
이 말이 아직은 와닿지 않을 수 있다.
무주택자라면 이런 상황을 생각해보자.

당신은 전세보증금을 올려주느라 열심히 저축한 목돈을 한꺼번에 내어주는데, 누군가는 당신의 전세금을 이용하여 집을 장만하고 있다. 집값이 올라 시세차익이 생겨도 집을 점유하고 있는 당신 몫이 아니라, 집을 소유하고 있는 사람의 몫이 된다. 당신의 돈을 밑천 삼아 누군가는 자산을 늘리고 있다는 말이다.

꼭 전세금만이 문제가 아니다. 멀리 내다보면 집을 사지 않는 것은 결국 본인 스스로 자산을 늘릴 기회를 아예 포기하는 것과 같다. 집을 사지 않았는데, 집값이 오르는 것 또한 리스크다.

원인을 모르면 방법을 찾을 수 없다. 당신의 삶을 팍팍하게 만드는 원인을 깨닫지 못하면, 해결방법을 찾을 수 없기에 고통의 연결고리를 끊을 수가 없다. 지금 당신이 적자에 허덕이고 있다면, 팍팍한 가계에 불편을 느끼고 있다면, 현금흐름 문제 때문인지 자산의 부재 때문인지 그 원인부터 찾아봐야 한다.

집을 샀지만 제대로 관리하지 못해 리스크를 짊어지고 있는 사람들도 마찬가지다. 애초에 잘못된 방향이었기에, 목적지를 찾지 못한 채 헤매는 것이다. 그렇다면 이제라도 투자 방향을 올바르게 재정비해야 할 때가 아닐까?

필자는 이 책에서 원인을 먼저 짚어볼 예정이다.
당신이 집이 없는 이유, 집을 샀음에도 하우스푸어가 되는 이유, 그리고 잘못된 투자로 인해 고통받는 이유를 알아봄과 동시에 당신 스스로 문제를 해결할 수 있는 투자 전략과 관리 방안을 제시할 것이다.

시험문제를 풀 때 정답보다 중요한 것은 해설이다. 정답만 외우면 운이 좋아 한 번의 시험은 어찌어찌 통과할 수 있어도, 다음 시험에서 숫자 하나만 바뀌어도 답을 맞힐 수 없다. 그러나 어떻게 풀어야 할지 그 방법을 안다면 다음 시험도, 그다음 시험도 충분히 답을 맞힐 수 있다.

그 시작은 문제점과 원인을 파악하는 데서 출발한다. 필자는 그런 마음을 담아 정답지가 아닌 해설지 같은 책을 만들고 싶었다.

필자는 이 책에서 특정 지역을 거론하지 않는다. 누군가는 오를 만한 지역을 찍어주는 것을 정답이라 여기지만 오랜 경험으로 보건대, 성공적인 부동산 투자는 지역과 관련이 없었다. 특정 지역만 오르지 않기 때문이다. 고로 부동산 투자는 특정 지역으로 정답이 정해져 있지 않다. 시간의 차이가 있을 뿐, 좋은 물건은 결국 제 가치를 찾아 상승하게 되어있다. 지역에 상관없이 말이다.

필자는 독자 여러분들이 가치 있는 물건을 스스로 찾는 방법을 배우고, 이를 발판삼아 성공적인 내집마련뿐만 아니라, 투자와 관리까지 스스로 해내길 바란다.

어떤 분야든, 초보자라면 실천을 당연히 두려워한다. 그러나 걱정과 불안 때문에 타인에게 과도하게 의지하는 경향을 보인다. 그 마음을 모르는 건 아니지만, 타인에게 의지하는 것만큼 어리석은 일이 없다. 투자는 특히 더 그렇다. 경험에 비추어 본다면, 느려 보이더라도 스스로 공부하고 실천하는 것이 목적지에 다다르는 가장 쉽고 빠른 길이다.

남에게 의지하려는 생각을 애초에 버리고, 스스로 직접 배워서 실천하겠다는 각오를 다지길 바란다.

마지막으로 본문에 들어가기 전, 이 책을 활용하는 방법을 먼저 알려

드리겠다.

이 책은 철저하게 실용적인 관점에서 쓴 안내서이다. 필자의 투자 영웅담 같은 건 없다. 경험담 그 자체보다는, 필자가 경험하며 깨달은 지식과 전략을 배우는 것이 훨씬 유용하다. 투자든 내집마련이든 집이 필요한 당신이 이 책을 읽고 실천하는 게 목적이기 때문이다.

반드시 1년에 한 번씩 반복해서 읽길 바란다. 중요한 것은 잔기술이 아닌 바른 자세다. 의사들은 응급상황이 오면 본능적으로 심폐소생술을 실행한다. 그것이 가능한 이유는, 바로 수많은 연습 덕분이다.

집을 잘 사는 것, 성공적인 투자를 하는 것, 부자가 되는 과정 모두 마찬가지다. 반복적인 학습과 깨우침으로 바른 자세를 체득해야 한다. 그런 자세가 좋은 결과를 만든다. 그러기 위해 이 책을 반복해서 읽기를 권한다.

당신의 집이 어디에 있는지 스스로 해답을 찾으려면 말이다.

Part 1. Reason
당신은 왜 집이 없는가?

Chapter 1.
내부적인 원인

집 안 사도 행복한데? 필요성을 못 느끼는 당신

학창시절, 수학을 포기했던 친구들이 말했다. 사회에서는 수학 공부 따위 필요 없다고 말이다.

과연 그럴까?

갖가지 핑계를 대며, 수학 공부를 하지 않았던 학생들은 결국 수학 과목이 주는 기회를 잡지 못했다. 수학 점수라는 분별력에 따라 학력과 학벌이 달라지기 때문이다. 학력과 학벌이 성공의 필수 요소는 아니지만, 사회 속에서 개인의 출발점을 달라지게 할 수는 있다. 출발점이 다르다는 것. 결국, 생계에 필요한 소득에서 그만큼의 차이를 만들어낼 수밖에 없다.

사회에서도 마찬가지다.

집을 살 필요가 없다고 하는 사람들이 있다. 집은 '사는 것(buy)이 아닌 사는 곳(live)'이라며 그들의 주장을 정당화한다. 그러나 집은 살 필요가 없다고 하는 사람도 학창시절 수포자(수학 포기자)와 마찬가지로 집이 주는 기회를 잃는다. 바로 집이 가진 자산으로써의 기회다. 소득의 감소를 방어하고, 현금 가치의 하락을 보상받을 그런 기회 말이다.

직장생활을 한다면 매달 월급에 맞춰 생활하게 된다. 그러나 그 월급이 사라진다면 당장 어떻게 할 것인가? 새로운 직장으로 재취업하기 힘든 나이가 된다면, 그땐 또 어떻게 할 것인가?

평균 나이 40대 초반부터는 재취업의 기회가 크게 줄어든다. 40대 말년 과장들이 푸대접을 받으면서도 직장에서 꿋꿋하게 버티는 이유는, 그 나이가 되어보니 기회가 크게 줄었음을 느끼기 때문이다.

그때가 되면 또 깨닫는다. 홀로서기를 하건, 새로운 도전을 하던, 월급 외의 소득이 반드시 필요하다는 사실을 말이다.

장사와 사업이라고 다를까? 그것들 역시 위기를 버틸 수 있게 해주는 지지대가 필요하다. 그러한 지지대가 바로 자산이며, 대한민국에서 가장 안정적인 자산은 바로 집이다.

자신의 짧은 생각으로 현재 집이 필요 없다고 해서 영원히 필요 없을 거라고 생각하는 것은 섣부른 판단이다.

지금이라도 자산의 필요성과 그 역할을 빨리 깨닫고, 준비를 해야 한다. 하루라도 일찍 준비하는 자가, 머지않은 자신의 미래에 큰 차이를 만드는 것이다.

남의 말에 흔들리는 빈약한 소신

"집은 안 사도 돼. 필요할 때 월세나 전세로 살면 되잖아."
"우리나라 집값은 거품이야. 결국은 떨어질 거야."
이런 말을 하는 사람들을 한 번쯤은 봤을 것이다.

그런 사람들을 보면, 대부분 사실을 바탕으로 현실을 판단하는 게 아니라, 남들이 의미 없이 내뱉는 말에 휘둘리는 경우가 많다. 남의 말만 듣고 집값 하락을 기다리거나, 내집마련에 대한 생각을 아예 접는다.

아이러니하게도 이런 사람들은 집값이 상승한 뒤, 그제서야 땅을 치고 후회한다. 후회만 하면 다행이다. 자신의 선택으로 집을 안 산 것을 주변 탓으로 돌리기까지 한다.

인간의 지문이 모두 다르듯, 개인의 상황 역시 모두 다르다. 남이 아무렇지 않게 떠드는 이야기에 자신의 인생을 맡길 수 없지 않겠는가? 남의 말에 휘둘려 자신의 인생을 내맡기듯 결정하지 말고, 스스로 생각하고 결정해야 한다.

집이 없어도 된다는 무책임한 말에 흔들리지 말고, 그게 자신에게 득인지 실인지, 직접 판단해 보라는 말이다.

2007년~2008년경 수많은 사람이 집을 팔고, 전세 임차인이 되었다. 그런데 지금은 그 사람들 대부분, 그때 집을 판 것을 후회하고 있다. 불과 10년밖에 안 지났는데 말이다. 부동산 폭락론을 주장하던 사람들의 말만 믿고 섣불리 결정한 결과다.

부동산 폭락론자들은 당신의 이익이 아닌, 그들의 이익을 위해 그런 주장을 하는 것뿐이다. 사실을 말하기보다 사람들이 듣고 싶어 하는 말을 그럴듯하게 떠드는 것이다.

팔랑귀는 위험하다. 남 이야기에 휘둘리지 말고, 현실을 직시하고 자신을 돌아봐야 한다. 앞으로 이 책에서 말하는 필자의 주장들을 주의 깊게 듣고 이해하면 좋겠다. 책을 다 읽고 나서도 필자의 말이 틀린 것 같거든, 필자의 책을 팔아도 좋다.

자랑삼아 말하자면 필자의 첫 번째 부동산 경매 책은 정상판매가격이 12,000원이었는데, 중고로 최고가 18만 원에 거래되기도 했다. 혹시 모르잖은가. 잘 가지고 있으면 당신도 10배가 넘는 가격에 팔 수 있을지도.

당신과 남은 다르다. 남이 당신의 인생을 대신 살아주지도, 책임져주지도 않는다. 당신의 인생은 온전히 당신의 책임이다. 당신이 어떻게 판단하고 실천하느냐에 따라 그에 대한 대가와 보상이 달라진다.

집도, 투자도 마찬가지다. 남의 의견에 이끌리지 말고 스스로 판단하고 결정해야 한다.

당신이 생각할 때 집이 필요하다면 사면 된다. 집값은 거품이다, 집은 필요 없다, 이러한 남들의 말이 무슨 소용이겠는가.

가격하락에 대한 두려움

"가격이 조금만 더 떨어지면 살 거야."

집을 살 생각은 있으나, 사지 않고 기다리는 사람들이 공통적으로 하는 말이다.

허나, 더 떨어지길 기다리고 타이밍을 재는 사람치고, 제대로 집을 사는 경우는 극히 드물다.

그들은 집값이 내려가기를 기다리는 게 아니라, 단지 욕심을 부리고 있을 뿐이다.

한 번의 거래로 많은 이익을 보려는 욕심, 바닥에서 사서 천정까지 이익을 보려는 욕심 말이다. 이러한 욕심 때문에 간만 보고, 재기만 하다 정작 좋을 때를 모두 놓치고 만다.

가격이 내려가더라도 더 떨어지길 기다리다 결국 못산다. 그렇게 일부 사람들은 계속 타이밍만 기다리다가, 가격이 오르기 시작한 후 계속 상승하면 마음이 조급해져서 천정까지 오른 시점에서 서둘러 집을 산다. 그동안 놓쳤던 때를 모두 만회하려는 듯, 군중 분위기에 휩쓸려 최고가에 집을 사는 것이다.

최고가에라도 집을 못 산 사람들은 어떨까? 부동산 가격하락 뉴스만 기다리고 있다. 바라는 대로 믿으려는 심리다. 그렇게 스스로 자기합리화만 하다가 내집마련이나 투자와는 아예 담을 쌓아버린다.

집값이 내려가길 바라는 사람들은 어느 정도까지 가격이 내려가야 적정수준이라고 생각할까? 애초에 그런 기준도 없겠지만, 만약 자신이 바라는 가격까지 내려간다고 해도, 그때 되면 이제 부동산으로 돈 벌긴 끝이라고 생각하여 결국 또 집을 사지 않는다.

이들의 심리를 자세히 들여다보면, 결국 집값이 한없이 내려가길 바라는 것이 결코 아니다. 자신이 집을 사면 집값이 오르길 바라는 욕심이 마음에 자리 잡고 있으며, 이런 마음은 곧 부동산을 자산으로 인정하고 있음을 보여준다.

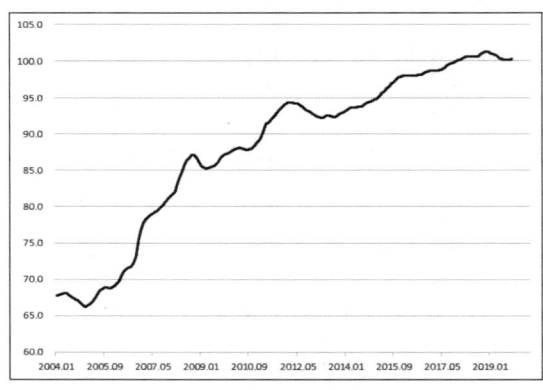

〈한국감정원 자료 기준, 2003년 12월부터 2019년 12월까지 아파트 가격 변화 차트〉

그러나 역사적으로 부동산 가격이 폭락한 적은 없었다. 위 그래프는 2003년 12월부터 2019년 12월까지 전국 아파트 가격을 지수화한 차트다. 통계자료가 2003년부터인 이유는, 우리나라 집값은 그 시기부터 통계로 집계가 되었기 때문이다.

위 차트를 보면 급하게 오른 후 거품이 빠지거나, 일시적으로 조정받는 기간은 있지만, 현재의 저점이 전 저점을 높여가면서 꾸준히 상승하고 있는 것을 확인할 수 있다.

더불어, 당신이 바라는 만큼 부동산 가격이 내려갈 수 없는 이유는 정찰제가 아니기 때문이다. 부동산 가격은 매수자와 매도자 간의 필요에 의해 결정된다. 수요가 많으면 그만큼 높은 가격을 유지하고, 수요가 없으면 상대적으로 낮은 가격이 형성된다. 이런 이유로 부동산은 공산품의 가격처럼 적정수준이란 게 존재할 수 없다.

현재 부동산 가격보다 중요한 건 당신의 집이다. 여력에 따라, 상황에 따라, 여유에 따라, 당신의 집을 사는 것이다. 원하는 집을 살 만큼 자금 여력이 된다면 사는 것이고, 그렇지 않다면, 월급을 모으던, 투자로 수익을 내던 돈을 더 모은 뒤 사는 것이다.

집값이 하락하길 기다리지 말고, 원하는 집을 살 수 있을 만큼 돈을 버는 것이 우선이다. 그렇게 집을 사고 나면, 집값 운운하는 것이 얼마나 소모적인 일인지 깨달을 것이다.

인구가 줄면, 짜장면값은 하락하는가?

제목만 봐도, 말도 안 되는 소리라고 생각할 것이다.

그런데 왜 많은 사람이, 인구가 줄면 부동산 가격은 하락한다고 생각할까?

짜장면은 얼마든지 만들어낼 수 있다. 그에 비해, 부동산은 어떤가? 땅이 있어야 지을 수 있다. 땅은 한정된 자원이다. 아무리 많이 짓고 싶어도 무작정 만들어낼 수 없다.

빈 땅이 많다고 해도 부동산을 지을 수 있는 땅이 많은 것은 아니다. 우리나라는 땅을 총 28개 종류로 나눈다. 이 28개 종류 중에서, 부동산을 지을 수 있는 땅은 '대지' 하나다. 지목변경으로 땅 종류를 변경할 수 있지만, 지목변경이 불가능한 땅 종류가 어림잡아 22종이 넘는다.

즉, 땅이라고 해서 다 같은 땅이 아니며, 애초에 집을 짓는 것 자체가 불가능한 땅도 있다. 그런 이유로 부동산은 한정된 자원이기 때문에 원하는 만큼 생산할 수 없으며, 희소가치로 인해 가격이 내려가지 않는다.

다만, 가격이 내려가는 것을 보고, 집값이 하락한다고 걱정하는 경우가 있는데, 그런 현상은 일시적 조정일 뿐이다. 역사를 통틀어 집값은 하락한 적이 없었다. 기간의 차이는 있지만, 조정의 저점(낮은 지점)을 높여가며 늘 상승해왔다. 가격이 내려가는 것은 정확히 말하자면 하락이 아니라 거품이 빠지는 것이다.

군중의 욕심 때문에 갑자기 수요가 몰리는 경우가 있다. 그럴 때 너도나도 사려고 하니, 가격에 거품이 끼는 것이고, 거품이 빠지면서 다시 제자리를 찾아 가격이 내려간다.

그러나 결국엔 짜장면 가격이 꾸준히 오르듯, 부동산 가격 역시 꾸준히 오른다. 모든 경제의 동력은 인건비다. 인건비가 투여되는 재화는 모두 가격이 오르게 되어있다. 따라서 집도 마찬가지다.

세상을 너무 복잡하게 볼 필요 없다. 복잡해 보이지만, 본질은 언제나 단순하다.

인구가 줄어 공급되는 주택 수가 더 많으면, 집값이 하락한다는 논리는 전혀 연결성이 없는 궤변일 뿐이다. 그 궤변에 조금이라도 맞는 논리가 있다면, 인구가 줄어들면 짜장면 가격도 하락해야 맞는 것이다. 그러나 역사를 통틀어 살펴보자. 짜장면 가격은 하락했는가?
  또한, 세대 수가 점점 늘고 있다는 점과 외국인 유입이 증가하고 있다는 점도 주목해야 한다.

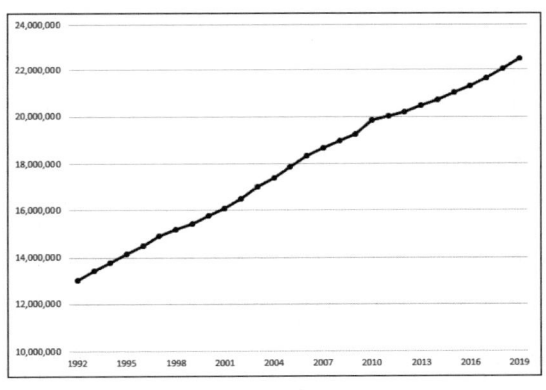

〈대한민국 세대 수 증가 추세〉

  세대가 늘어나고 있다는 것은 그만큼 집이 더 필요하다는 말이다. 인구 감소를 이유로 집값 폭락을 걱정하여 집을 사지 않고 있다면, 생각을 바꿔야 한다. 짜장면값이 계속 오르고, 세대 수가 점점 증가하고 있는 것만 봐도 그 생각이 틀렸다는 것을 알 수 있지 않은가.
  결론적으로, 인구 감소로 인한 집값 하락을 걱정하여 부동산을 안 사는 건, 잘못된 판단이라는 말이다.

돈이 많이 필요하다는 오해

예전에 직원들과 회식을 할 때였다.

"너희들은 왜 돈을 안 모으니? 젊을 때 부지런히 모아야 나중에 집도 사고 그러지."

필자도 안다. 회식 자리에서 이런 말들이 얼마나 술맛 떨어지게 하는지. 그러나 가끔 너무 되는대로 사는 직원들을 보면 필자도 안타까운 마음이 들어 말을 안 할 수 없었다.

그때 직원들의 대답은 마치 누구 한 사람이 말하듯, 한결같았다.

"집값이 얼만데 어떻게 사요? 어차피 못 살 텐데, 그냥 월세 살면서 하고 싶은 대로 하면서 살려고요."

사람들이 집 사는 것을 포기하는 가장 큰 이유는 바로 돈이 많이 들어간다는 오해에서 비롯된다. 돈이 많이 들기 때문에 어차피 집을 못 살 거면, 있는 돈이나 펑펑 쓰자고 생각한다. 이러한 모습은 실제 필자가 사업을 할 때 수많은 직원들을 통해서 직접 목격하기도 했다.

그런데 희한하게도 이런 모습은 요즘에도 자주 볼 수 있다. 그때나 지금이나 늘 집은 비싸서 못 산다는 이미지가 강하다.

얼마 전 보았던, 부동산 관련 기사에 달린 댓글이 하나 떠오른다. "옛날에는 노오력만 하면 월급을 모아서 집을 살 수 있었지만, 지금은 월급을 한 푼도 안 쓰고 모아도 집 못 산다."라는 댓글이었다.

그러나 지금만 그런 게 아니다. 위에서도 말했듯이, 언제나 집값은 그 시대에 비싼 편에 속했다.

또한, 과연 월급을 한 푼도 안 쓰고 모아보고 하는 소리인지는 확인할 길이 없다. 해보지도 않고 무조건 안 된다고 포기해 버리는 건, 어딘가 모르게 쓸쓸하지 않은가?

그리고 지금은 월급을 한 푼도 안 쓰고 모아서 집을 사는 시대가 아니다. 집을 사려는 마음만 있다면, 월급이 100만 원이든, 200만 원이든 다 방법이 있다. (그 방법은 뒤에 가서 자세히 다룰 것이다.) 처음부터 수준에 안 맞는 비싼 집을 목표로 하거나, 무조건 돈이 많이 들어간다고 오해하기 때문에 아예 시작조차 못 하는 것이다.

20년 전에도, 10년 전에도, 지금도 사람들의 머릿속에는 늘 "집은 내가 살 수 없을 정도로 비싸다"라는 생각이 자리 잡고 있다. 그 저변에는 돈에 대한 잘못된 개념이 깔려있다.

돈의 액수만 가지고 크다, 작다를 판단하기 때문에 상대적인 관점에서 적은 돈을 무시한다. 적은 돈을 무시하기 때문에, 작은 평수나 소액 투자 물건의 장점 등 그 돈이 가져오는 기회를 보지 못한다.

그러다 보니 비싼 집만 바라보게 되고, 집을 사는 데 돈이 많이 들어간다는 생각이 뿌리 깊게 박힌다. 이는 돈을 모으지 않고 버는 대로 쓰기 위한 명분밖에 되지 않는다. 그런 부정적인 명분이 자신을 스스로 더 가난하게 만들 뿐이다.

무슨 일을 하든 완벽한 상태로 시작할 수 있는 것은 없다. 바닥에서부터의 작은 노력이 쌓여 점점 완성에 가까워지는 것이다.

돈도 마찬가지다. 적은 돈이 주는 기회가 모여 큰돈을 만드는 것이다. 월 200만 원 월급을 한 푼도 안 쓰고, 10년간 모은다고 치자. 10년 모아봤자 2억 4천만 원밖에 안 되네? 라고 생각하며 무시하면 안 된다. 액수보다 중요한 건 월급을 모으는 과정에서 전에 보지 못했던 방법이 보일 것이고, 모은 돈으로 할 수 있는 기회들이 보인다는 점이다.

스스로 1천만 원을 만들어 보지 못한 사람은 1천만 원으로 할 수 있는 여러 가지 기회를 결코 보지 못한다. 집은 비싸니까 어차피 못산다고 생각하면서 포기할 게 아니라, 그렇기 때문에 자신이 가진 돈을 더 허투루 쓰면 안 되는 것이다.

돈을 모으면서 동시에 집을 살 방법을 찾아야 한다. 연봉 2천만 원을 받는 사람과, 연봉 2억 원을 받는 사람의 소득이 다른 것처럼, 살 수 있는 집 또한 달라진다. 그러나 달라질 뿐이지, 집을 살 수 있는 기회가 한쪽에게만 있는 것은 아니다.

그 차이를 분명히 이해한다면, 돈 때문에 집 사는 것을 포기하는 일은 없을 것이다.

세금에 대한 걱정, 배보다 배꼽이 클 수 없다

필자가 중개업을 할 때다. 매매 물건은 많은데, 전세 물건은 씨가 마른 경우가 종종 있었다.

그런 상황에서 전세와 매매의 가격 차이가 거의 없는 물건이라면, 필자도 전세를 찾는 분들에게 매매로 사는 것은 어떤지 물어보곤 했다. 그러나 열의 아홉은 세금 때문에 집 사는 것을 거절했다.

세금 때문에 집을 사지 않는 사람들을 보면, 크게 두 부류로 나눌 수 있다.

소탐대실 아니면 편견.

세금을 납부할 여유는 있으나, 세금이 아까워 집을 사지 않는 경우다. 혹은 세금에 대한 정확한 지식이 없어서 막연히 많이 나올 것이라는 편견에 사로잡혀 집을 사지 않는다.

아이러니한 점은 차를 살 때와 집을 살 때 세금을 대하는 사람들의 태도가 전혀 다르다는 것이다.

자동차세의 경우 매년 찻값의 10~30%의 세금이 나온다.

10년이나 된 1,500cc 자동차의 세금과 1년 된 1억 원짜리 아파트 재산세가 거의 비슷하다. 그런데도 사람들은 자동차세보다 집에 대한 세금을 훨씬 아깝게 생각한다. 심지어 자동차는 매년 가치가 하락하고, 집은 매년 가치가 상승하는데도 말이다.

세금 때문에 집을 사지 않는 것은 너무 안타깝다. 자산 취득의 기회를 포기하는 것과 같기 때문이다. 세금 내기 싫어서, 월급 받기를 포기한다면, 누가 이해할 수 있겠는가? 물론 재산세가 걱정된다면, 이를 감안하여 집을 사면 된다.

재산세는 어떻게 계산될까?

재산세는 '과세표준 * 세율'로 결정된다. 재산세 과세표준은 주택공시가격에 공정시장가액 비율(2019년 기준 60%)을 곱한 값이다. 세율은 금액에 따라 0.1% ~ 0.4% 이내다.

종합하면, '(주택공시가격 * 공정시장가액 60% = 과세표준) * 세율 (0.1% ~ 0.4%)' 이다.

주택공시가격은 인터넷으로 쉽게 조회할 수 있으며, 일반적으로 시세보다 낮게 책정된다. 예를 들어, 3억 원쯤 하는 집의 공시가격이 2억 5천만 원이라고 할 경우, 재산세를 계산해보면, 지방교육세, 도시계획세를 모두 합쳐 444,000원이 나온다.

요즘은 인터넷에서도 쉽게 각종 세금 계산기를 찾을 수 있으니, '재산세 계산기'라는 검색을 통해 직접 확인해 볼 수도 있다.

그저 막연히 미디어나 주변에서 하는 말만 믿고 세금 많이 나올까 봐 집을 사지 않는 것은, 옛 속담에 구더기 무서워 장 못 담근다는 말과 같다.

필자가 예전에 세금에 대해서 걱정하니까, 어느 부자가 이런 말을 했다.

"배보다 배꼽이 클 순 없어. 어차피 세금은 이익의 일부일 뿐이야."

실제로 세금은 과세표준이라는 이익에서 일정 비율로 납부하는 것이다. 당연히 세금이 이익보다 많을 수 없다.

또한, 집이 없는 사람들은 집값이 내려가길 바라지만, 반대로 집을 소유하고 있는 사람은 세금까지 고려한 금액으로 집을 팔려고 한다. 따라서 세금을 반영하여, 집값은 어김없이 상승해왔다.

그러니 세금을 너무 아까워하거나, 두려워하지 않아도 된다. 어차피 이익을 보면 당연히 내는 것이 세금이다. 구더기 무서워 장 담그지 않는다면, 누구 손해인가?

결국, 당신 손해다.

과도한 자기애가 판단력을 흐린다

세상에는 다양한 사람들이 있다. 그중, 자신을 너무 특별하다고 생각하는 사람이 있다.

부모의 과도한 애정과 관심을 받고 자라서인지, 어릴 때부터 남다른 면모를 보여 칭찬에만 길들었던 것인지, 그들은 스스로 너무 특별하다고 생각한다. 특별하다는 생각이 과해지면, 현재 본인의 수준을 간과한 채, 높은 목표를 잡아 버린다. 그러다 보면 능력이 목표를 따라가지 못하는 데서 오는 좌절감이 실패로 이어지기도 한다.

과도한 자기애는 집을 선택할 때도 영향을 미친다.

그런 사람들은 자신을 과대평가하기 때문에, 외부 환경과 본인의 수준을 동동하게 생각한다. 그래서 여력도 안 되면서 영혼까지 끌어모아 비싼 집을 덜컥 사버린다. 그리고 그런 생각을 남들에게 전염시킨다. 무조건 비싼 집을 사야 하고, 그런 집에 사는 사람들과 어울려야 한다며 편 가르기 식 생각을 강요하는 것이다. 모두 위험한 생각이다.

필자도 모두가 좋은 집에서 살고 싶어 하는 것을 안다.

그러나 잠시 생각해보자.

이제 막 알파벳 과정을 마친 아이에게 외국인들과 함께 어울려야 영어 능력이 높아진다면서 무조건 유학을 보내 버리면 어떻게 되겠는가. 오히려 적응하지 못하고, 상대적인 박탈감이 심해져 영어를 더 싫어하게 될지 모른다.

당장 해야 할 것은 단계별로 배우는 것이다. a, b, c 배우기를 마쳤다면 이제 단어를 하나씩 외울 차례고, 그 과정을 지나야 문장도 만들고 회화를 하게 된다. 그러다 보면 자연스럽게 실력이 늘고, 외국인들과 무리 없이 대화하는 수준에 이르는 것이다.

집도 마찬가지다. 단계를 무시한 채, 처음부터 너무 높은 목표를 잡으면 박탈감에 좌절한다. 영혼까지 끌어모아 무리해서 집을 사더라도 결국 생활 수준을 버티지 못해서 불필요한 지출에 허덕이게 된다.

이왕 올라갈 거면 계단이 아닌 엘리베이터를 타고 한 번에 올라가는 것이 낫다고 했던 사람이 있었다. 그 사람은 어차피 집을 사는 거라면 무리해서라도 대출을 가득 '땡겨서' 좋은 지역, 1등 아파트를 사야 한다고 말했다. 그런 집들이 가격이 오른다면서 말이다. 사과가 몇 번 구르는 것 보다, 수박이 한 번 구르는 것이 더 낫다는 그럴듯한 말까지 덧붙였다.

그렇게 이사를 한 사람은 어떻게 되었을까?

주변 환경의 생활 수준을 버티지 못하고 결국 손해 보고 집을 팔았다. 거주하는 집은 그냥 사는 것으로 끝이 아니고, 다른 소비재(가령 자가용)와 마찬가지로 유지하고 지키는데 걸맞은 돈이 들어간다. 그저 취득한다고 해서 끝나는 게 아니다.

그 아파트 단지에 있던 편의점 사장은 이렇게도 말했다.

"여기 단지 사람들은 이사를 너무 자주 나가요. 매일 같이 이삿짐 차가 들어오더라고요."

무리하게 비싼 집에 들어가더라도, 생활 수준을 유지하지 못해서 다시 이사를 하는 경우가 그만큼 많다는 말이다.

사람은 그 누구도 특별하지 않다. 결국, 전체적으로 평균에 수렴할 뿐이다.

본인의 수준은 외부가 아닌 내부에서 결정된다. 자신의 능력을 높이면, 자연스럽게 본인의 위치가 높아진다.

집도 마찬가지다. 자신의 자금 상황과 유지 가능한 능력이 높아졌을 때, 자연스럽게 본인이 선택할 수 있는 집의 범위도 넓어진다. 내가 충분히 능력이 되는 범위 내에서 집을 선택하면, 유지하고 관리하는 데 무리가 없다.

과도한 자기애가 처음부터 비싼 지역, 비싼 집을 목표하기 때문에 집을 사기도 어렵고, 집을 사도 문제가 되는 것이다.

사용가치와 자산가치를 구별하지 못하는 당신

인간 생활의 기본 요소인 '의식주' 중의 하나가 바로 집이다. 고대시대에도 비를 피하고, 동물의 공격으로부터 보호받을 수 있는 장소(집)가 꼭 필요했다. 이러한 인간의 본능이 진화하면서, 집을 거주 목적으로 여기는 정서가 강해진 것이다.

다만, 빠른 시대 변화를 정서가 좇아가질 못하고 있다. 금융이 세분화되고, 자산의 종류가 다양해지면서 집은 담보로서의 가치도 지니게 되었다. 그런 시대에 살고 있는데도 아직도 집을 단순히 거주 목적으로만 생각하는 경향이 있다. 그래서 자꾸만 집은 사는(buy) 게 아니라, 사는(live) 곳이라는 말이 나오나 보다.

은행에 가서 대출을 한 번이라도 받아본 사람은 안다. 은행은 돈을 빌려주는 대가로 담보를 요구한다. 인간 기본 욕구인 의식주 중 담보로서의 가치가 있는 것은 무엇인가?

집이다. 아무리 맛있는 음식을 가져가도, 값비싼 옷을 가져가도 그것을 담보로 돈을 빌려주는 은행은 없다. 즉, 집은 거주 목적의 역할만 하는 게 아니라, 자산으로써의 역할도 하고 있다는 뜻이다.

1주택, 그것도 실제로 거주하는 1주택 소유자는 괜찮지만, 여러 채를 보유하는 것은 투기라고 생각하는 편견은 단순히 집을 거주 목적으로만 판단한 시대착오적 발상이라 할 수 있다. 그런 착각이 집을 사기 위한 노력을 하지 않는 게으름에 대한 명분을 주고 있다. 그런 게으름에 정치적인 목적과 사회적인 분위기가 더해져, 편견을 더 강화한다.

남들은 자산으로써 집의 가치를 인정하고, 부동산을 취득하여 자산을 늘려가고 있다. 그런데 당신은 거주 목적 외에는 절대 집을 사면 안 된다고 생각한다. 결과는 어떨까? 편견에 속박되어 결국 집을 사지 못한, 당신만 손해다.

집은 거주하는 곳과 동시에 자산으로써의 가치도 지닌다는 점을 인정하자. 그 가치를 인정하고 이해한다면, 집을 왜 사야 하는지 그 이유를 스스로 깨달을 수 있다.

인간은 원래 돈 문제에 비합리적이다

1800년경, 독일의 생물학자 에른스트 하인리히 베버와 독일 심리학자 구스타프 페히너가 발견한 '베버(Weber)의 법칙'이 있다.

이 법칙에 따르면 최초 자극에 따라 다음에 이어지는 자극의 강도가 변한다.

즉, 처음에 200이란 숫자를 말하고 그다음에 90을 말하면 사람들은 90을 작은 숫자라고 느낀다. 그러나 처음에 50이란 숫자를 말하고 그다음에 90을 말하면 90이 큰 숫자처럼 느껴진다. 90이란 숫자는 그저 똑같은데, 처음에 들은 숫자에 따라 상대적으로 다르게 느끼는 것이다.

이러한 원리가 돈 문제와 결합하면 어떻게 될까? 인간의 인지와 심리가 함께 작용하면서 비합리적인 판단으로 이어진다.

예를 들어, 당신은 일상에서 5만 원짜리 밥을 사 먹는 건 큰돈이라 여긴다. 그러나 놀이동산에 갔다고 하자. 놀이동산이 주는 큰 자극에 따라 당신은 그곳에서 5만 원 주고 밥을 사 먹는 정도는 아무렇지 않게 여기게 된다. "놀이동산까지 왔는데, 5만 원 정도야 뭐"라고 생각한다.

일상생활이 주는 작은 자극과 놀이동산이 주는 큰 자극의 강도가 달라지면서, 5만 원에 대한 느낌도 달라지는 것이다.

평소에는 그렇게 아끼던 5만 원을 놀이동산에 가면 푼돈처럼 낭비하는 이유가 바로 베버의 법칙 때문이다. 최초의 자극이 주는 강도에 따라 당신은 절대적인 금액이 아닌 상대적인 금액으로 소비를 하게 되는 것이다.

이러한 습관이 계속되면 소비를 할 때마다 비합리적인 판단을 하게 되어 돈을 현명하게 쓰지 못한다.

당신이 입을 3만 원짜리 옷을 사는 것은 몇 번이나 고민하면서도, 100만 원짜리 아이패드에 입힐 3만 원짜리 커버는 쉽게 구매하게 된다. 당신과 아이패드가 주는 자극에 따라 3만 원에 대한 느낌이 달라지기 때문이다. 3만 원은 똑같은 금액인데도, 당신의 소비습관은 최초 자극에 따라 달라진다.

이런 식의 소비습관이 기준 없이 돈을 쓰게 만들고, 결국 있는 돈마저 줄줄 새어나가게 만든다. 그러다 보면, 자연스럽게 집을 사는 데 필요한 돈 모으기도 힘들어진다.

이점을 유념하여 비합리적인 지출을 줄인다면, 집을 사기 위한 종잣돈 마련에 큰 도움이 될 것이다.

돈에 대한 위선적인 태도

사람들은 돈에 대해 위선적인 태도를 다양하게 보인다.

자신은 부자가 되고 싶으면서, 악착같이 돈을 버는 사람들을 속물이라 욕한다. 돈을 좋아하면서도 괜히 싫어하는 척을 한다. 돈을 벌고 싶으면서, 아끼지는 않는다. 인생에서 돈이 중요하지 않다고 말하면서,

누군가 돈을 많이 벌면 시기하고 질투한다.

이러한 것들은 모두 돈에 대한 이중적이고 위선적인 태도며, 결국 현재 자신을 부정하는 모습이다.

사회가 만든 왜곡된 관습이 돈을 좋아하면 속물인 것처럼 취급해왔다. 그래서인지 사람들은 정작 돈을 좋아하면서도, 그 마음을 떳떳하게 표현하지 못한다. 그래서 돈에 대해 위선적이고 가식적인 모습으로 변질되었다.

돈을 벌기 위해 장사를 하면서도, 남에게 도움을 주려고 물건을 판다고 말하는 것. 얼마나 모순된 이야기인가?

무소유의 삶이 진정한 행복이라고 말하면서, 정작 뒤로는 부동산을 사들이는 것. 얼마나 위선적인 모습인가?

언젠가는 본인도 월세 받는 건물주가 되고 싶으면서, 누군가 건물을 샀다는 기사를 보면 악플을 다는 것. 얼마나 이율배반적인가?

돈 벌기 위해 장사한다고 이야기해도 된다. 나는 부동산 투자로 성공하고 싶다고 말해도 된다. 건물주가 돼서 월세 받고 싶다고 떳떳하게 밝혀도 된다.

자본주의 사회에서 돈을 좋아하는 것은 부끄러운 일이 아니다. 그러나 사람들은 그런 말을 하면 자신이 부도덕한 사람처럼 보이거나, 돈을 밝히는 천한 사람이 되는 것처럼 느끼는지 속마음을 꽁꽁 숨긴다.

이러한 돈에 대한 위선적인 태도가 결국은 쉽게 집을 못 사게 만든다. 집을 사는 것 자체를 탐욕과 사치라 생각하고, 더 나아가 부동산 투자가 나라 경제를 망친다고까지 느끼기 때문이다.

실상은 그렇지 않다. 누군가 집을 사기 위해 중개업소를 다니며 물건을 샅샅이 뒤지는 것과 당신이 좋아하는 리미티드 에디션을 구하기 위해 인터넷을 샅샅이 뒤지는 것은 본질적으로 다를 게 없다. 목적지가 달라도, 출발점은 같다는 말이다. 둘 다 사고 싶은 마음에, 돈을 주고 사는 것 아닌가.

돈에 대한 위선적인 태도를 먼저 버리는 게 우선이다. 부자가 되고 싶은 자신의 마음, 떳떳하게 돈을 벌고 싶은 자신의 생각을 인정해야 한다. 돈을 좋아하고, 부자가 되고 싶어 하는 마음은 손가락질 받을 일이 아니기 때문이다.

돈과 집은 밀접한 관계가 있는 만큼, 돈에 대해 생각을 바꾸는 것이 집을 사지 못하는 내부적인 문제를 해결하는 방법이 된다.

숨기고 부정할수록 스스로가 힘들어지고, 부자가 되는 길에서 더 멀어질 뿐이다.

돈에 대해 떳떳해져라.

Safe is Risky, 안정은 위기의 징조다

'궁즉변'이라는 말이 있다. 궁하면 변한다는 말이다. 인간은 쉽게 변하지 않지만, 변할 수 있게 만드는 것이 하나 있다. 바로 궁할 때 생기는 간절함이다.

즉, 위기일 때 사람은 변한다.

두 달 뒤 시험이라고 하자. 그렇다면 대부분 시험공부를 하지 않을 것이다. 그러나 이틀 뒤 시험이라고 하자. 당연히 공부할 것이다. 이 실천의 차이가 무엇인가?

위기를 인식했느냐, 못했느냐의 차이다.

현재 월급이 잘 나온다고 해서 위기를 인식하지 못하는 사람은 시험이 두 달 뒤라고 안심하며 공부를 미뤄놓은 학생과 다를 바 없다. 시험날이 닥쳐서야 지난날을 후회하게 된다.

평균 소비 수준이 향상됨에 따라 지출은 늘어나고 있는데, 저금리 상황이 지속되며 돈의 가치는 계속 줄어들고 있다.

지금 당신의 상황은 위기인가 아닌가?

필자가 사업을 할 때였다. 생활하는 데 특별한 문제가 없을 만큼 사업은 잘 유지되었다. 그런 생활이 오래되자, 안정감마저 들었다.

전혀 불안함 없이 이대로 평생 안정적으로 살 수 있을 것만 같았다. 평일에 열심히 일하고, 주말에 쉬고, 휴가철엔 가족들과 여행도 다녀오고, 그렇게 안정적인 생활 말이다. 그런 삶이라면 쳇바퀴 같을지라도 그것 또한 나쁘지 않게 느껴졌다.

그러다 2008년 금융위기가 찾아왔다.

안정적으로 돌아가던 쳇바퀴는 아무리 힘을 주고, 발을 굴러도 더 이상 돌아가지 않았다. 당혹스러웠고, 어찌할 줄을 몰랐다.

위기는 항상 준비 없이 찾아온다.

당신이 내집마련도 안 하고, 부동산 투자도 안 하고 있지만, 현재 안정적인 소득이 있다고 해서, 그게 평생 지속될지는 미지수다.

갑자기 목돈이 필요하여, 전세금을 올려주지 못할 경우가 생길 수 있다. 가족 중 누군가에게 일이 생겨 큰돈이 필요할 수도 있다. 설상가상으로 매달 들어오던 고정수입이 어느 순간 끊어질 수도 있다. 마땅한 대비책도 없는데 그런 순간이 오면, 당장 어떻게 할 텐가.

안정적일 때 미리미리 위기에 대비해야 한다. 당신이 손쉽게 할 수 있는 대비가 바로 집을 사서 자산을 만들어 놓는 것이다. 문제는 지금의 익숙함에 젖어, 위기를 인식조차 못 한다는 점이다.

회사가 평생 월급을 보장해 줄 것이라는 안이한 생각, 마음만 먹으면 언제든지 직장을 구할 수 있다는 낙관, 직장을 안 다녀도 장사나 사업을 해서 돈을 벌 수 있을 거란 착각이 다가오는 위기를 전혀 눈치 못 채게 만들고 있다.

최고의 성과를 달성하려면, 최적의 스트레스가 필요하다. 당신 스스로 안정 속에 도사리고 있는 위기를 찾아야 한다. 그래야만 최고의 성과를 얻을 수 있다. 그렇지 않다면 준비 없이 맨몸으로 위기를 맞이하게 될 뿐이다.

Chapter 2.
외부적인 원인

다양한 정보가 오히려 당신을 가난하게 만든다

우리 인생에는 너무나도 많은 사공이 있다. 자신의 인생이건만 자기 의지가 아닌 다른 사공들이 이끄는 대로 따라가는 격이다.

많은 사공이 각자의 방향으로 노를 저으며, 우리 인생을 정체시키고 있는 느낌이다. 이런 사공들 때문에 아무런 결정도 못 하고 있다면, 자기 인생의 운전대를 무책임한 남들에게 맡기고 있는 셈이다.

그러나 사공이 많으면 배가 산으로 간다고 했다. 넘치는 정보가 결국 당신을 가난하게 만든다.

세상은 빠르게 변하면서, 확장하고 있다. 그로 인해 수많은 정보가 생산되고, 한번 생산된 정보는 디지털이라는 매체 덕분에 오래도록 보존되며 재가공 되고 있다. 생산되고, 재가공되고, 재편집되어 또 다른 새로운 정보가 만들어진다. 사라지는 것은 없고 생산만 되고 있으니, 정보가 계속 누적되고 있는 것이다.

10여 년 전 필자가 부동산 투자 공부를 하던 시기만 하더라도 관련된 강의나 모임이 몇 개 되지 않았다. 그러나 이제는 카페, 블로그, 유튜브 등 다양한 채널에서 투자 정보를 넘치게 제공하고 있다.

그들이 일률적인 이야기를 하는 것도 아니다. 각자 다양한 방향을 제시한다. 집을 사라, 사지 말라, 집을 사려면 아파트를 사라, 아니다 재개발 빌라를 사야 한다, 서울에 있는 걸 사라, 아니다 신도시에 있는 걸 사라.

그러다 보니 투자의 길로 항해하던 당신의 배는 너무 많은 사공 때문에 나아가지 못하고 멈춰있는 것이다.

과도한 정보들은 불필요한 소음이다. 당신에게 도움을 주기는커녕, 실천을 방해하고 혼란을 주어 오히려 당신을 더 가난하게 만든다.

이는 선진국으로 갈수록 부익부 빈익빈이 더 커지는 원인이기도 하다.

국가가 성장하면서 정보를 받아들이고 해석하는 능력에 따라, 사람들의 부가 결정된다. 이러한 현상은 중산층을 위로 올라가거나, 아래로 내려가게 만든다.

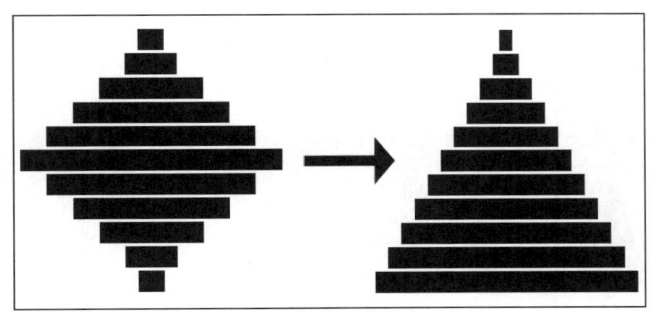

〈중산층 계층 구조 변화〉

위와 같은 구조로 사회 계층이 변하게 되는 것이다.

누군가는 무리해서라도 집을 사라고 하고, 누군가는 집값은 내려가니 사지 말라고 한다.

무엇을 사느냐에 대해서도 그렇다.

최고급 아파트를 사야 후회하지 않는다고 하고, 누군가는 신축빌라를 사는 게 좋다고 한다. 재개발을 노려야 한다, 땅이야말로 투자의 꽃이다. 끊임없이 쏟아지는 정보에 정신을 못 차릴 지경이다.

가만히 듣다 보면, 모두 정답 같다. 모두 그럴듯한 논리를 펼치고 있다.

그러나 사람들은 결국 자신이 원하는 정보를 취사선택하게 된다. 그래서 수많은 정보가 오히려 게으름을 자극한다.

인간은 믿고 싶은 대로 보는 경향이 있다. 집이 필요 없다고 믿고 싶은 사람은 집을 사지 않아도 된다고 말하는 정보들만 골라 볼 것이다. 집이 필요하다고 믿고 싶은 사람 역시, 집을 사야 한다고 주장하는 정보를 선택한다. 정보가 다양하니, 얼마든지 자신이 믿고 싶은 정보만을 선택할 수 있는 것이다.

필자의 수강생들만 봐도 정보를 받아들이는 모습이 천차만별이다.

필자의 책만 읽고 부동산 경매를 접한 수강생도 있고, 필자의 강의뿐만 아니라 다른 강의를 함께 들은 수강생들도 있다.

그런데 희한한 점은, 필자의 책과 강의만 접했던 수강생은 시간의 차이는 좀 있어도 결국 배운 대로 실천하여 성과를 낸다. 그러나 다른 강의도 들으며, 다양한 정보를 습득했던 수강생들은 오히려 실천율이 더 낮았다.

"선생님 말씀도 맞는 것 같은데, 다른 강의 들으면 또 그 말이 맞는 것 같아서 뭘 해야 할지 모르겠어요."

이것은 필자의 강의가 좋다고 치켜세우려는 말이 아니다. 그만큼 다양한 정보를 접하다 보면 자기가 무엇을 해야 할지 갈팡질팡하게 되고, 이것이 실천을 방해하고 포기하게 만든다는 사실을 지적하려는 것이다.

'걸리버 여행기'에 나오는 라퓨타인을 아는가?

라퓨타는 걸리버 여행기의 3번째 이야기에 나오는 하늘을 날아다니는 섬이다. 거주민들은 섬을 어느 방향으로든 이동시킬 수 있다.

거주민은 모두 높은 지식을 가지고 있지만, 움직이진 않는다. 심지어 깊은 공상에 빠진 사람을 깨우는 전문 직업마저 있을 정도로 생각은 많으나 움직이지 않는다. 과도한 정보가 우리를 움직이지 않고 생각 속에서만 사는 라퓨타인처럼 만드는 것이다.

당신은 다양한 정보를 전부 그대로 받아들일 것이 아니라, 필요한 정보를 활용하는 방법을 익혀야 한다. 정보를 접한 뒤 그에 맞춰 움직이는 것이 아니라, 내가 움직이는 데 필요한 정보를 취득해야 한다는 말이다. 중요한 것은 정보의 양이 아니다. 자신의 상황을 직시하고, 필요한 정보가 무엇인지 선택할 수 있는 능력이 필요하다.

과도한 정보에 휘둘리지 말고, 그 속에서 빠져나오자. 그래야 현재 상황을 냉정하게 판단하여, 불투명한 미래를 대비할 수 있다.

현재 상황은 저금리, 저성장에 따른 인플레이션이다. 당신은 이러한 경제 상황 속에서 살아남기 위한 정보가 필요한 것이고, 그걸 가지고 당신이 움직여야 한다.

듣기 좋은 말에 속아 스스로 가난해지는 길을 걷기보다, 본질을 파악하고 필요한 정보를 취할 수 있는 능력을 갖춰야 한다.

환경이 당신의 부를 결정한다

1990년 초, '지아코모 리조라티' 박사와 그의 연구팀은, 물건을 집는 행동을 할 때 두뇌의 어떤 세포가 활성화되는지 실험을 했다.

실험 대상은 짧은 꼬리 원숭이였다.

원숭이 뇌에 뇌파를 측정할 수 있는 선을 연결하고, 원숭이가 포도나 땅콩을 집을 때마다 활성화되는 신경세포를 측정하였다. 특정 신경세포가 활동하면 스피커를 통해 증폭된 소리가 났다.

어느 날, 평소와 똑같이 실험이 끝나고 휴식을 취하고 있는데, 한 학생이 가까이에 있던 간식을 집었다. 그런데 그것은 공교롭게도 원숭이 실험에 쓰이는 간식이었다. 그러자 놀라운 일이 벌어졌다. 원숭이는 쉬고 있는데도 불구하고, 뇌에 연결된 스피커에서 소리가 났던 것이다.

지아코모 박사는 이것을 보고, 인간의 두뇌에는 '거울 뉴런'이라는 신경세포가 있으며, 타인의 행동을 보는 것만으로 자신이 행동할 때와 똑같은 반응을 보인다는 사실을 발견했다. 즉, 거울 뉴런을 통해 인간의 두뇌는 끊임없이 주변인들의 행동을 거울처럼 반사하여 모방한다는 것이다.

맹자 어머니가 자식 교육을 위해 이사를 세 번 다녔다는 것으로 잘 알려진 '맹모삼천지교'가 그냥 나온 말이 아니었다.

이렇듯 환경은 당신에게 매우 중요하다.

당신 주변인들이 로또, 경마, 토토 등 도박성 취미를 즐겨한다면, 조만간 당신도 그 취미에 손을 댈 것이다.

당신 주변인들이 집값 하락론자라면 당신도 집을 사는 데 관심을 끄게 된다. 그러나 주변 사람들이 부동산 투자에 관심을 갖고 있다면 당신 역시 자연스럽게 '내 집은 어디에 있을까?' 고민하게 될 것이다.

이점을 꼭 유념하기 바란다.

거울 뉴런의 법칙대로, 주변 환경이 당신에게 큰 영향을 미친다. 자신에게 유익한 환경을 만들기 위해 노력한다면, 이러한 환경 속에서 당신은 쉽게 부를 지킬 수 있다.

　가급적 좋은 습관을 지니고 있는 사람들과 교류하자.

　과거에는 교류 가능한 그룹을 선택할 수 있는 폭이 좁았다. 고작해야 직장과 이웃뿐이니까 말이다. 하지만, 인터넷의 발달은 공간적인 제약을 뛰어넘어 사회적 관계를 넓혀주었다. 인터넷 카페, 모임을 통해 좋은 습관을 지닌 사람들을 만날 수 있게 된 것이다.

　맹자의 어머니가 현대 시대에 태어났더라면, 이사를 하지 않고도, 인터넷으로 아이에게 좋은 환경을 만들어 주었을지 모를 일이다.

누가 호구인지 모른다면 당신이 호구다

　주식 투자의 대가 워런 버핏은 이렇게 말했다.

　"If you've been playing poker for half an hour and you still don't know who the patsy is, you're the patsy."

　"30분 동안 포커를 하면서, 아직도 누가 호구인지 모르면 당신이 바로 호구다."

　그렇다면 자본주의 사회에서는 누가 호구일까?

　돈 때문에 고생하면서도 본인이 왜 힘든지 모르는 사람, 그 사람이 바로 호구다.

　한 달 월급이 200만 원인데, 카드값으로 300~400만 원을 쓰는 사람, 월급쟁이 생활을 하면서 수준을 넘어선 사치품을 사는 데 거리낌이 없는 사람, 빚을 내서라도 해외여행은 절대 포기 못 하는 사람, 지식을 쌓는 독서 시간은 아까워하면서, 온종일 연예인 가십 기사를 보면서 시간 낭비하는 사람.

자본주의 사회에서는 이런 사람들이 돈을 잃고, 결국 호구가 된다.

필자가 중개업을 할 때였다.

계약을 위해 임대인과 임차인을 기다리고 있었다. 약속 시간보다 일찍 임차인이 먼저 도착했다.

먼저 도착한 임차인은 온갖 고상한 이야기들을 늘어놓았다. 본인의 취미는 미술관과 박물관 관람이며, 매년 해외를 다니며 예술품을 구경한다는 것이었다. 물어보는 사람 하나 없는데도, 그분의 이야기는 계속되었다.

이윽고 임대인이 들어오자, 임차인은 갑자기 임대료 얘길 꺼냈다.

"가격을 좀 더 깎아주세요. 너무 비싸요. 주변에 이 집보다 더 싼 집들이 있더라고요."

"안됩니다. 계약 전에 깎아 달라고 해서 이미 깎아드린 것이잖아요."

"그래도 비싸요. 그러니 더 깎아주세요."

"안됩니다. 가격 얘기 더 하실 거면 계약할 의사가 없다고 생각할게요."

"너무 매정하시네요. 고거 몇 푼이나 된다고. 좀 깎아주시지."

"고거 몇 푼이나 되냐니요? 땅 파보세요. 몇 푼이 나오나."

"너무하시네요. 이러니 있는 사람들이 더하다는 말을 하는 거예요."

"마음대로 생각하시고요. 계약하실 건가요?"

어찌 보면 임차인 말대로, 임대인이 너무하다고 생각할 수 있다. 그러나, 정작 본인의 고상한 취미 생활을 장황하게 늘어놓으며, 돈 있는 티를 내던 사람은 임차인이 아니었던가.

냉정하게 따져보자. 누가 호구인가?

억척스러워 보일지라도 자신의 재산과 권리를 지키려는 임대인인가, 아니면 즐길 거 다 즐기면서 정작 필요할 때 쓸 돈은 없는 임차인인가.

 혹시 맥락을 오해할까 싶어서 말하는데, 필자가 모든 임차인을 폄훼하려는 것이 아니다.

 임대인과 임차인 모두 각자의 사정이 있다. 임차인이라고 해서 꼭 돈이 없는 것도 아니고, 임대인이라고 해서 꼭 돈이 많은 것도 아니다.

 하지만 위의 사례처럼, 내 집 한 칸 없는 상황에서 예술을 논하며 고상한 취미를 즐기는 게, 결코 있어 보이는 게 아니란 말이다. 이 판에서 호구는 결국 예시로 든 임차인이다.

 포커판이건, 자본주의 판이건, 돈을 잃는 쪽은 언제나 호구다.

 이왕이면 돈을 버는 쪽에 서는 게 낫지 않겠는가.

 자본주의 사회에서 호구 짓만 하다가는 절대 당신의 집을 살 수 없다.

남의 돈 무서운 줄 알아야 한다

 필자는 25년을 넘게 장사, 사업, 투자를 해오면서 남의 돈(빚) 때문에 스스로 망하는 사람을 숱하게 목격했다. 남의 돈 때문에 망하는 이유가 꼭 드라마에서나 볼 수 있는 사채업자의 고리대금과 같은 이자 때문만은 아니다.

 빚이 무서운 가장 근본적인 이유는, 스스로 절제력을 잃게 만들어 돈의 가치를 훼손하기 때문이다. 결국, 남의 돈 그 자체만으로 망하는 것이 아닌, 자신의 태도로 망하는 것이다.

빚이 직접적으로 위험한 것은 특별하게 없다. 그저 이자가 늘어나거나, 담보물이 경매로 처분될 뿐이다. 하지만, 돈이 있으면 귀신도 부린다는 말처럼, 빚은 그 사람의 절제력을 잃게 만든다.

매달 200만 원씩 급여를 받는 사람이라면, 그 사람의 돈 그릇은 매달 200만 원이 된다. 그러나, 200만 원으로 만족을 못 하고, 월 400만 원을 쓰는 것은 신용카드라는 남의 돈 때문이다.

한 달에 200만 원 급여를 받는 사람이, 1천만 원 신용 대출을 받았다고 하자. 그러면 대부분 자신의 그릇만큼 5개월 동안 매달 200만 원 한도 내에서 생활하는 것이 아니라, 추가적인 지출을 해버린다. 갑자기 큰돈이 생기니 그동안 억눌렸던 소비를 하게 되는 것이다.

"갚으려면 시간이 있으니, 좀 더 써도 되겠지."
"다음 달부터 저축해서 갚아야지."
"100만 원 정도 써도 900만 원이 남으니까"라며 지출을 정당화하며, 스스로 절제력을 잃어간다.

원래, 강제성이 없는 절제는 지키기 어려운 법이다.
다이어트를 할 때를 떠올려 보자.
"내일부터 다이어트 해야지"라고 말은 하지만, 당장 먹고 싶은 음식의 유혹을 이기지 못한다. 다이어트를 해야 하는 내일은 결코 오지 않는다.

이와 마찬가지로 남의 돈은 절제력을 잃게 만들어 스스로를 무너뜨린다. 사인 한 번으로 얻은 남의 돈 100만 원은 힘들게 일해서 번 100만 원의 가치를 훼손한다. 그렇게 돈의 진정한 가치를 잃어 스스로 절제력을 망가뜨리는 것이다.

마약이나 도박이 왜 위험한가? 인간의 절제력을 잃게 만들어 위험한 것 아닌가.

 이러한 태도가 평생 돈을 모으지 못하게 만든다. 지금 당장 생계조차 문제를 겪고 있는 사람이 내집마련이나 투자에 대한 생각을 가질 여유가 있을까? 설사 생각을 한다고 해도 그것이 올바른 방향으로 나아갈 수 없다.

 어떻게든 남의 돈으로 자신의 이익을 취할 생각만 하기 때문에, 집을 살 때도 문제를 일으키기 십상이다.

 남의 돈을 쉽게 생각할수록 돈에 대한 절제력을 상실한다. 그래서 더 큰 돈을 잃는 것이다.

시간은 당신의 돈을 갉아먹는다

 필자 어린 시절이었던 1980년 대에는 10원에 4개짜리 과자가 있었다. 설탕으로 코팅된 캐러멜이었다.

 그 시절은 어린아이가 100원으로 하루를 풍요롭게 지낼 수 있던 시기였다. 만 원이면 성인 혼자 들 수 없을 정도로 많은 물건을 살 수 있었다. 그러나 지금은 만 원으로 살 수 있는 게 몇 개 되지 않는다.

 이렇게 돈의 가치가 하락하는 현상, 이른바 인플레이션은 1930년대 어느 경제학자가 이미 예견한 바 있다.

 그 경제학자는 이렇게 풍자했다.

 "앞으로 인류는 점점 힘이 세질 것이다. 지금은 2달러 치 식료품을 장정 두 명이 들어야 하지만, 머지않은 미래엔 2살짜리 어린아이가 혼자 들 수 있을 것이다."

이 말은 무려 100년 가까이 지난 지금도 그대로 적용되고 있다. 앞으로도 바뀌지 않을 것이다.

가만히 있어도 돈의 가치는 하루가 다르게 하락하고 있다.

1980년대와 같이, 금리가 높았던 시절에도 돈이 불어나는 속도보다, 하락하는 속도가 더 빨랐다.

금리가 높았기 때문에 은행에 돈을 넣어도 이익을 볼 수 있었을 때조차, 가치 하락이 더 빨랐다는 말이다.

지금은 금리도 전보다 더 낮은 상황이다. 앞으로도 금리가 급격하게 오를 일은 거의 없다.

그만큼 세상이 비대해졌다는 뜻이며, 비대해진 만큼 많은 돈이 유통되고 있다. 또한, 돈의 국경이 사라진 지금, 한 나라만 독단적으로 금리를 올릴 수도 없다.

전 세계가 저금리인 상황에서 우리나라만 혼자 금리를 올릴 수 없는 것이다. 그렇게 된다면 높은 금리 쪽으로 돈이 이동하여 우리나라만 심각한 경제적 타격을 받기 때문이다. 결국, 돈의 가치는 계속 하락한다.

또, 돈의 가치 하락은 국가 성장과도 밀접한 관계가 있다.

국가는 돈을 발행할 때 그냥 찍어내지 않는다. 국채를 통해 비율을 맞춰서 발행한다. 그 국채를 세금만으로 갚기에는 한계가 있다. 그래서 국가는 인플레이션을 조장하는 것이다.

당신이 만약 1억 원을 빌렸다고 가정하자. 이 돈을 갚는 방법은, 내부적인 것과 외부적인 것, 두 가지 방법이 있다. 내부적인 것은 직접 벌어서 갚는 것이다. 외부적인 것은 1억 원의 가치가 작아지는 것이다. 여기서 외부적인 것을 이해하려면, 요즘의 1억 원과 1980년대 1억 원의 가치를 비교해보라.

필자가 한창 투자를 배우기 시작할 때 많은 이들의 슬로건은 '1억 모으기'였다.

그러나 요즘을 생각해보라. 1억 원은 돈도 아니다. 요즘 슬로건은 10억 모으기다. 심지어 100억 모으기를 슬로건으로 내세운 사람도 있다.

이렇듯 시간이 지남에 따라 돈의 가치는 빠르게 하락한다. 소득이 오르는 속도보다 가치가 하락하는 속도가 더 빠른 시대가 된 것이다. 그러나 인간의 육체는 한계가 있으니, 추가로 일을 더 하면서 소득을 올리는 데는 한계가 있다. 근로소득 외에 다른 소득이 필요하다.

그럼 무엇으로 소득을 올려야 하겠는가. 자산이다. 돈의 가치가 하락하는 만큼 자산의 가치는 증가한다.

1980년대 10원에 4개짜리 하던 과자는, 이제 1000원에 4개다.

이게 무엇을 뜻하는 것 같은가? 공산품 가치의 증가?

돈과 재화는 서로 상대적인 비율로 교환된다.

돈의 가치가 하락하면, 그 비율만큼 재화의 가치는 증가한다. 그렇기에 돈이 점점 사라지고 있는 것이다. 과거에 10원으로 살 수 있던 과자는, 더 이상 없기 때문이다.

명절에 조카들에게 얼마를 용돈으로 주는가? 요즘 아이들은 하루를 풍요롭게 지내려면 얼마가 필요한가?

열심히 벌어도 수중에 남는 돈이 없는 이유는, 이렇듯 돈을 버는 속도보다 가치가 하락하는 속도가 더 빠르기 때문이다. 당신이 먹고 쓰고 즐기느라 내집마련을 미뤄놓는 동안에도 자산의 가격은 계속 상승하고 있다.

이제 슬슬 집을 한 채 사볼까? 마음을 먹었을 땐, 그 집은 이미 어마어마하게 높은 가격이 되어있을지도 모른다는 이야기다. 동시에 당신이 손에 쥐고 있는 현금의 가치는 어마어마하게 낮은 가격이 되어있을 것이다.

시간이 당신의 돈을 갉아먹고 있다.

지금 집값이 비싸니까 벌어서 나중에 살 것이라고 생각하면 안 된다. 시간의 공격에 방어하기 위해 지금이라도 당신의 집은 어디에 있는지 발 벗고 찾아 나설 때다.

잘못된 공부가 실천을 방해한다

필자가 한때 부동산 투자를 위해 강의를 들으러 다닐 때였다. 일반적으로 강의가 끝나면 뒤풀이라 하여, 수강생들과 술자리 모임을 했다. 뒤풀이에서 만났던 한 분이 있었다. 그분은 40대 중반쯤으로 보였다. 어색함을 풀기 위해 필자가 먼저 말을 걸었다.

"강의는 얼마나 들었어요?"

"저는 꽤 오래전부터 들었어요."

"얼마나요?"

"한 10년쯤?"

"네? 10년이요? 그럼 투자는 얼마나 하셨어요?"

"아직 투자는 해보질 않았어요."

"왜요?"

"강의만 들으면 될 줄 알았는데, 강의를 듣다 보면 내가 직접 못 할 것 같은 생각이 들고, 강의를 더 들어봐야 할 것 같더라고요."

오랜 시간 공부를 했지만, 정작 실천을 하지 못한 분이었다.

또, 이런 경우도 있다.

다른 강의를 먼저 들었던 필자의 수강생이 이런 말을 한 적이 있었다.

"부동산 투자를 배우러 갔는데, 자꾸 자기소개를 시키고 옆 사람과 인사를 하라고 하더라고요. 그리고 강의 끝나면 뒤풀이를 하는데, 정작 강사는 안 오더라고요. 저는 전문가의 지식과 경험을 배우려고 간 건데, 초보자들끼리 얘기만 하다 끝났어요."

그 수강생은 초보자들끼리 모여서 많은 얘기를 했지만, 실제로 자신에게 남는 게 하나도 없다고도 했다. 친목이란 허울 좋은 이름 아래, 마냥 시간만 허비한 것이었다.

사회인의 공부는 입시를 위한 것이 아니다. 사회 속에서 배우는 교육은 실천과 돈벌이를 위한 것이다. 자기 위로나 정신승리는 당신이 돈을 벌고, 집을 사는 데 아무런 도움이 안 된다.

강의를 듣더라도, 실천할 수 있는 방법을 배우고 있는지 스스로 판단해야 한다. 수강생들과 친목을 유지하더라도 그저 수다나 떨면서 시간만 허비하지 말고, 그 안에서 도움이 되는 방법을 찾아야 한다.

10년 동안 강의만 듣는 사람을 보라.

강의를 듣고도 집 한 채 사지 못하는 사람을 보라.

그들의 집은 어디에 있는가?

폭락을 외치면서 집 사는 폭락론자들

과거부터 수많은 부동산 폭락론자들이 존재했다. 그들을 특정하진 않겠다.

그들의 주장은 늘 비슷하다.

일본 부동산이 폭락했으니 우리나라도 곧 폭락한다, 집값은 거품이니 곧 꺼질 것이다, 인구가 감소하니 집 사줄 사람이 없어진다 등등 모두가 새로울 것 하나 없이 낡고 따분한 레퍼토리다.

하지만, 폭락론을 주장하는 사람들은 대중의 지지를 얻고, 인기에 힘입어 돈을 벌었다. 그 돈으로 자신의 집을 샀다. 정작 그들을 지지했던 사람들은 무주택자로 남아있다. 이런 모습을 풍자한 이야기를 하나 하겠다.

자신에게 해가 되는 사람을 믿는 것이 얼마나 위험한지, 더 빨리 이해할 것이다.

"우리는 늘 공장밖에 늙은 소 한 마리를 두고 있다. 그 소는 도살장으로 이어지는 통로 발치께서 세상을 내려다보며 혼자 서 있는데, 아무것에도 관심이 없다. 그저 허망하고 슬픈 눈으로 지난 생을 돌아보며 싸구려 담배나 몇 모금 피우는 동네 노인네와 같다.

하지만 도살하는 날, 저만치서부터 공장 직원들이 젊은 소 떼를 몰고 다가오기 시작하면, 늙은 소는 갑자기 저 꼭대기에 재미있는 것이 있으니 따라오라는 듯 제 음흉한 꼬리를 휘두르며 도살장 쪽으로 향한다.

그러면 젊은 소들은 도시 구경에 줄줄이 나선 촌놈들 모양으로 늙은 소를 따라 도살장으로 올라간다. 그러나 꼭대기에 도착하는 순간, 어찌된 일인지 늙은 소는 무리에서 사라지고 도살장 문은 순식간에 닫혀버린다.

큰일 난 것은 이 철모르는 젊은 소들뿐이다."

필자는 이 이야기를 매우 좋아한다. 세상 물정 모르는 어리숙한 사람들이 노련한 사람에게 어떻게 당하는지를 냉정하게 보여주고 있다. 더불어 잘못된 방향으로 가고 있는 무리에 속해있는 것이 얼마나 위험한지 깨닫게 해주기도 한다.

일본과 우리나라의 부동산 시장은 엄연히 다르다. 그 다른 점을 시시콜콜하게 설명하기에도 벅찰 정도다. 그러나 마치 일본의 표본을 통해 우리도 그와 같은 전철을 밟을 것이라고 주장하는 것은 잘못된 표본에 따른 통계 오류다. 그러한 오류마저 비판 없이 받아들이고 있다는 것은 매우 안타깝다. 집값이 비싸다는 것도 전체적인 통계가 아닌 일부를 확대해석했을 뿐이다.

집값 폭락론을 믿고 집을 사지 않는 것은 마치 학교가 없어질 거라 생각하며, 공부하지 않는 학생들처럼 무모하다. 절대 벌어지지 않을 일을 목숨 걸고 믿는 격이다. 그런데 실상은 그런 폭락론자들조차 정작 자신들의 집을 사고 있다.

그들을 지지했던 당신의 상황은 어떤가?

당신의 집은 어디에 있는가?

부동산 정책에 흔들리는 국민

우리나라 사람들은 부동산에 대한 관심이 매우 높다. 그런데다 민감하기까지 하니, 그에 따라 부동산 정책도 정권에 따라 다양하게 쏟아져 나온다. 그 이유는 부동산과 국민 정서가 매우 밀접하게 맞물려 있기 때문인데, 정치인들은 지지율을 얻기 위해 그런 국민 정서를 이용하고 있다.

이러한 이유로 일부 정권은 강력히 부동산 규제 정책을 펼치고, 다른 정권은 반대로 완화 정책을 펼친다. 이런 반복이 계속된다. 규제를 강하게 하여 국민의 지지를 얻으려 하고, 반대로 완화 정책을 통해 경기 부양론을 펼치기도 한다.

그런데 문제는, 부동산 규제 정책이 심한 정권일 때, 대다수 사람들이 부동산에 대해 관심을 끊거나, 투자를 멈춘다는 점이다. 물론, 이제는 과거 학습효과 때문에 많은 사람들이 정책과 상관없이 투자하고 있지만, 아직까지도 정책에 휘둘리는 사람들이 많다.

하지만, 부동산 정책은 결국 지나가는 소나기와 같다. 소나기는 언젠가 그치기 마련이다. 국가는 결코 시장을 통제할 수 없다. 이는 이미 수많은 다른 나라의 사례에서도 증명된 것이다. 그럼에도 불구하고 정권이 자신들의 정책을 고집하는 이유는 앞서 말한 바와 같이 국민 정서에 따른 지지율 때문이다. 하지만 돌아보면, 그렇게 규제가 심할 때조차 정치인들은 꾸준히 부동산(자산)을 늘렸다.

흔들리지 말라.

국가는 시장을 통제하지 못한다.

당신이 평생 김밥만 만들어 팔고 있었는데, 정부가 갑자기 김밥 규제 정책을 내놓았다. 김밥을 팔지 말라고 하는데, 그렇다면 당신은 당장 김밥 장사를 접겠는가?

결코, 그럴 수 없다.

다른 것을 팔면서 김밥을 끼워팔던지, 어떻게든 방법을 찾아서 정부의 정책을 피하려고 할 것이다.

왜 그렇게 하겠는가? 당연히 먹고 살기 위해서다. 마찬가지다. 은행이나 대출 관련 종사자들은 정부가 하지 말란다고 그대로 따랐다간 굶어 죽는다. 당장 먹고 사는 문제가 달린 사람들은 정치인들이 지지율을 얻기 위해 만든 규제를 따르기 어려운 게 현실이다.

어떤 정권은 이러한 현실을 잘 이해하지 못하여 무조건적인 규제를 하는 것이고, 어떤 정권은 현실을 인정하고 더 효율적인 방법으로 완화 정책을 펼치는 것이다.

자연의 법칙은 간단하다. 모든 것은 힘을 받으면 운동을 한다는 물리학의 법칙과 같이, 규제 역시 또 다른 힘이다. 그렇기에 아이러니하게도 규제를 할 때 부동산 가격이 더 상승한다. 이러한 현상은 지난 과거 사례들을 종합해도, 늘 반복되어 왔다.

또한, 대부분의 규제는 지지하는 표를 의식해서인지 고가 부동산을 표적으로 한다. 그런데 오히려 고가 부동산을 가진 사람들은 그러한 정책에 휘둘리지 않는데, 정작 부동산이 필요한 서민들은 작은 정책에도 쉽게 휘둘리고 투자를 포기하려고 한다.

아마 그러한 이유는, 뭔가 하기 싫은 핑계를 찾는 것이 아닐까 싶다

정책 때문에 투자를 포기하는 것은 너무 아쉽다. 무리할 필요는 없지만, 투자 자체를 멈춰서는 안 된다.

조금만 더 가면 결승선이 있다는 것을 필자는 너무나도 잘 알기 때문이다.

Part 2. Problem
당신은 어쩌다 하우스푸어가 되었는가?

Chapter 1.
내집마련으로 인해 문제를 겪고 있는 사람들

포르쉐가 비싸서 못 사는 건 당연한데, 부동산은 왜?

사람들은 대부분 자신의 수입을 감안할 때, 지금의 능력으로는 포르쉐와 같은 고급 차를 못 산다는 사실을 어느 정도 당연하게 받아들인다.

그러나 대한민국에서 가장 비싼 땅, 강남에 있는 집이라면 이야기가 달라진다.

사람들은 강남에 있는 집을 사고 싶어도, 자신의 능력 때문이 아니라 거품 낀 가격 때문에 못산다고 생각한다. 즉, 고급 차의 비싼 가격은 인정하면서, 집값은 인정하지 않는 것이다.

강남 집값에 대한 인터넷 뉴스 기사 밑에 달린 댓글만 봐도 사람들의 생각을 읽을 수 있다.

강남 부동산 가격은 거품이다, 투기꾼들이 집값을 올려놓았다, 내가 집을 못 사는 건 사회 탓이다. 모두가 분노에 차서 강남 집값을 잡아야 한다고 아우성친다.

그러나 이것은 잘못된 생각이다. 자신의 수준과 상황은 돌아보지 않고 비싼 지역, 비싼 아파트만 고집하다 보니, 집값을 쉽게 인정하지 못하는 것이다.

먼저 차이를 인정해야 한다. 모두가 공평해야 한다는 삐뚤어진 형평성 이론은 자신을 더 가난하게 만든다.

포르쉐가 비싸다는 것을 인정하는 것처럼, 집값의 차이를 먼저 인정하자. 집값이 높은 지역은 그럴만한 이유가 있다. 거품을 논하기 전에, 먼저 자기 수준에 맞는 집으로 시작해서 수준을 높여가면서 집도 그에 맞춰 높여가야 한다. 무턱대고 비싼 집을 사버리면, 그것이 바로 하우스푸어가 되는 길이다.

포르쉐를 사기 위해 자금 계획을 세우고, 소득을 높이기 위해 노력하는 것처럼, 집을 마련하기 위해서도 역시 계획과 노력이 필요하다. 금수저가 아닌 이상, 처음부터 한 번에 포르쉐를 사려고 하는 사람은 없을 것이다. 소형차로 시작해서 점차 소득을 높여 드림카를 사듯, 그렇게 집도 늘려가고, 넓혀가는 것이다.

남들이 포르쉐 타는 걸 보면서 부러운 마음에 큰 빚을 내서 사 봤자, 유지비에 시달리며 고생하게 된다. 결국, 카푸어로 전락하는 것이다. 마찬가지로 자신의 능력에 맞지 않는 집은 오히려 당신을 가난하게 만들 뿐이다.

당신의 역량에 맞는 집을 사야 하우스푸어가 되지 않는다.

성급한 내집마련은 안 하느니만 못하다

집은 다른 투자 상품과 다르게, 투자가치와 더불어 사용가치를 함께 지니고 있다. 이 때문에, 많은 이들이 실거주 마련을 투자라고 착각하는 현상이 생긴다.

투자란 무엇인가?

국어사전에는 이익을 얻기 위해 자본을 대고 정성을 쏟는 일이라고 되어있다.

그렇다면 내집마련이라 할 수 있는, 실거주란 무엇인가?

자본을 댄 것은 맞으나, 이익을 얻기 위해 정성을 쏟는다고 볼 수 있을까? 물론 내가 살고 있는 집이니 가격이 오르길 바라며 마음으로 정성을 쏟을 순 있다. 그러나 실거주용 집은 어차피 거주할 곳이 필요해서 살고 있을 뿐이다.

즉, 실거주는 사용가치이기 때문에 투자보단, 소비의 개념에 가깝다.

소비란 무엇인가? 돈이나 물자, 시간, 노력 따위를 써서 없애는 행위다.

집은 투자가치를 지니고 있기에 가격이 오를 순 있어도, 실거주하는 동안은 투자 수익을 활용할 순 없다. 쉽게 말해, 실거주 집값이 오르면 오르는 대로 비싼 집에 사는 것이고, 내리면 내리는 대로 싼 집에 사는 것이다. 실거주 집값은 오르건 내리건 현금화할 수 없는, 가상 화폐와도 같다.

예를 들어 살고 있는 집을 1억 원 주고 샀는데, 1억 5천만 원으로 올랐다고 해서 오른 5천만을 바로 현금화하여 사용할 수 있는가?

없다.

오른 시세만큼 대출을 받을 수 있지 않냐고 생각할 수 있으나, 그건 현금화가 아니고 빚을 지는 것이다. 그 빚은 어떡하든 갚아야 한다.

그렇다면 혹자는 이렇게 생각할지 모르겠다. '시세가 오르면 살고 있는 집을 팔고, 좀 더 싼 집을 사서, 차액을 현금화하면 되지 않을까?'

즉, 이런 식이다. 1억 원짜리 집이 1억 5천만 원이 되면, 그걸 팔아서 다시 1억 원짜리 집을 사고, 차액인 5천만 원은 쓴다는 말이다. 이것은 방구석 이론으로는 가능할지 모르나, 실무적으로는 거의 불가능하다. 그 이유는 주변을 둘러보라. 당신 집값만 올랐는지.

당신 집값이 오르면, 주변 집값도 같이 오른다. 즉 1억 원짜리 집이 1억 5천만 원으로 올라도, 아예 동떨어진 지역으로 이사하지 않는 한, 주변에서 1억 원짜리 집을 찾아 이사 가는 건 어렵다는 말이다.

반대로, 1억 원짜리 집이 5천만 원으로 시세가 내려갔다고 해서 차액 5천만 원을 빼앗기지도 않는다. 만약, 실거주 집을 담보로 대출을 받았다면 담보가치가 하락했을 경우 일부 상환요청은 받을 수는 있으나, 일반적으로 은행에서는 하락한 5천만 원을 당장 가져가지 않는다는 말이다. 그냥 시세가 떨어진 상태로 싼 집에 살게 되는 것이다.

이렇듯 실거주는 결국, 투자가 아니라 소비에 가깝다. 실거주를 통해 현금화 할 수 없기 때문이다. 따라서 내집마련을 할 때, 현명하고 신중한 접근이 필요하다. 무리하게 대출을 받아서 비싼 집을 마련했다면, 그 집을 사기 위해 빌린 대출금을 갚는 것만으로도 생활이 빠듯할 수밖에 없다. 수준에 맞지 않는 비싼 집을 사는 것은 결국, 사치품을 산 것과 같다.

실거주가 투자보다 소비에 가깝다는 사실을 명심한다면, 좀 더 신중한 내집마련이 가능할 것이다.

신도시에 대한 환상

신도시는 도심에 집중된 인구를 분산시키고, 주택공급을 확대하기 위해 만들어진 계획도시다. 그러나 무엇이든 자연스러운 것 보다 인공적인 것은 그 결과가 안 좋다. 신도시 역시 마찬가지다.

신도시 투자는 유행을 거듭한다. 2004년경에도 서울 중심지역의 아파트를 팔고, 한창 인기를 끌던 신도시로 이사를 간 사람들이 많았다. 그러나 2007년이 되자, 인기를 끌던 신도시 가격은 하락했고, 서울 중심지역은 오히려 가격이 올랐다.

이러한 현상이 벌어지는 이유는, 신도시에 대한 사람들의 기대와 쏠림 때문이다. 무엇이건 공급보다 수요가 몰리면 거품이 끼기 마련이다. 이렇듯 신도시 역시 기대와 쏠림 때문에 초반에 거품이 끼게 된다. 그렇게 사람들이 몰리기 시작할 땐, 가격이 끝없이 오르는 것처럼 보인다. 실제 가치가 아닌, 사람들의 기대와 쏠림이 거품을 만들기 때문이다.

그러나 거품은 결국 시간이 지나면, 빠지게 되어있다. 가치가 제자리를 찾아가는 것이다.

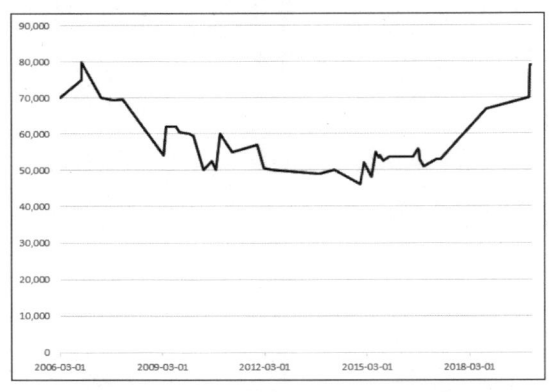

〈임의로 선정한 신도시 아파트 실거래가 변화, 국토교통부 자료〉

위 차트는 임의로 선택한 신도시 아파트 가격 차트다. 2007년까지 신도시 투자 열풍으로 거품이 끼었던 가격은 8억 원을 꼭지로 10년간 하락했다. 다시 반등하여 제자리를 찾는데 걸린 시간은 12년이 넘었다.

이런 시세 변화를 보고 가격이 한창 오르는 시점에 사서, 가격이 내려가기 직전에 팔고 조금이라도 이익을 보고 나오려는 사람들이 있는데, 이는 떨어지는 칼날을 손으로 잡으려는 것과 같다. 머리로 생각할 때는 떨어지는 칼날을 손으로 합장하듯 잡을 수 있을 것 같지만, 실제로 해보면 절대 잡지 못한다. 그렇게 떨어지는 칼날이 가슴을 뚫어 버리듯, 타이밍을 노린 신도시 투자 역시 대부분 큰 손실을 가져온다.

신도시 아파트를 흔히 청약 땐 대박, 입주 땐 쪽박이라고 하는 이유다.

그럼에도 왜 신도시에 대한 환상은 꺼지지 않는 것일까? 바라는 대로 믿고 싶어 하는 인간의 심리 때문이다.

10명 중 8명은 손해를 보더라도, 본인은 이익을 보는 2명에 속할 거라 믿는 심리다. 남들은 못하더라도 본인만은 떨어지는 칼날을 잡을 수 있다는 근거 없는 믿음으로 실패를 겪고야 만다.

어느 지역이 오를지는 나중에 가봐야 안다. 같은 단지의 아파트여도 어느 동은 오르고 어느 동은 내려간다.

그저 신도시라는 환상에 사로잡혀 불나방처럼 몰려드는 짓은 하지 말자. 그런 불나방들이 모여 결국엔 하우스푸어로 전락하는 것이다.

신도시 투자는 초반 유치 경쟁이 치열하다. 홍보성 광고에 속아 초반부터 경쟁적으로 뛰어드는 건 피해야 한다. 여유를 가지고 지켜본 뒤, 투자를 결정해도 충분하다.

똘똘한 한 채가 과연 답일까?

요즘(2019년~2020년) 들어, 부동산 투자 시장에서 자주 들려오는 말이 있다.

가진 거 다 팔아 똘똘한 한 채를 마련해야 한다는 것이다. 이는 시대 흐름에 따라 떠도는 유행어와 같다.

그러나 집이란, 제아무리 똘똘해도 한 채만으론 부채에 불과하다. 어떻게든 소득으로 갚아야 하기 때문이다. 부채를 모두 갚더라도, 현금화 할 수 없다. 똘똘한 한 채에 거주하다가, 현금화를 위해 집을 판다면 당신은 어디에 거주할 것인가?

집값이 올라도 비싼 집에 산다는 명분만 있을 뿐, 비싼 집을 통해 이득을 볼 수 없다. 혹자는 시세가 오른 만큼 대출을 받으면 된다고 하지만, 결국 그럼 또다시 부채가 된다.

또 다른 혹자는 이렇게 말한다. 살고 있는 집이 오르면, 그걸 팔고 저평가된 집을 사서, 차익을 현금화하면 된다고.

필자가 앞서 설명한 것처럼, 요즘처럼 정보가 평준화된 시대에선 '갈아타기'가 거의 불가능하다. 살고 있는 집이 오르면, 그 주변 다른 집들도 따라서 오르기 마련이다. 저평가된 집을 찾아 이사한다는 것 자체가 결국 말장난에 불과한 개념인 것이다.

만약 영혼까지 끌어모아 똘똘한 한 채를 마련했는데, 일시적인 가격 조정을 감당할 수 없다면 어떻게 할 것인가?

다른 대비책이 없는 와중에 그런 상황이 되면, 심리적 불안감이 더욱 커진다. 손해를 보면서 부랴부랴 팔게 될지도 모를 일이다.

사실 똘똘한 한 채에 대한 환상이 시작된 이유는 정부의 부동산 정책 영향이 크다. 다주택자들에게 집을 팔라는 목적으로 세금을 높게 부과

하면서, 많은 사람이 한 채만 가지고 있는 게 낫다는 생각을 하게 된 것이다.

그러나 결국 내가 살고 있는 집은 투자보다는 소비에 가깝다. 똘똘한 한 채가 가격이 상승한다고 해도 그냥 비싼 집을 깔고 앉아 있을 뿐이다. 가격이 올라도, 손에 쥘 수 있는 현금은 1원도 없다.

비싼 집에 산다고 기분 내고 싶은 것만이 목적이라면 말리지 않겠지만, 실속 있는 사람이 되고 싶다면 똘똘한 한 채에 목숨 걸지 않는 게 좋다. 즉, 자산과 소비를 구별하라는 얘기다.

그것이 하우스푸어를 면할 지름길이다.

뱁새가 황새 쫓는 식의 내집마련

내집마련을 하면, 집만 사는 걸로 끝이 아니다. 사는 곳 주변 환경에 따라 생활 수준이 바뀐다.

그런데 부동산 가격에 거품이 끼기 시작하면 분위기에 휩쓸려, 본인 수준보다 무리해서 내집마련을 하는 경우가 있다.

이것을 정말 조심해야 한다.

어차피 집 가격이 상승하면 이익이라는 생각으로 본인 수준보다 무리해서 내집마련을 하는데, 이런 방법은 생활하고 유지하는데 들어가는 돈을 고려하지 않은 선택이다.

1억 원짜리 집에 살 때보다, 10억 원짜리 집에서 살 때 매달 들어가는 돈이 더 많다.

당연한 일이다.

그럼에도 불구하고 무리한 내집마련은 과도한 유지비 때문에 또 다른 빚까지 지게 만들 수 있다.

이 또한 당연하다. 당장 자기가 사는 집 가격이 상승한 것도 아닌데, 기존 소득을 넘어서서 지출이 생기면 당연히 대출을 받아서 비용을 댈 수밖에 없다.

쉽게 예를 들어보자.

1억 원짜리 집에서 살 때는 공과금이나 생활에 필요한 비용이 200만 원 수준이었다고 하자. 그럼 10억 원짜리 집에서 살 때는 공과금이나 생활에 필요한 비용이 크게 증가하여 1천만 원이 넘을 수 있다.

이는 아낀다고 해서 줄일 수 있는 문제가 아니다.

공과금은 고정비용이고, 물가 수준에서부터 차이가 난다. 5천 원에 먹을 수 있던 음식을 1만 원에 사 먹어야 한다면 그만큼 비용이 증가하는 것이다. 주변 이웃들은 10만 원짜리 음식 먹는데 본인 가족들만 1만 원 이하짜리 음식을 먹을 수도 없는 노릇이다. 다른 집 자녀들은 250만 원짜리 패딩을 입고 다니는데, 본인 자녀만 5만 원짜리 패딩을 입힐 수도 없을 것이다. 그런 비교심리와 박탈감 때문에 결국 소비 수준이 주변 환경을 쫓아가게 되어있다.

거기에 재산세와 종합부동산세까지 납부해야 한다. 1억 원짜리 부동산은 재산세만 7만~10만 원을 내면 되는데, 10억 원짜리 부동산은 재산세만 300만 원 가까이 내야 하고, 종합부동산세는 50만 원 정도 추가로 내야 한다. (2019년 기준)

웬만한 직장인들의 한 달 월급이다. 월급 받아서 이웃들 생활 수준 쫓아가기에도 바쁜데, 재산세와 종부세마저 월급으로 다 메꿔야 한다. 이런 식으로 웬만한 직장인이 근로소득만으로는 유지비를 충당하기 어려워지는 것이다.

그렇기에 빚을 낼 수밖에 없어진다.

눌러살고 있는 집은 가격이 상승하더라도 가상화폐일 뿐이다. 당장 10억 원짜리 집이 1억 원이 올랐다고 해서, 현금으로 손에 쥘 수 있는 것은 단돈 1원 한 장 없다. 오히려 재산세와 종부세만 늘어나서 나가는 돈만 더 커진다. 그렇게 시간이 지날수록 비용이 점점 커지면서 하우스푸어가 되는 것이다.

미국이나 일본 등 선진국들은 이러한 문제를 해결하기 위해 부동산 시세 상승분을 고려하여 시세의 120~150%까지 대출을 해주고, 30년~40년간 대출을 상환할 수 있도록 한다. 그래야 급여소득만으로 생활하는 사람들의 부담이 덜하기 때문이다.

하지만, 우리나라는 국민 정서상의 문제로 그렇게 될 확률은 당분간은 미비해 보인다.

어쩔 수 없다.

각자 스스로가 이러한 원리를 깨닫고, 하우스푸어가 되지 않도록 조심해야 하는 것이다.

소액입주 분양물건의 위험성

"천만 원으로 즉시 입주 가능!"

이런 식의 광고를 본 적이 있을지 모르겠다. 2020년 요즘에도 길거리를 다니다 보면 저런 광고 전단이나 현수막을 심심찮게 볼 수 있다.

단돈 천만 원으로 새집에 입주할 수 있다니, 사실일까?

일단, 사실은 맞다.

천만 원으로 즉시 입주는 가능하다. 그러나 그것이 어떻게 가능한지에 대한 내막을 알아야 한다. 그 내막을 모르기 때문에 단순히 '소액입주'라는 말에 쉽게 속아 돈을 잃게 되는 것이다.

먼저, 소액입주가 가능한 이유는, 그 물건에 가격이 세 가지이기 때문이다.

첫 번째 가격은 실거래가격이다.

시공업자와 매수자 간 실제로 거래되는 가격이다.

두 번째는 계약가격이다.

계약서에 기재되는 형식상의 가격을 뜻한다.

세 번째는 감정가격이다.

부동산 물건의 가치를 감정한 가격이다.

왜 가격이 3개나 될까?

핸드폰을 살 때와 비슷하다.

핸드폰 역시 출시가격이 정해져 있지만, 실제로는 통신사가 공시지원금을 제공하기 때문에 소비자는 할인된 가격으로 핸드폰을 살 수 있다. 그런데 통신사 별 경쟁이 과열되면 국가가 시장 안정을 목적으로 공시지원금을 제한한다. 이때 통신사는 겉으로는 규제를 따르되, 각종 편법을 이용하여 소비자에게 할인된 금액을 제시하게 된다. 물건을 팔아야 하기 때문이다.

그런 이유로 핸드폰 역시 출시가격, 정부가 지정하는 가격, 실제 거래되는 가격 등 다양한 가격이 생긴다. 국가의 규제가 시장의 자율을 침해하기 때문에 이런 현상이 벌어지는 것이다.

분양도 마찬가지다.

국가의 규제가 심할수록, 시장은 물건을 팔기 위해 스스로 방법을 찾게 된다. 그러다 보니 여러 개의 가격이 만들어져 거래가 이루어진다.

물론, 이러한 방법은 모두 겉으로는 합법적으로 이루어지기 때문에 내막을 모르는 사람들만 피해를 보게 된다.

어떤 피해를 볼까?

핸드폰이야 어차피 사서 사용하다 버리면 그만이다. 하지만, 집은 다르다. 사서 버리면 끝나는 게 아니라, 자산의 가치를 갖고 있기 때문이다. 즉, 가격이 내려가면 그만큼 자산이 감소하면서 그에 따라 추가적인 비용이 발생한다.

가령 A라는 집이 있다.

실제 가격은 1억 원인데, 대출을 받기 위해 감정가격은 1억 5천만 원 정도로 평가한다. 그리고 계약서에는 1억 3천만 원으로 작성한다.

위의 상황에서 사용된 가격은 앞서 말한 대로, 실거래가, 계약가, 감정가 총 세 가지다.

이렇게 하는 이유는, 감정가를 기준으로 은행 대출을 많이 받기 위해서다. 실제 가격인 1억 원에 대해서 60% 대출을 받으면 6천만 원밖에 안 되지만, 감정가인 1억 5천만 원을 기준으로 대출을 받으면 9천만 원의 대출을 받을 수 있다.

그러면 1천만 원으로 입주 가능이란 공식이 완성된다. 실제 가격이 1억 원인 집인데, 대출을 9천만 원을 받을 수 있기 때문이다.

그렇다면 계약서상의 가격은 왜 따로 만들까? 매수자에게 이익을 주는 것처럼 포장하는 것이다. 그러면 실거주자 외에 투자자에게까지 쉽게 팔 수 있다.

"실거래가는 1억 원인데, 계약서는 1억 3천만 원으로 써 줄게요. 나중에 1억 3천만 원에 팔아도 세금 낼 필요도 없고, 3천만 원 이익이잖아요?"

이런 말을 들으면 매수자는 괜히 3천만 원을 이득 보고 집을 산 것처럼 느껴진다.

위의 과정이 소액 분양물건이 판매되는 실제 구조다.

문제는, 이런 물건들은 대부분 과도한 거품 때문에 나중에 가격이 크게 떨어진다는 점이다.

실제 거래가격인 1억 원조차 마진을 붙인 가격인데, 추가로 무리한 대출을 위해 감정가를 부풀렸으니, 나중에 가격이 내려가는 것은 자명한 일이다.

혹자는 이렇게 말할 수 있겠다.

'가격이 내려가면 안 팔면 그만 아닌가?'

당연히 아니다.

은행이 재감정을 통해 실제 가격을 알게 되거나, 그보다도 시세가 더 떨어졌다면, 내려간 가격만큼 대출 상환을 요구한다. 즉 1억 5천만 원으로 감정한 부동산이 나중에 1억 원의 가치가 밝혀지면, 1억 원을 기준으로 대출비율을 다시 조정한다. 그때 차액은 상환요청을 하는 것이다.

감정가 1억 5천만 원의 60%는 9천만 원이다. 1억 원의 60%는 6천만 원이기 때문에 차액 3천만 원을 상환해야 한다.

이러한 결과를 보면 당장은 싸게 산 것 같아도, 결과적으로는 더 비싸게 주고 사는 격이다.

위에서 설명한 대로, 시세가 떨어지거나 은행이 원래 가격을 알게 되면 대출 상환요청을 하기 때문에, 그때부터 입주자들은 난처해지는 것이다.

　더 큰 문제는 실제 가격인 1억 원조차 거품이 낀 상태일 확률이 높다는 점이다. 왜냐하면, 분양물건을 팔았을 때 생기는 마진과 더불어 영업비용, 금융비용 등 일반 물건에는 필요 없는 다양한 비용들이 추가되었기 때문이다.

　그래서 집을 팔지도 못하고, 계속 대출만 상환하는 하우스푸어의 굴레에 빠진다.

　다 쓰러져 가는 빌라에서 이사하지 못하는 사람들은 돈이 없어서 이사를 못 나가는 사람도 있겠지만, 그 집이 팔리지 않기 때문에 그냥 사는 경우도 많다. 이런 일을 겪지 않으려면 소액입주 분양물건은 언제나 조심해야 한다.

　실입주 금액이 싸다는 광고에 혹해서 이런 물건을 사면 안 된다. 입주할 때에는 천만 원만 들어갔지만, 시간이 지나면서 얼마가 더 들어갈지 모르니까 말이다.

　소액입주 분양물건을 조심해야 하는 이유다.

Chapter 2.
잘못된 투자로 인해 고통받는 사람들

잘못 끼운 첫 단추가 투자를 망친다

무슨 일이든 첫 단추가 중요하다. 도미노의 첫 말이 모든 말을 넘어뜨리듯, 첫 시작의 역할은 그만큼 중요하다.

필자의 지인 중에 공기업 부장으로 일하는 사람이 있었다.

한때 수익형 월세 부동산이 유행하면서, 그 부장도 유행에 따라 지방에 원룸 건물을 지었다. 그는 땅을 산 뒤, 신축 원룸을 지었다. 땅을 매입하고, 건축 인허가를 내고, 건물을 짓기까지는 순조롭게 지나갔다. 그러나 문제는 건물을 다 짓고 나서 터지기 시작했다. 툭하면 공실(빈집)이 생겼고, 계약이 바뀔 때마다 집수리 때문에 골머리를 앓았다.

"전등이 갑자기 안 들어와요."

"하수구가 막혔어요."

"수도가 고장 났어요."

공실에 대한 부담 때문에 그 부장은 현장에 직접 가서 문제를 해결해 주었다. 낮에는 본업으로 바쁘고, 밤에는 집수리를 하러 다니느라 하루가 어떻게 가는지도 몰랐지만, 어찌 됐든 그렇게 버티다 보면 상황이 나아질 거라 생각했다.

하지만, 2년 뒤 또 다른 문제가 생겼다. 은행으로부터 담보대출 상환 압박을 받은 것이다.

통상 부동산담보 대출은 감정가에서 전체 보증금을 뺀 나머지 금액 중 은행이 정한 비율만큼 대출해준다. 그런데 그 부장의 원룸은 신축할 때보다 감정평가금액이 하락했다. 은행은 당연히 하락한 금액만큼 상환을 요구한 것이다.

관리도 힘든데, 대출 상환 압박까지 받자 더 이상은 참기 힘들었던 공기업 부장은 손해를 보더라도 원룸 건물을 팔기로 결정했다. 그러나 부동산은 편의점에 진열된 담배가 아니다. 매도자와 매수자의 의견이 일치해야 계약이 이루어진다는 점에서 팔고 싶다고 쉽게 팔 수 없고, 사고 싶다고 쉽게 살 수 있는 것이 아니다.

그 부장은 중개업소에 들렀다가 실망만 하였다. 주변 부동산들의 가격조차 하락하던 시점이었고, 경기까지 어려워져 다른 물건들도 거래가 잘 안 된다는 말을 들었던 것이다. 공기업 부장은 다시는 부동산 투자를 하지 않겠다며 우는소리를 하고 다녔다.

이 사례는 실제 있었던 일이다. 이 이야기에서 중요한 것은 무엇일까? 신축건물은 돈이 안 된다? 원룸은 돈이 안 된다? 핵심은 그게 아니다.

투자에서는 리스크와 수익 관리가 중요하다. 그중에서도 리스크 관리가 먼저다. 그래야만 수익으로 이어지는 것이다.

위 사례에서 공기업 부장이 투자에 실패한 원인은, 공실 및 대출 상환 등의 리스크는 생각하지 않고, 그저 유행만 따라서 투자했기 때문이다. 첫 투자가 실패로 끝나자, 그 부장은 투자 자체를 부정적으로 생각하게 되었다.

그만큼 첫 단추는 중요하다. 그 첫 단추가 성공과 실패를 좌우하기 때문이다. 무조건 시작을 완벽하게 할 수는 없지만, 수익보다 리스크를 따져보는 게 먼저다. 신축이든, 아파트든, 다가구든 뭐든지 예외가 없다. 투자할 때는 탐욕을 버리고, 자신이 감당할 수 있는 리스크 범위 내에서 첫 단추를 잘 끼워야 한다.

그 첫 단추가 트라우마가 될 수도 있고, 자신감 있는 투자로 이어질 수도 있다는 사실을 명심하자.

남에게 의존하는 투자는 결국 이용만 당한다

필자는 2008년경 부동산 경매를 시작했다. 금융위기 속에서 회사를 살리겠다는 일념으로, 부동산 경매를 배우고 실천했다.

그때는 필자 역시 초보였기 때문에, 공부하면서 만난 분들과 종종 교류하였다. 이것저것 닥치는 대로 배워야만 했기 때문이다. 그렇게 여러 가지 방법을 배우고 익히면서, 필자만의 투자 방법을 만들어나갈 수 있었다.

그때 알게 된 어떤 분이 있었다. 나이는 제법 있으셨지만, 세상의 때가 전혀 물들지 않은 듯한 순수함을 보이던 분이었다. 그분을 편의상 '산골소녀'님이라 부르겠다. (투자 모임에선 보통 실명보다 닉네임을 부르는 편이다.)

산골소녀님은 이제 막 은퇴를 한 교사였다. 그분은 평생 학생을 가르쳐서 그런지 화술도 좋았고, 조곤조곤 차분히 말씀하시던 스타일이었다. 그러면서 유쾌하고, 잘 웃고, 다른 사람들과도 잘 어울리는 성격이었다.

그러나 평생을 교직에만 있었기 때문에 세상 물정을 몰랐다. 사람을 너무 쉽게 믿었던 것이다. 우연히 들렀던 부동산 분양사무소에서 수익률이 높다는 말에 혹해서, 가지고 있던 돈에 퇴직금까지 전부 투자해 아파트 세 채를 계약해 버렸다. 평생 직장생활만 했던 분이 퇴직하자마자, 남의 말만 듣고 한 시간 만에 집 세 채를 산 것이다.

그분은 어떻게 되었을까?

분양사무소에서 말한 수익률은 가정 수익률일 뿐이다. '만약 ~ 되면, 수익률 ~이다' 식으로 가정을 한 수익률이다. 안타까운 점은 그들이 말한 '만약'의 경우는 오지 않는다는 것이다. 산골소녀님도 마찬가지였다. 결국, 그분은 기대했던 프리미엄 수익은커녕, 오히려 매수 가격보다 시세가 떨어져 팔지도 못한 채, 전 재산이 분양권에 묶이게 되었다.

매우 안타까웠다.

사람들은 남에게 5분 이상 관심을 두지 않는다. 투자를 할 때도 마찬가지다. 당신이 믿고 의지하는 타인은 실제로 당신의 집값에 아무런 관심이 없다. 당신이 이 집을 사서 이익을 보는지, 손해를 보는지 안중에 없다는 말이다. 오로지 당신이 거래할 때 생기는 수수료에만 관심 있을 뿐이다.

재미난 점은 안 좋은 집일수록 수수료가 높다. 당연한 원리다. 안 좋은 제품을 팔기 위해서는 판매하는 사람에게 수수료를 높게 주어야 하지 않겠는가.

아직도 타인이 당신의 투자를 도와줄 거라 생각하는가? 절대 타인이 나의 투자를 도와주지 않는다. 남에게 의지하여 돈을 벌려고 하는 사람은 결국 이용만 당할 뿐이다.

같이 공부를 하는 사람도 마찬가지다. 당신이 의지하고 싶듯이, 타인도 당신에게 의지하고 싶어 한다. 서로가 자신의 이익을 위해 살아가고 있을 뿐이다. 냉정하게 들리겠지만, 각자 먹고살기 바쁜 시대가 아니던가. 누군가가 나를 위해 아무런 대가 없이 도와줄 거라는 기대는 일찌감치 접어두는 게 좋다.

절대 타인을 믿고 쉽게 투자하면 안 된다. 자신이 직접 공부하고, 스스로 투자해야 발전할 수 있다. 그 발전이 쌓이면서 더 큰 수익을 만들어내는 것이다.

이 점을 꼭 명심해야 한다.

단기투자는 거위의 배를 가르는 짓

투자 시장에서 흔히 벌어지는 논쟁 중 하나가 바로 장기투자와 단기투자의 비교다.

둘 다 장단점이 있지만, 부동산 투자에서의 단기투자는 사실상 수익을 내기 어렵다. 그런데 단기투자를 지향하는 사람들은 괜히 가지고 있다가 떨어지느니, 조금이라도 올랐을 때 빨리 팔고 이익을 보는 게 낫다고 주장한다. 단기 매매로 인해 들어가는 부수적인 비용이나 미래 이익을 포기하는 것에 대해서는 전혀 언급하지 않는다.

단타(단기투자)와 장타(장기투자)는 시간 제약이 다르다는 점에서 쫓기는 자와 쫓는 자로 비유할 수 있다. 장타는 쫓는 것이고, 단타는 쫓기는 것이다. 쫓는 자는 10번 중 1번만 잡아도 성공하지만, 쫓기는 자는 10번 중 1번만 잡혀도 실패한다.

누가 더 여유롭게 투자를 할 수 있을까?

짧은 시간 동안 수익을 내겠다고 생각하면, 마음이 조급해진다. 그리고 그 시간 안에 이렇다 할 성과가 없으면 박탈감을 느낀다. 그 박탈감 때문에 기존 이익조차 포기하게 만들고, 결국엔 투자 시장에서 떠나게 만든다. 예를 들어, 당신이 10을 벌었는데 남들은 100을 번 것처럼 보인다고 하자. 그러한 비교심리에서 오는 박탈감은 소중한 10의 가치마저 훼손하여 포기하게 만드는 것이다.

당신이 투자를 했다면, 빨리 팔아서 수익을 내야겠다는 조급한 마음을 꼭 버려야 한다. 투자는 시간을 먹고 자라며, 당신의 관리를 받으면서 더욱 튼튼해진다.

투자는 짧게 보면 제로섬 게임이지만, 길게 보면 플러스섬 게임이다.

제로섬(zero-sum)이란 누군가 이익을 보면, 다른 누군가는 손해를 본다는 뜻으로, 합치면 제로(zero)가 된다는 말이다. 플러스섬(plus-sum)이란 누군가와 또 다른 누군가 모두 이익을 본다는 의미로, 합치면 플러스가 된다는 뜻이다. 이왕 돈 벌려고 투자를 시작했다면, 당연히 플러스섬 게임이 낫지 않을까?

황금알을 낳는 거위를 가졌다면, 오래도록 건강하게 키울 생각을 하는 것이 좋다. 그래야 지속해서 황금알을 얻을 수 있기 때문이다.

뱃속의 황금알을 빨리 꺼내고 싶어서, 거위의 배를 가르는 어리석은 짓은 하지 말자.

제대로 배워야, 제대로 투자한다

최근 100년 이내 역사를 살펴보면, 자본주의가 발전할수록 돈과 관련된 교육 역시 나날이 번창하고 있음을 알 수 있다. 미국, 일본도 그랬고, 이제 우리나라도 마찬가지가 되어 가고 있다.

비단 10년 전만 하더라도 지금처럼 돈을 다루는 교육들이 많지 않았다.

하지만 이제는 한 집 건너 한 집꼴로 돈 버는 방법을 가르친다.

마치 어린 시절, 주변에 컴퓨터 학원이 우후죽순으로 생겨나던 모습과도 같다. 세상의 모든 이치가 그렇듯, 이러한 현상은 장단점을 모두 가지고 있다.

장점은 교육 매체가 많아질수록, 경쟁이 심해져 그들 스스로가 양질의 콘텐츠를 만들어낸다는 것이다. 따라서 소비자는 선택할 수 있는 기회가 더 많아진다.

반대로 과도하게 많은 교육으로 인해, 소비자가 겪어야 하는 시행착오도 많아진다는 단점이 있다. 무엇이 좋은지 직접 경험을 해봐야, 비판적인 판단력이 생길 테니 말이다.

그러나 현대인은 매우 바쁘다. 모든 교육 과정을 직접 경험하고 시행착오를 거쳐 가며, 좋은 방법을 찾아내기가 쉽지 않다.

투자도 마찬가지다. 관련 교육이 많아지다 보니 배우려는 사람들은 그만큼 시행착오로 인해 시간을 허비하게 된다. 그런데 처음에 잘못된 방식으로 배우면, 배운 내용 자체가 잘못됐기 때문에 투자해도 실패하게 된다.

투자에 대한 잘못된 교육이란 어떤 것일까? 예를 들자면, 교육만을 위한 교육, 이론을 강조하는 교육이 그렇다. 투자는 실천을 통해 수익을 내는 것이 목적이기 때문이다.

잘못된 교육은 당신의 투자 활동에 전혀 도움이 되지 않는다. 오히려 애초에 투자에 관심 없는 사람보다 더 큰 위험에 빠질 확률이 높다.

당신이 지금 부동산 공부를 하고 있다면, 제대로 된 방법으로 하고 있는지 즉, 실천을 위한 공부를 하고 있는지 스스로 구별할 줄 알아야 한다.

구별법이 딱히 어려운 것은 아니다.

본인이 배우는 방식으로 정말 실천 가능한지 그 여부를 따져보면 알 수 있다.

누군가는 집을 사면 그것으로 끝이라 생각하지만, 천만의 말씀이다. 부동산 투자는 매수 이후부터가 본격적인 시작이다. 매수 이후의 과정까지도 제대로 배우고 있는지 스스로 점검해 보라.

필자의 말이 냉소적으로 들려도 할 수 없다.

투자는 당신의 돈이 걸린 문제니, 좀 더 의구심을 갖고 비판적으로 접근해야 한다.

그래야 잘못된 투자로 인한 고통을 피할 수 있다.

신도시 상가투자는 대부분 망한다

상가투자의 원리도 모르면서, 무작정 상가에 투자했다가 망하는 사례는 끊임없이 반복되고 있다.

초보자들에게 신도시 상가투자는 특히 위험하다.

신도시를 계획하면, 상가가 들어올 땅은 국가가 입찰한다. 입찰방식은 무조건 높은 가격을 부른 업자가 가져가는 형식이다. 쉽게 말해 국가가 입찰 경쟁을 통해 땅장사를 하는 것이다. 신도시의 집을 싸게 공급하면서 생기는 손해를, 입찰 경쟁을 통해 상가 땅을 높은 가격으로 팔아서 메꾸는 방식이다.

이러한 원인 때문에 신도시 상가의 분양가격은 상대적으로 비쌀 수밖에 없다. 분양 원가에서 높은 비율을 차지하는 땅값이 비싸기 때문이다. 이러한 문제들의 피해는 고스란히 개인에게 돌아가고 있다.

정부는 '대형 쇼핑몰을 입점시키겠다'라는 등의 솔깃한 홍보를 통해 분양사에 비싸게 판다. 그렇게 해서 기존의 택지들이 잘 팔리면, 또 옆에 땅을 상가용지로 비싸게 공급한다. 그렇게 높아진 가격으로 상가를 짓고 분양하기 때문에 분양가는 한없이 높아진다.

분양사들도 가만히 있지 않는다. 여러 가지 호재를 미끼로 높은 분양가에 상가를 판다.

"수천 세대가 입주한 단지 옆 상가라, 장사가 잘될 것이다."

"조만간 대형 쇼핑몰이 들어온다. 미리 상가를 사둬야 한다."

"호재가 많아서, 상가를 사면 임대도 바로 나갈 것이다."

아무것도 모르는 개인들은 이러한 달콤한 말에 속아 상가를 사는 것이다.

이제 상가 임대료가 결정되는 원리를 설명하겠다.

상가 임대료가 결정되는 기준은 크게 둘로 나뉜다.

첫째, 분양가를 기준으로 책정한다.

둘째, 점포 매출을 기준으로 책정한다.

여기서 신규 분양상가는 첫째 기준인 "분양가"를 따른다.

분양가 자체가 높기 때문에, 그에 걸맞은 임대료를 책정하는 것이다. 일반적인 상가 임대 수익률은 시중 금리에 따라 결정되며, 2019년 현재 수준은 수익률 4~5% 정도다.

분양가가 10억 원이라면, 수익률 4~5% 수준에서 임대료를 결정한다는 말이다. 10억 원의 매년 4~5% 수익률은 4천~5천만 원이다. 이것을 12개월로 나누면 월 333만 원~416만 원이다.

따라서 분양가 10억 원짜리 신도시 상가를 분양받았다면, 임대료 333만 원~416만 원 이상을 받아야 대출이자, 세금, 부대비용을 감당할 수 있게 된다.

매월 300~400만 원의 임대료를 받을 수 있다는 말만 들으면 굉장히 솔깃하다. 그런데, 신도시에서 장사하며, 월세를 300~400만 원씩 낼 수 있는 장사꾼이 그렇게 많을까?

당연히 많지 않다. 장사가 잘된다는 보장이 없는데, 높은 임대료까지 부담하면서 월세 들어올 사람은 없기 때문이다.

어떻겠는가? 당연히 공실이 된다.

결국, 그 공실에는 중개사무소만 들어온다. 신도시 상가들을 보면 텅 빈 상가 공실 주변에 중개사무소들만 덩그러니 있는 것을 심심찮게 볼 수 있다. 중개사무소는 월세를 많이 내더라도 상관없다. 왜냐하면, 주변 물건들의 거래가격이 높을수록 수수료를 많이 받을 수 있기 때문이다. 그렇게 중개사무소가 많이 들어오면 손님을 잡기 위한 경쟁이 더욱 치열해진다. 초보들은 경쟁이 치열한 중개사무소들의 상술에 속아 비싼 상가를 분양받는 것이다.

이러한 원리를 모른다면, 신도시 상가투자로 매월 높은 월세를 받을 수 있을 거라는 환상에 빠져, 쉽게 속아 넘어갈 수 있다.

결국은 임대가 나가야 월세도 받는 것 아닌가?

하기사 초보 장사꾼들은 마진이 많이 남는 상품을 파는 게 이익이라고 생각한다. 일단은 팔려야 마진이 생기는데, 그 기초적인 논리조차 생각하지 않는다. 신도시 상가투자도 마찬가지다. 임대가 나가야 월세도 받는 것인데, 임대가 제대로 나갈지조차 생각하지 않고 과감히 전 재산을 쏟아붓는 격이다.

신도시는 상가가 활성화되지 않았기에 인프라도 부족하다. 그만큼 주변 환경과 생활권이 발전하는 데 시간이 오래 걸리는 것이다. 혹시라도 발전하기 전에 미리 선점해야 하지 않을까 조급해하지 않아도 된다. 결국, 비싸게 분양된 상가들은 적정 시세를 찾아가게 마련이다. 그때 투자해도 늦지 않다.

무턱대고 신도시 상가에 투자했다가, 땅을 치고 후회하지 말길 바란다. 월세 수익 때문에 상가투자를 고려하고 있다면, 생각의 방향을 바꾸는 것이 좋다.

상가보다 집이 먼저다.

머리가 여럿인 괴물, 공동투자

사람들은 군중 속에 있을 때 안정감을 느낀다.

자신이 정답을 알고 있어도, 다른 사람들이 모두 오답을 얘기하면 쉽게 정답을 얘기하지 못하는 것이 인간 심리다.

이런 군중심리는 무슨 일을 할 때, 혼자보다는 여럿이 하려는 속성으로 이어진다. 그러나 제아무리 초등학생이 많이 모여도, 결국 고등학생을 이기지 못한다.

실력이 부족한데 여럿이 같이한다고 해서, 제대로 된 방향으로 나아가는 것은 아니다. 오히려 다수의 오류에 빠져 잘못된 선택을 하기 쉽다.

 이것이 공동투자가 실패하는 주된 이유다.

 진짜 실력 있는 사람이라면 굳이 공동투자를 하지 않는다. 본인이 어떻게든 자금을 마련해서 직접 이익을 본다. 여럿이 함께 투자하려는 이유는 각자가 본인에게 부족한 부분을 타인에게서 채우려고 하기 때문이다.

 특히, 경험이 별로 없는 초보자들 여럿이 모인 수평 관계에서의 공동투자는 결코 성공하지 못한다.

 이는 인간의 본성이자 욕심 때문이다. 사람들은 대부분 자기가 한 일은 잘 기억하지만, 다른 사람이 한 일은 잘 기억하지 못한다.

 아주 쉬운 예로, 부부 사이도 그렇다. 내가 청소한 건 잘만 기억하는데, 배우자가 청소한 건 도무지 언제인지 기억나지 않는다. 자기가 한 일은 확대하여 해석하고, 상대방이 한 일은 축소한다.

 투자에서도 마찬가지다. 다른 사람보다 자기가 많은 일을 하고 있다고 여긴다.

 수익이 나면 다들 자기가 제일 노력했다고 생각하기 때문에 원래의 조건보다 더 많은 수익을 기대한다. 실패를 하면 마찬가지로 모두가 덜 손해를 보려고 한다. 더 많이 참여했고, 하지 않았고의 기준도 각자 다르기 때문에 수익과 손해의 정확한 배분이 어려운 것이다.

 공동투자는 모두가 자신의 이익을 우선으로 하기 때문에 수익이 나건, 손해가 나건 실패할 수밖에 없다.

 그렇다면 수직 관계의 공동투자는 어떨까?

 일부 강사들이 학생들의 돈을 가지고 공동투자를 하는 경우를 보았다. 학생들 돈만 가지고 투자를 하는데, 정작 명의는 강사가 갖는다. 즉,

강사는 자금을 대지 않고 재산권만 갖는 형식이다.

어떨 것 같은가? 당연히 돈을 댄 학생들은 이용만 당한다. 이익을 보면 강사가 사업비 내지는 운영비 등 비용 명목으로 수익 대부분을 가져가고, 조금이라도 손해가 나면 이를 충당하기 위해 추가로 학생들에게 투자금을 더 받는다.

필자가 단언하건대, 공동투자는 절대 성공할 수 없다. 아름다운 동화 같은 결말은 없으니, 애초에 작은 희망조차 품지 않는 것이 좋다.

이는 공동투자의 주최자이건, 참여자이건 누가 됐든 나중에는 문제를 일으키기 때문이다. 공동투자 때문에 기회도 잃고, 돈도 잃고, 사람도 잃고, 투자 실패까지 경험하는 것이다.

많은 사람이 경험에서 배운다고들 하지만, 굳이 불필요한 경험까지 해가면서 배울 필요는 없다. 더욱이 쓰라린 상처만 남기는 경험은 안 하느니만 못하다.

월세만 노린 섣부른 배당투자

부동산은 시세가 상승해야 큰 수익을 낼 수 있다.

이것은 진리다.

그런데, 일부 사람들은 빨리 돈을 벌고 싶거나, 은퇴를 앞당기고 싶어서 배당만 노리듯이 투자를 한다. 당장 월세 수익에만 의존한 투자를 하는 것이다.

가령 원룸, 고시원, 아파트형 공장, 호텔 분양, 상가 등 월세 의존도가 높은 부동산 투자가 그렇다.

이는 초보 입장에서 절대 피해야 하는 투자다.

매달 높은 월세를 받는 것은 당장 매력적으로 느껴진다. 하지만 그런 높은 월세를 미끼로 아무것도 모르는 초보를 현혹하여 가치가 없는 물건을 파는 부동산 장사꾼들이 많다.

또한, 초보들은 경험이 없기 때문에 수익만 생각하지, 비용에 대해선 상대적으로 무지할 수밖에 없다. 그런 점을 이용해 겉으로만 보이는 눈속임으로 월세를 세팅하여 부동산을 팔기도 한다.

실제 실패 사례를 예로 들어보겠다.

홍길동 씨는 원룸 10채를 매입했다.

원룸 하나당 보증금 300만 원/월세 30만 원씩 월세를 받을 수 있고, 세입자까지 모두 계약이 된 상태라는 말에 혹했던 것이다. 홍길동 씨는 매달 300만 원씩 월세를 받을 수 있다는 생각에 금방이라도 부자가 된 기분이 들었다.

그런데 계약을 하고, 3개월이 지나자 원룸 임차인들이 대부분 계약 해지를 요구했다. 어쩔 수 없이 보증금을 내주고, 새로운 임차인을 구하려고 했지만, 공실은 생각보다 오래갔다. 임차인은 도통 구해지지 않았다. 수익은커녕, 공실 이자를 충당하기 바빴다.

어찌 된 것일까?

이는 눈속임으로 월세를 세팅한 물건이었다.

즉, 팔아먹기 위해 월세를 의도적으로 끼워 맞춘 것이다. 임대차보호법상, 임대인은 기존 임차인을 승계해야 하지만, 기존 임차인은 새로운 임대인에게 계약 종료를 주장할 수 있다. (대법원 판례 98마 100 결정).

그에 따라 원룸을 팔기 전에 임의로 비싸게 임대차 계약을 해놓고,

매매가 이루어지면 임차인은 계약 종료를 주장하며 모두 나가는 것이다. 엄연히 시세가 있는데, 임의로 비싸게 임대차 계약이 가능할까? 충분히 가능하다. 기존 시세보다 비싼 차액을 보상해 주는 식으로 계약을 맺는다.

가령, 원래 시세가 보증금 300/20만 원이라면, 물건을 팔기 전에 300/40만 원으로 계약한다. 그리고나서 매도자는 높게 받은 월세 차액 20만 원에 대한 2년 치, 480만 원을 임차인에게 따로 준다.

이렇게까지 하는 이유는 물건을 팔아먹기 위해서다. 월세에 따라 매매가가 달라지는 다가구(원룸, 고시원 등)의 특성상, 월세가 20만 원일 때보다, 40만 원일 때가 두 배나 더 높은 가격으로 팔 수 있기 때문이다. 즉, 매매가가 5억 원짜리를, 월세를 두 배 더 높게 받는다는 조건으로 10억 원에 팔 수 있다는 뜻이다.

두 배나 비싸게 팔 수 있는데, 임차인 모두에게 고깟 4800만 원 보상을 해주는 것이 대수겠는가? 이러한 원리를 잘 모르는 초보는 월세 수익으로 은퇴를 할 수 있다는 희망으로 섣부른 투자를 하는 것이다. 이런 잘못된 투자가 고통으로 이어진다.

또 다른 사례는 정책으로 만들어지는 월세 투자다. 한때 유행했던 아파트형 공장이나, 호텔 분양이 그 예다. 이런 것들은 주로 매달 높은 월세를 받을 수 있다고 초보를 꼬드긴다.

그러나 계약을 하고 나서 막상 실체를 까보면, 계약 위반이 허다하다. 약속된 조건과 높은 월세는 고사하고, 임대도 잘 나가지 않고 매도조차 어려워 손해는 더 커진다. 이러한 피해를 배상 받기 위해서는 분양사 및 건설사가 그대로 있어야 하는데, 막상 그들은 분양이 끝나면 책임을 회피하기 위해 대부분 폐업을 한다. 따라서 계약자(매수자)는 법적으로 보호를 받을 수 없게 된다. 폐업한 회사를 상대로 배상 받을 방법이 없기 때문이다.

위의 사례들은 필자가 실제로 목격한 일들이다. 어디 가서 돈 주고도 배울 수 없는 실무적인 내용이니, 꼭 유념하길 바란다.

부동산 투자에 있어 월세 수익은 물론 중요하다. 10만 원이라도 매달 내 손에 쥐는 기쁨이 크기 때문이다. 그러나 월세 수익률로만 당신을 현혹하는 물건들은 그 이면에 어떤 진실이 숨어 있는지부터 알아야 할 것이다. 그래야 섣부른 월세 투자가 불러오는 고통을 피할 수 있다.

상승할 때 추격매수하는 투자

부동산은 가격이 오르기 시작하면 짧은 시간에 급격하게 오른다. 이는 부동산이 가지는 유한성과 인간의 심리 때문이다.

인간의 심리는 사기 쉬운 것보다, 품절이 임박한 것을 사려는 성향이 강하다. 그래서 평소에는 가만히 잘 있던 부동산 시세도 오르기 시작하면 급하게 상승하는 것이다. 부동산의 유한성과 품절 임박에 약한 사람들의 심리가 결합된 결과다. 관심 없던 사람들까지 막차라도 타려는 심정으로 추격 매수한다.

일반적으로 사람들은 상승하는 시세에 올라탄 뒤, 꼭대기에서 팔면 이익을 조금이라도 얻을 수 있다고 착각한다. 그러나 막상 꼭대기에 도착하면, 그 많던 매수 대기자들이 모조리 사라진다. 결국, 매도자만 남아있고, 매수자는 없는 현상이 발생하여 거래가 좀처럼 이루어지지 않는다.

그렇게 되면 매도자들의 마음이 조급해져서 조금 싼 가격에라도 팔려고 한다. 그런 사람들이 점점 늘어나면서 부동산 가격은 하락하기 시작하고, 하락하는 시세가 눈에 보이니 겁이 나서 큰 손해를 감당하면서까지 팔려고 하는 사람들이 많아지는 것이다. 손해를 보면서까지 팔려는 매도자가 많아지니 가격은 더더욱 하락한다.

이러한 현상이 추격매수 이후의 결과다. 이익을 조금 먹고 팔면 된다고 생각하는 건 그만큼 불확실하며, 위험하기까지 하다.

부동산과 주식은 다르다. 주식은 클릭 한 번으로 매도가 가능하지만, 부동산은 상승하는 시기에나 매도가 쉽지(이익을 조금이라도 먹으려고 매수하는 사람들이 많으므로 매도가 쉽다), 꼭대기와 하락하는 시기에는 매도가 어렵다.

쉽게 팔지 못하는 이유는 무엇일까? 인간의 과거 편향, 손실 회피 심리로 인한 것이다.

'뭐? 5억에 팔라고? 불과 3개월 전에 5억 5천이었는데?'

그리고 다시 3개월이 지나면 5억 원에 팔라는 본전 생각 때문에 더 팔지 못한다.

'뭐? 4억 5천에 팔라고? 3개월 전에 5억 원에 팔라고 했는데?'

추격매수로 부동산을 사놓고, 과거 시세만 회상하다 정작 팔지 못한 투자자는 하우스푸어로 전락하고 만다.

결국, 작은 이익을 보려다가 이러지도 저러지도 못한 채, 오히려 더 큰 손해를 보게 되는 것이다.

부동산 시세는 상승은 2~3년이지만, 하락이나 조정은 7~8년이다.

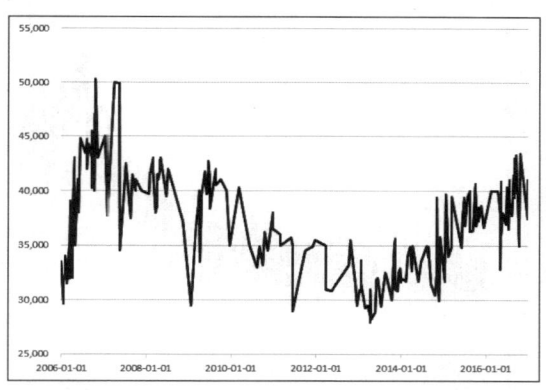

〈임의로 선정한 부동산의 10년간 실거래가 변화 1, 국토교통부 자료〉

위 차트는 임의로 선정한 부동산의 막 상승한 시점(2006년)으로부터 10년간의 시세 변화를 나타낸다.

2006년~2007년까지는 급하게 상승하였으나, 2년 차인 2007년을 기점으로 급하게 하락한 뒤 2014년까지 서서히 하락했다. 꼭대기를 기준으로 무려 40% 하락을 한 셈이다.

이 부동산을 2007년경 추격매수한 사람들은 최고가에 취득하여, 몇 년간 하락하는 시세를 지켜봐야만 했을 것이다. 이익을 조금이라도 보고 팔려고 했던 사람들의 기대와는 한참 다른 방향으로 시세가 흘러갔다. 물론 좀 더 기다리면 이 물건도 다시 상승할 수 있겠지만, 그때가 언제인지는 아무도 확신할 수 없다.

또한, 5억에 산 아파트가 4억을 지나 3억까지 떨어지는 걸 지켜보는 매수자의 입장에서는, 오를 때까지 느긋하게 기다리기란 참 어려운 일이기도 하다.

임의로 결정하고 보니, 2008년 시세 하락이 금융위기 때문이 아니냐는 반론이 있을 듯하여 또 다른 부동산도 보여드리겠다.

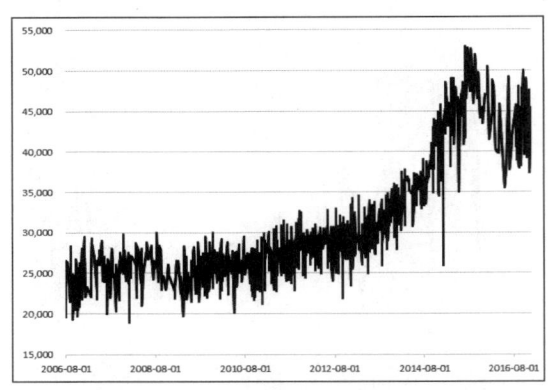

〈임의로 선정한 부동산의 10년간 실거래가 변화 2, 국토교통부 자료 〉

위 차트 역시 임의로 선정한 첫 번째 조건과 동일하게 2006년 기준 10년간의 시세 변화다.

다만, 지역만 다르게 했다. 뒤에 가서 자세히 설명하겠지만, 시세 상승은 지역을 순환하기 때문에, 같은 시기에 같은 지역 부동산들은 비슷한 시세 변화를 보이기 때문이다.

위 부동산 역시 2006년부터 2014년까지 조정으로 시세 변화가 없었지만, 2014년 초를 기점으로 급격하게 가격이 상승했다. 만약, 2015년도에 이제 이 부동산은 오를 일만 남았다고 생각하여, 추격 매수한 사람은 기대와는 다르게 이익을 보지 못했을 것이다.

흔히 부동산 투자는 타이밍이라고 말하는 사람들이 있다. 일부 전문가는 미래를 예측이라도 하듯이 오르기 전에 사야 한다며 타이밍을 잘 잡으라고 말한다. 그러나 이는 잘못된 것이다.

지나간 과거 차트를 보면 언제가 살 때인지 누구나 쉽게 알 수 있다. 아이들에게 물어봐도 손가락으로 찍어서 그때 사면 된다고 말할 것이다.

오를 거라고 예상하는 것은 당신의 기대일뿐 그게 현실은 아니다.

미래는 신의 영역이다. 현재가 어떤 타이밍인지는 아무도 모른다. 다만 하우스푸어가 되지 않기 위해 추격매수는 절대 금물이다.

그것만 조심해도 당신의 결정이 상승할 타이밍에 더 가까워지는 것 아니겠는가.

과도한 대출의 위험성

은행을 표현하는 말 중에 이런 말이 있다.
"해 뜬 날 우산 빌려주고, 비 오는 날 우산 거둔다."
왜 이러한 말이 나온 것일까?

해 뜨는 날, 즉 경기가 좋을 땐 은행도 돈이 남아돈다. 사람들에게 많이 빌려주고, 매출을 올려서 이익을 만든다. 그러나 비 오는 날, 즉 경기가 안 좋을 땐 은행도 돈이 부족하다.

이럴 땐 어떻게 경기를 방어할까?

은행은 자금 회수가 필요할 때, 대부계 담당자에게 회수금에 대한 할당량을 부여한다. 담당자별로 할당량을 부여받으면, 대출 상태가 위험해 보이거나, 비교적 회수하기 쉬워 보이는 고객들을 선별한다.

가령, 대출이자를 연체한 적이 있거나, 부동산 담보가치가 하락한 물건이나, 대출비율이 높은 고객이 주된 타깃이 된다. 그런 고객들을 우선으로 대출금을 회수한다.

회수를 할 때 우선, 대출 만기가 가까운 사람들부터 서신 통보를 한다. 서신에는 계약 만기 한 달 이내 재심사를 받으라는 안내 문구가 적혀있다.

재심사를 받을 때, 은행은 이런저런 갖가지 핑계를 대며 대출 연장을 해주지 않고, 상환 요구를 하는 것이다.

물론, 이럴 때 어떻게 협상을 하느냐에 따라 담당자의 할당량에서 빠져나가 대출 연장을 할 수 있지만, 대부분은 은행 담당자의 요구에 굴복하게 된다.

상환을 못 한다고 말해도, 돌아오는 답변은 '그럼 모든 은행 거래를 정지할 수밖에 없습니다.'라는 단호한 답변일 것이다.

이러한 위험을 피하는 방법은, 당연한 얘기지만 처음부터 과도한 비율로 대출을 받지 말아야 한다. 대출을 많이 받으면, 자본금이 적게 들어가는 장점이 있다. 그러나 갑작스러운 대출금 상환에 대한 리스크가 높은 것도 사실이다.

해가 뜨고 지고를 반복하듯, 경기 역시 좋고 나쁘고를 반복한다.

지금 경기가 좋다고 해서 내년에도 경기가 좋을지는 아무도 모르는 것이다.

부정적인 마인드

좋은 땅에 씨앗을 잘 심어 놓고도, 잘 자라고 있는지 수시로 땅을 파서 확인하는 사람들이 있다. 결국, 씨앗마저 죽게 만들고 만다. 그런 사람들을 분석해 보면, 한가지 공통점이 있었다.

바로 부정적인 마인드를 가지고 있었다.

필자의 지인이 경매를 통해 아파트를 낙찰받았었다. 입지도, 수익률도 모두 괜찮은 조건이었다. 그런데 당시 신도시 분양 물건에 대한 말이 많다. 그분도 주변에서 하도 분양 투자가 돈 된다는 말을 하니까, 자신이 낙찰받은 아파트에 왠지 자신이 없어졌다.

다른 사람들은 분양 물건으로 몇억 프리미엄을 기대하고 있는데, 본인은 괜히 낡은 아파트를 산 게 아닌가 싶은 생각마저 들었다. 그런 부정적인 생각이 계속되다, 1년도 안 돼서 몇백만 원 손해 보고 낙찰받은 아파트를 팔았다. 그리고 당시 말 많던 신도시 분양 투자에 뛰어들었다.

2년 뒤, 결과가 어땠을까?

손해 보고 팔았던 그 아파트는 2배 이상 가격이 올랐고, 신도시 분양 물건은 주변 공급 과다에 부동산 규제 정책까지 악재가 겹쳐 마이너스 프리미엄까지 떠안고 물건을 팔아야 했다.

부정적인 마인드가 가져온 결과다.

또 이런 예도 있었다. 경매로 낙찰받은 아파트의 누수 문제로 고생하던 수강생이 한 분 있었다. 같은 문제로 임차인과 몇 번 언쟁을 하고 나니, 이 아파트를 낙찰받은 게 문제인 것 같다며 빨리 팔고 싶어 했다.

필자 역시 이런 경우를 많이 겪었고, 집수리는 시간과 비용이 들어가더라도 해결 가능한 문제이기 때문에 그분을 다독였다. 그러나 그분은 이 집이 자기에게 고통을 안겨주는 것 같다는 부정적인 생각에서 벗어나지 못하다, 결국 시세가 오르기 전에 매도하고 말았다.

이 아파트 역시 매도 이후 가격이 많이 올랐다.

부정적인 마인드는 잘 진행 중인 투자도 결국 망치게 만든다. 부정적인 생각은 전염성이 강하다. 본인이 그런 생각을 만들어내건, 주변인을 통해서 전해 듣건, 부정적인 기운은 끊임없이 확장해 가는 것이다.

위의 두 사례처럼 자신의 예상과 어긋난 결과가 조금이라도 보이면,

본인의 부정적인 생각이 맞았다고 섣부른 결론을 내린다. 그러다 보니 조금만 견디면 좋은 날이 올 텐데, 그 시기를 견디지 못하고 손해를 보게 되는 것이다.

경기가 안 좋을 때 이러한 현상이 더 자주 나타난다. 약간의 시세 하락이나 보합을 견디지 못하고 "그래, 부동산 투자는 이제 끝물이야."라면서 자신의 부정적인 생각에 결과를 끼워 맞춰버린다.

무조건 낙관적인 것도 문제지만, 부정적인 생각은 훨씬 파괴적이다. 부정적인 생각에 집착하면 안 된다.

분양 투자가 유행한다고 해도, 굳이 흔들릴 필요 없다. 내가 지금 투자한 아파트의 가치가 확실하다면 본업에 충실하면서, 시세가 오르길 기다리면 된다. 지금 당장은 집수리 때문에 고생스럽지만, 고치면 해결된다는 마음으로 긍정적으로 대처해야 한다.

긍정적인 생각이 상황을 유리하게 만드는 방법을 찾도록 도와준다. 호랑이 굴에 들어가도 정신만 차리면 산다는 말은 그래서 강력한 힘을 가진다. 길을 잃었어도 긍정적인 생각이 결국 목적지에 다다르는 방법을 알려주기 때문이다.

새로운 것은 없다

대기업을 다니던 친구 하나가 살인적인 업무량을 견디지 못하고 퇴사 고민을 털어놓았다.

친구 중 일부는 때려치우고 여행을 가서 머리를 식히라고 부추겼다. 필자를 포함한 일부는 다른 회사도 마찬가지다, 어딜 가든 힘들 테니,

조금이라도 익숙한 지금 직장에서 좀 더 나은 방법을 찾아보는 게 어떠냐고 조언했다.

그러나 친구는 결국 퇴사하고 여행을 떠났다. 여행에서 돌아온 그는 재취업을 하려고 했으나 좀처럼 맘에 드는 조건을 찾지 못해 한참 눈을 낮춰서 작은 중소기업에 들어갔다.

오랜만에 만난 그 친구는 또다시 불만을 늘어놓았다. 대기업을 다닐 때보다 업무량은 적지만, 연봉이 너무 적다, 비전이 없다 등등 그의 불만은 끝이 없었다. 그러더니 결국 직장생활에는 답이 없다면서 카페를 차리겠다고 했다.

카페를 차린다던 친구는 중개업자에게 낚여 비싼 임대료를 내고 상가를 계약했다. 그러나 장사가 잘 안 되어서 몇 달 만에 장사를 접고 말았다. 그 친구는 또다시 새로운 직업을 물색하고 있는 중이다.

지금 갖고 있는 것에 만족하지 못한다고 해서, 새로운 것들이 당신의 삶을 변화시키지 않는다.

새로운 것들은 오히려 당신에게 또 다른 스트레스를 안겨줄 것이다. 새로움을 접하면 잠깐의 기분전환은 되지만, 언 발에 오줌 누기처럼 상황을 더 악화시킬 뿐이다.

업무 스트레스가 심한 직장인일수록 여행을 떠나려는 욕구가 강하다고 한다. 그러나 기분전환을 위해 여행을 다녀오지만, 그것은 잠깐의 현실도피일 뿐 업무 스트레스가 아예 사라지는 것은 아니다.

생각을 바꾸어야 한다.

깨달음이란 꼭 멀리서 찾을 수 있는 것이 아니다. 새로운 직업이 당신을 만족하게 하는 것도 아니다. 지금 당신이 있는 자리에서 생각을 바꾸는 게 곧 깨달음이다.

투자도 마찬가지다.

홍길동 씨는 처음에 아파트 투자를 했다가, 예상보다 수익이 좋지 않다고 생각했다. 그래서 아파트를 팔고 빌라와 오피스텔에 투자했다. 그러나 시세가 하락하여 대출금 상환 압박에 시달리고, 공실에 대비하지 못해서 손해를 보고 말았다. 그제서야 그는 아파트 투자만큼 편한 게 없다는 것을 깨닫게 되었다.

그래서 다시 아파트를 물색한다. 그러나 이미 시간은 흘렀고, 홍길동 씨가 투자하고 싶은 아파트는 이제는 감당할 수 없을 만큼 가격이 올라가 있다. 자신의 예산 안에서 투자할 수 있는 물건을 찾아야 하는데, 그는 또 허황되게 비싼 물건만 쳐다보다 기회를 놓친다.

그는 이제 아파트로는 수익을 낼 수 없다며 다시 재개발, 재건축, 아파트형공장, 땅까지 새로운 투자 물건을 찾아 헤맨다. 그렇게 그는 먼 곳에 있는 새로운 것을 찾느라, 눈앞에 있는 기회를 모조리 놓친 채, 시간과 비용만 축내게 된다.

새로운 것을 찾아 헤매는 사람치고, 어느 것 하나 제대로 성공시키는 것을 보지 못했다.

새로운 것이 당신에게 기회를 가져다주는 것이 아니다. 당신의 자리에서 지금 당장 할 수 있는 것, 잘 할 수 있는 것에서부터 시작하면 된다.

그것이 당신의 기회다.

리스크 관리의 부재

집을 사고도 실패하는 이유는 리스크 관리에서 비롯된다. 이는 내집마련과 투자, 모두 마찬가지다.

집을 사고 나서 무슨 리스크가 있을까 싶겠지만 실상은 다르다.

실거주 내집마련을 했다고 하자. 자신의 소득을 훨씬 웃도는 비싼 집에서 실거주하는 것은 여러 가지 리스크를 안게 된다.

기회비용이라는 리스크와 유지비라는 리스크다.

기회비용이란 그 집에 거주하지 않았을 때, 가질 수 있는 기회에 대한 리스크다.

만약, 2억 원의 예산으로 집을 산다고 하자.

A는 자기 돈 1억 원을 들이고, 나머지 1억 원을 대출받아서 2억 원짜리 실거주 집을 샀다. 1억 원의 현금자산은 그대로 남아있다. B는 자기 돈 2억 원에, 대출 3억 원까지 받아서 5억 원짜리 실거주 집을 샀다고 하자.

A는 1억 원의 대출이자를 내면서, 현금자산 1억 원에 대한 기회비용을 가질 수 있다. 아직 손에 쥐고 있는 1억 원을 이용하여 다른 투자 기회를 잡을 수 있는 것이다.

그러나 B는 자신이 가진 현금자산을 모두 써버린 상태다. 그런데다 3억 원이라는 부채까지 떠안게 되었다. 또한, 5억 원짜리 집에 살다 보니, 들어가는 유지비가 훨씬 많아진다. 비용에 대한 리스크가 두 배로 커지는 것이다.

거주지 주변 생활 수준도 감안해야 한다. 일부 지역은 물가도 높고, 주민들의 소비 수준이 매우 높다. 5천 원이면 한 끼 때울 수 있었던 게, 만 원으로도 해결이 안 되는 경우가 생기는 것이다. 그런 상황에서 무조건 아끼면서 소비를 절제하는 것은 한계가 있다. 먹고 입는 것에서 줄이고 줄인다 할지라도 필수적으로 들어가는 고정비용은 있지 않은가. 관리비나 공과금도 그렇고, 재산세도 그렇다.

또한, 본인은 아낄 수 있더라도 다른 가족들이 돈 때문에 겪는 심리적 차별을 견딜 수 있을지는 또 다른 문제다.

결국, 어느정도는 비슷한 수준을 유지하려고 하다 보니, 오히려 빚만 늘어난다.

투자도 마찬가지다.

자신이 운용할 수 있는 규모 안에서 실천해야 한다. 가령, 여유자금 없이 5억 원짜리 집을 사서, 3억 원에 전세를 주었다고 하자.

초보자가 볼 때는 흔히 임대인이 임차인에게 갑질을 한다고 생각하는데 현실은 그렇지 않다. 임차인이 계약 해지한다고 전세보증금을 돌려달라고 한다면 당장 어떻게 하겠는가? 새로운 임차인 구해서 내준다고? 새로운 임차인이 안 구해진다면 당장 3억 원 보증금을 어디서 마련하겠는가? 임차인의 빚 독촉과도 같은 보증금 반환요청에 밤잠마저 설칠지 모른다.

5억 원의 집을 소유할 정도면, 3억 원 정도야 구하기 쉬울 거라고 생각할 수 있지만, 실상은 그렇지 않다. 이런 경우는 자주 있는 일이다.

그런데 많은 사람이 이런 다양한 리스크는 전혀 생각하지 않고 투자를 한다. 그리고 나서 감당하지 못해 손해를 보고 파는 것이다.

리스크로 인한 실패가 너무 크면, 제아무리 작은 성공을 여러 번 할지라도 재기하기 힘든 법이다. 내집마련이든, 투자든 1순위로 생각해야 할 것은 리스크다.

Part 3. Solution
당신을 위한 집은 따로 있다.

Chapter 1.
집을 사기 전, 돈 다루는 기술부터 익혀라

돈을 버는 게 먼저다

　부동산과 돈은 떼려야 뗄 수 없는 관계다. 다만, 둘 사이에는 순서가 있다. 많은 사람이 부동산을 샀기 때문에 돈을 벌었다고 생각하는데 이 말은 반은 맞고, 반은 틀리다.

　부동산 투자로 돈을 버는 것은 맞다. 하지만 많은 물을 얻기 위해서는 마중물이 필요하듯, 부동산 투자 역시 종잣돈이 먼저 필요하다. 즉, 부동산으로 돈을 벌기 위해서는 자신이 먼저 종잣돈을 벌어야 한다는 말이다. 이 순서를 혼동해서는 안 된다.

　그런데 사람들은 종종 이 순서를 착각한다. 돈을 벌어야 부동산 투자를 할 수 있는 것인데도, 돈을 버는 노력은 게을리한다. 미디어에서 연예인이나 스포츠 선수가 몇십 억 원짜리 빌딩을 샀다는 기사를 보면서 역시 부동산 투자를 해야 돈을 벌 수 있다고 생각해버린다.

　그들도 사실은 돈을 먼저 벌고 나서 빌딩을 산 것이다. 그 순서를 바꿔서 생각하기 때문에 사람들은 돈을 버는 데 소홀해지고, 투자도 못하게 되는 것이다. 당신도 돈을 벌어 종잣돈을 마련해야 한다. 그러고 나서 부동산을 사는 것이다.

　다시 한번 강조하지만, 투자로 돈을 불리기 전에, 먼저 돈을 벌어야 한다는 뜻이다.

  그렇다고 해서 부동산 투자에 돈이 많이 필요한 것은 아니다. 우리가 뉴스에서 보는 것들은 언제나 몇십 억 원, 몇백 억 원짜리 빌딩이지만, 원래 언론은 사람들의 관심을 유도하기 위해 자극적일 수밖에 없다. 자극적인 기사에 낚여 좌절할 필요 없다. 누군가 몇십 억 원짜리 빌딩을 산 것보다, 내가 당장 10만 원 월세 받는 것이 더 가치 있기 때문이다.

  필자는 부동산 투자를 반드시 큰돈으로 시작할 필요가 없다고 생각한다. 자신이 운용할 수 있는 자금에 맞는 물건으로 시작하여 천천히 늘려가며 이익을 만드는 것이다. 필자도 그렇게 투자를 했다. 필자는 첫 투자를 지방의 3,000만 원짜리 아파트로 시작했다.

  따라서 지금 당장 빌딩을 살 만큼 돈이 없다고 해서 실망할 필요 없다. 월세 10만 원이라도 벌어본 사람이 100만 원을 만들 수 있다. 그런 경험이 쌓이고, 수익이 늘어나다 보면 자연스럽게 투자할 수 있는 물건의 범위도 넓어진다. 부동산으로 돈을 벌고 싶다면, 그 전에 당신이 먼저 돈을 벌어야 한다는 사실을 명심하길 바란다.

  또한, 돈을 벌기 위해서는 무작정 소득을 높이는 것보다 관리하고 운용하는 기술이 중요하다는 것도 깨달아야 한다.

  대부분 지금 본인이 돈을 모으지 못하고, 적자에 허덕이는 이유는 버는 돈이 작다고 착각하기 때문이다. 그러나 고소득자도 늘 돈이 부족하긴 마찬가지다. 돈을 많이 번 만큼 많이 쓴다. 제대로 관리하지 못하면 소득이 많든 적든, 적자에 허덕이는 것은 똑같다.

  똑같은 월급을 받아도, 누군가는 번듯한 집 한 채를 가지고 있지만, 다른 누군가는 빚에 허덕이는 이유가 무엇일까? 바로 돈을 관리하는 방법이 다르기 때문이다.

직장인들이 농담삼아 말한다. 월급이 통장에 입금되자마자 로그아웃 된다고 말이다. 돈이 스스로 로그아웃하진 않는다. 돈 다루는 기술이 부족하기 때문에, 당신 소득을 제대로 지키지 못하는 것이 아닐까.

부동산 투자로 돈을 벌고 싶다면, 먼저 당신 돈부터 만들자. 그리고 나서 투자를 하는 것이 제대로 된 순서다.

습관성 소비를 중단하라

인간은 반복되는 결정을 할 때, 본능적으로 생각을 최소화한다. 이러한 습성 때문에 돈 쓰기도 반복될수록 뇌는 생각을 최소화하면서 습관으로 굳어진다. 돈 쓸 때마다 깊게 생각을 하지 않게 된다는 말이다.

퇴근하고 집에 가는 도중에, 자주 군것질을 한다고 하자. 이것이 반복되면 돈이 부족한 상태에서도 습관처럼 군것질거리를 사느라 돈을 쓴다. 자주 하는 행동이라 몸이 금방 적응하는 것이다.

위스콘신대학교 심리학 및 정신의학과 교수인 리처드 데이비슨은 연구를 통해, 인간은 의도적으로 점차 뇌를 변화시킬 수 있다는 실험 결과를 발표했다. 이것은 다시 말해, 인지하고 의식한다면 습관조차도 점차 바꿀 수 있다는 말이다.

문제는 인지하지 못하고 의식하지 하지 않는다면, 습관은 더욱 굳어지고 그것이 곧 DNA 구조까지 변형시킨다는 점이다.

소비는 습관일 뿐이다.

무절제한 소비 습관을 지닌 사람이 집을 사는 경우는 없다. 오히려 가지고 있는 집마저, 경매로 빼앗기는 경우가 허다하다. 부동산 경매 투자를 하면서 명도(채무자 내보내기)를 하다 보면, 자주 목격할 수 있다.

경매로 집이 넘어갔다는 건 빚을 갚지 못했다는 얘기다. 그런데 그 집 안에 들어가면 그렇게 화려하게 해놓고 살 수가 없다. 강제 퇴거당하면서도 자랑스럽게 고급 도어락이라며 거들먹대던 채무자도 기억난다.

집을 사기 전에, 당신의 소비습관을 먼저 점검해야 한다. 돈 쓰기를 통제해야 모은 돈으로 집을 사고, 집을 사고 나서도 뺏기지 않는 것이다.

습관적으로 인터넷 쇼핑을 하고 있다면, 오늘부터라도 중단해보자. 안 좋은 습관이라도 의식한다면 충분히 고칠 수 있다.

소비는 행복이 아닌 스트레스다

쇼핑으로 스트레스를 푸는 사람이 많다. 그러나 물건이 쌓일수록 행복이 아닌, 스트레스가 증가한다. 스트레스가 증가할수록, 합리적인 판단이나 인내가 어려워진다. 그런 상태로는 제대로 지출을 통제하지 못하게 된다.

부동산 경매에서 채무자를 내보내는 것을 명도라 한다. 채무자는 자신의 빚을 갚지 못하여, 쫓겨나는 것이다. 혹자는 쫓겨나는 채무자가 불쌍하다고 할 수 있지만, 오히려 채무자가 빚을 갚지 않아 채권자가 더 큰 피해를 본다.

쉽게 예를 들어, 당신이 친구에게 돈을 빌려줬는데, 그 친구가 돈을 갚지 않고 있다고 하자. 누가 더 큰 피해를 볼 것 같은가? 당연히 빌려준 당신이다. 채권과 채무 관계는 어차피 똑같다.

부동산 경매를 하다 보면 다양한 채무자를 만나게 된다. 그 중, 사치 때문에 빚을 갚지 않아 쫓겨나는 경우를 심심찮게 볼 수 있었다.

그런 채무자들의 집에는 과도할 정도로 많은 짐이 있었고, 정수기, 비데, 연수기 등 각종 렌탈 제품들이 많았다. 20평형대 집에서 40평형대에서나 나올 짐들이 쏟아졌던 것이다. 이사를 나가더라도, 물건이 너무 많아서 비싸게 주고 산 것들을 대부분 버리고 나갔다.

이렇듯 과도한 소비는 오히려 빚을 만들어내고, 빚 때문에 생긴 스트레스로 인해 행복마저 버리는 꼴이다.

요즘 미니멀라이프가 유행인 이유도, 과도한 소비품 때문에 생기는 스트레스로부터 해방되고 싶은 본능이라 볼 수 있다.

여전히 쇼핑을 통해 스트레스를 풀고 있다면, 방식을 바꿔야 한다. 그래야 건강한 소비습관이 만들어지고, 스트레스로부터 해방될 수 있다.

신상품 마케팅에 속지 말라

돈을 절약하고 모으는 데 있어, 가장 큰 적은 바로 신상품이다. 소위 얼리어답터라는 사람들은 돈을 모으기가 힘들다. 그들은 남들보다 신상품을 빨리 구매하는 사람들이다. 가전제품, 전자기기, 명품 가릴 것 없이 모두 마찬가지다.

사업에서 신상품은 마진을 가장 많이 남길 수 있는 품목이다.

예를 들어, 새로운 사양의 제품(그것이 핸드폰이건 가방이건)이 나왔다고 하자. 그러면 일단 가격을 비교할 수 있는 대상이 없다. 새로운 제품은 늘 유일하기 때문에, 높은 마진으로 가격을 결정할 수 있다. 그러나 시간이 지나면 그 제품은 더 이상 새로운 제품이 아니다. 그럼 어떻게 할까? 또 다른 신상품을 만든다. 가장 쉬운 방법은 똑같은 사양으로 색깔만 변형하는 것이다.

'XXX 레드 에디션!'

기존의 검은색이었던 게 빨간색 신상품으로 재탄생한 것이다. 색깔만 바꿔서 출시해도 더 높은 이익을 낼 수 있다. 실컷 레드 에디션을 팔다가 그 가치가 떨어지면 그다음 신상품은 골드 에디션이다.

기업은 바로 소비자들의 희소가치에 대한 본능을 자극함으로써 이익을 내는 것이다.

당신의 입장에서 역으로 말하자면, 기업의 상술에 놀아나지 말라는 말이기도 하다. 당신의 본능을 자극하는 기업은 자꾸 이익이 늘어나는데, 본능에 점령당한 당신의 지갑은 나날이 홀쭉해져만 간다.

신상품이 너무 갖고 싶다면, 일단 심호흡 한번 크게 하자. 그리고 우선순위를 따져보는 것이다.

돈을 쥐고 있으면 기회가 존재하지만, 돈이 신상품으로 바뀌는 순간 기회는 없어진다.

지금 당신에게 당장 필요한 것은 집을 사기 위한 돈이다. 레드 에디션도 지금 아니면 못산다고? 걱정 안 해도 된다. 다음에 더 예쁜 골드 에디션이 나온다. 레드 에디션 하나 때문에 집을 살 수 있는 기회를 써버리는 건 너무 아깝지 않은가. 혹자는 레드 에디션 하나라고 해봐야, 고작 200~300만 원 수준인데, 그걸로 무슨 집을 사느냐고 반문할 수 있다. 그러나 그런 레드 에디션 2~3개만 사지 않아도 충분히 집을 살 수 있다. 그에 대한 방법은 뒤에 가서 자세히 다룬다.

성공한 부자들은 이러한 원리를 제대로 이해하기 때문에 신상품에 현혹되지 않는다. 그들이 가지고 있는 것들은 대부분 구형의 오래된 것이며, 그것도 필요한 것에 국한된다. 다시 말해 필요하지 않은 것은 구형이라도 사질 않는다는 말이다.

필자가 아는 부자 중 한 명은 핸드폰을 새로 사면, 언제나 한 시즌 지난 모델을 구매한다. 지원금도 많이 받고, 사은품도 이것저것 챙기는 것이다. 물론 일부러 바꾸는 것도 아니다. 물건을 사려고 검색하는 시간이 아깝다는 말도 하더라.

부자들은 시간이 아까워서 쇼핑도 안 하는데, 돈 없는 사람들은 없는 시간까지 짜내면서 쇼핑을 하러 다니는 게 참 아이러니하다.

부자들은 신상품에 관심 없다. 대신 투자에는 관심이 많다. 돈을 모으고, 불리는 과정에는 누구보다 열정적이다. 돈을 다루는 기술을 먼저 익혔기에 집도 사고, 투자도 하면서 여유를 누릴 수 있게 되었다.

그러고 나자, 남들이 부러워하는 리미티드 에디션도 고민 없이 손쉽게 살 수 있게 된 것이다.

열등감이 곧 가난의 지름길이다

런던 대학의 세미르 제키 교수는 피실험자 17명의 뇌를 스캔하여 연구했다. 그 결과, 사랑과 미움은 뇌의 같은 부위에서 작동한다는 사실을 알아냈다. 이 실험을 통해, 사랑과 미움은 같은 뿌리를 두고 있다고 밝혀진 것이다.

필자는 우월감과 열등감 역시 마찬가지라 생각한다.

필자가 17명을 데리고 뇌 스캔을 하여 연구한 건 아니지만, 인생을 살면서 만났던 수많은 사람으로부터 깨달았다. 그들의 습관이나 행동을 보면서, 우월감과 열등감 역시 같은 뿌리를 두고 있다고 느꼈다.

예를 들어, 필자가 만난 몇몇 사람들은 평소 심한 열등감을 보였다. 주변인들과 자기 모습을 비교하면서 자신의 단점만 깎아내렸다. 그런데 그런 사람일수록 SNS에서만큼은 굉장히 화려했다. 수많은 팔로워가 '좋아요'를 눌러주니, 그에 따라 우월감도 높아졌다. 그러다 보니 SNS에 중독되어 현실과 가상공간의 차이를 인정하지 못했다.

지금 당장 월급 200만 원을 벌면서, 수준에 넘치는 비싼 제품, 비싼 옷을 사들였다. 그리고 비싼 음식을 사진 찍어 올리면서 늘 여유가 넘치는 것처럼 행세했던 것이다.

현실에서는 무엇 하나 인정받지 못한 채로 그렇게 SNS만이 자신을 우월하게 보일 수 있는 공간이었다.

그러나 팔로워들의 하트를 받기 위해 그들이 치러야 했던 대가는 너무 컸다. SNS에 올리는 사진들은 전부 다 비싸고 고급인데, 현실에서는 모아놓은 돈도 없고, 늘 카드값에 허덕이면서 정작 가까운 친구에게 밥 한 끼 사줄 수 없을 정도로 궁핍해졌다.

이러한 모습은 온라인 게임에서도 마찬가지다. 게임을 할 때 높은 레벨을 자랑하며, 대우를 받으려는 사람일수록 현실의 모습은 지나친 열등감에 사로잡혀 있었다. 열등감에 사로잡혀 현실을 부정하고 싶을수록 온라인 게임에 집착했던 것이다.

이런 게 열등감이 우월감으로 표출되는 과정이다. 열등감에서 진화된 우월감은 현실과 가상공간에서의 모습을 크게 괴리시킨다.

당장 현실에서는 돈을 벌어야 먹고 사는데, 동떨어진 이상 속에서는 생계와 상관없이 모두가 자신을 치켜세워준다. 그러다 보니 돈 벌려는 노력을 등한시하게 되고, 현실의 생활은 더욱 궁핍해지는 것이다.

반대로 자신감 있는 사람들은 SNS에 집착하지 않았다. 우월감을 드러내며 열등감을 숨길 필요가 없었던 것이다.

굳이 남에게 보여주기 위해 좋아하지도 않는 10만 원짜리 밥을 먹는 게 아니라, 자기가 진짜 좋아하는 4,000원짜리 칼국수를 먹으면서도 만족했다. 남들이 나를 어떻게 봐줄까 걱정하기보다 자신의 모습을 정직하게 들여다봤다. 부족한 부분은 인정했고, 능력을 갖추기 위해 노력했다.

현실의 모습에 만족하지 못한다고 해서, 자꾸 자신을 거짓으로 포장하지 말자. 지금의 모습을 인정하고 존중할수록 열등감에서 해방될 수 있는 것이다. 현실을 부정할수록, 지금 당장 해야 할 일을 놓치게 된다. 그렇게 수많은 기회를 놓치는 것 또한 당연한 일이다.

우월감을 드러내기 위해 쓸데없는 지출과 시간 낭비를 하다 보면, 결국 그게 가난의 지름길이 되고 만다.

열등감과 우월감 모두 당신에겐 득이 되지 않는다. 당신이 돈을 벌 수 있는 기회는 그런 감정을 드러내는 SNS가 아닌, 진짜 현실 속에 있다는 걸 명심하자.

필요와 욕구를 구별하라

이제 세상은 매우 풍족해졌다. 그로 인해 마케팅 방법도 점차 진화하고 발전하고 있다.

과거에 마케팅은 그저 사람들에게 필요한 제품을 알리기만 해도 되었다. 운동화가 필요한 사람들, 옷이 필요한 사람들, 전화기가 필요한 사람들에게 제품 홍보만 하면 되었던 것이다.

그러나 이제는 모두, 필요한 것을 충분히 가지고 있다. 더 이상 필요한 것이 없을 정도다. 그러다 보니 경쟁도 치열해졌다. 이때부터 필요한 것을 알리는 홍보만으로는 부족해졌다. 그렇게 진화한 방법이 사람들의 욕구를 판매하는 것이다.

이미 운동화를 가지고 있는 사람에게도 욕구를 자극하면 된다. 그럴듯한 이미지를 만들어 새로운 운동화를 사게 만드는 것이다.

기존에 가지고 있는 것과 조금 다른 욕구를 어필하면 된다. 이미 운동화가 있어도, 셀럽이 신었던 운동화, 한정판 운동화, 특허받은 운동화 등 소비자의 욕구를 자극하는 이미지를 추가하는 것이다. 이를 빗대어 풍자한 표현으로 제약회사는 약을 팔지 않고 병을 판다는 말이 있다.

당신은 이미 수많은 광고에 노출되어 있다. 인터넷만 해도 그렇다. 수많은 배너, 팝업창, 15초 영상이 당신을 자극하여 구매를 유도한다. 이런 것들이 당신의 지갑을 노리고 있다는 사실을 인식하지 않는다면, 당신은 자연스럽게 지갑을 열게 된다. 이미 필요한 것들이 모두 있는데도, 새로운 것을 사기 위해 또다시 돈을 쓰는 것이다.

식기 세척기에 그릇을 넣어두고, 커피 한 잔의 여유로움을 누리는 이미지를 위해 수백만 원을 낭비하지 말자. 겉으로 보기엔 당장 여유로워 보이겠지만, 실상은 다음 달 카드대금을 걱정하느라 스트레스로 없던 병까지 생길지 모른다.

　돈이 편리함을 주는 것은 사실이다. 하지만 순서가 잘못되었다. 돈을 벌기 전에 편리함부터 먼저 누리려고 한다면, 그 대가는 결국 빚으로 이어진다. 이 점을 명심하여, 필요와 욕구를 구분하여 소비하길 바란다.

가난의 유전자를 끊어라

　당신의 집에 대형 TV를 새로 들여놓는다고 하자. 먼저, 무엇을 해야 할까? 자리가 있는지를 확인할 것이다. 당연히 지금 상태에선 마땅한 자리가 없다. 그러면 어떻게 하는가? 오래된 TV를 버리고 새 TV를 놓을 자리를 마련할 것이다.

　습관도 마찬가지다.

　좋은 것이건 나쁜 것이건 새로운 습관을 만들기 위해선, 기존 낡은 것을 버려야 한다. 부자가 되기 위해선 부자의 습관을 배우기 전에, 가난의 습관부터 버려야 하는 것이다. 기존의 습관이 들어서 있는 상태에서는, 새로운 습관이 들어올 자리가 없다.

　냉정할지 모르지만, 직설적인 이야기를 하나 해보자.

　주변에 가난한 사람들을 살펴보라. 그들은 몇 가지 공통적인 모습들을 보인다.

　특히 가장 두드러진 점은 바로 '절제력'이다. 소비, 운동, 식사 등 다양한 면에서 절제력이 상대적으로 약하다. 자신이 절제력이 없는지 자각도 못 한 채, 그것이 습관으로 굳어지고 있다. 그렇게 굳어진 습관은 좋은 습관이 들어오지 못하도록 한 자리 크게 차지하고 있다. 그런 상태로는 제아무리 부자의 습관을 배운다고 한들, 전혀 달라지지 않는다.

오래된 TV를 그대로 둔 채, 새로운 TV를 아무 곳에나 들여놓는 것과 같다. 그래서는 새로운 TV의 가치가 드러나지 않고, 집안만 더 어수선하고 복잡해진다.

돈을 다루는 방법에서도 중요한 것은 절제력이다.

오랫동안 절제력 없이 굳어진 습관이라도, 스스로 고치기로 의식한다면 서서히 고쳐나갈 수 있다. 그렇게 기존 낡은 습관을 버리고, 새로운 습관을 들여놓자.

절제력은 근육과 같아서 반복될수록 강화된다. 안 좋은 습관이 오래되면, 인간 유전자에 기록된다. 그 유전자는 다음 세대와 주변 가족들에게까지 영향을 미친다고 한다.

가난이 대물림 된다니, 참 무섭고 차가운 말이다.

그러나 가난이 대물림 된다는 것은 충분히 과학적인 근거를 바탕으로 한다. 앞서, '거울 뉴런'이라는 것을 언급했다. 다시 설명하면, 지아코모 박사가 발견한 거울 뉴런이라는 신경세포를 통해 인간은 끊임없이 주변인의 행동을 거울처럼 모방한다.

인간에게 가장 가까운 주변인이 누구인가?

당연히 부모다.

아이는 부모의 거울이라는 말처럼, 아이는 부모 행동을 그대로 따라 한다. 반복된 학습은 행동이 되고, 그 행동은 습관이 되는 것이다. 그것이 부자의 모습이건 가난의 모습이건 자연스럽게 부모의 모습을 통해 학습하여 습관이 된다는 말이다.

그렇게 만들어진 습관은 뇌의 장기기억에 저장되고, 장기기억에 저장된 것은 유전자에 기록이 된다. 결국, 습관이 DNA를 바꾸는 것이다.

이런 원리로 가난은 대물림 된다. 이 족쇄를 끊어야 한다.

자식을 아무리 애지중지 아끼고 보살핀다고 해도, 안 좋은 습관을 물려주는 것 하나만으로도 자식의 인생을 망칠 수 있다. 오죽하면 우리 선인들은 '매를 아끼면 자식을 망친다'라는 속담으로 진정으로 자식을 위하는 것이 무엇인지를 일깨우려 했을까.

자녀에게 억지로 좋은 교육을 시키려고 하기보다, 자녀들의 거울이 되는 당신의 습관부터 바꾸어야 한다. 그것이 자녀에게도 본인에게도 가장 효과적인 교육이다.

당신의 후세를 위해서라도, 가난의 유전자를 끊어내자.

지출수단의 미니멀리즘

누구나 신용카드 한두 개쯤은 사용할 것이다. 그러나 혜택을 목적으로 신용카드를 여러 개 사용하는 사람들이 있다. 더불어, 체크카드가 신용카드보다 소득공제를 더 많이 받을 수 있다는 착각 때문에 두 카드를 혼합해서 사용하는 경우도 있다.

그러나 지출수단이 늘어날수록 관리가 더 복잡해질 뿐, 지출 면에서 보자면 전혀 혜택이라고 할 수 없다.

신용카드가 주는 혜택이라고 해봤자, 무이자 할부, 커피 전문점 5% 할인, 쇼핑몰 5% 할인 등 아주 일부분이다. 그러나 카드마다 혜택이 다르고, 할인 한도가 정해져 있다. 더욱이 혜택을 누리기 위해 기본적으로 채워야 할 이용실적이 각각 존재한다. 5% 할인받기 위해, 전월 사용실적이 30만 원을 초과해야 한다는 등의 조건이 바로 그것이다.

생각해보자.

커피 조금 싸게 마시려고 A 카드를 30만 원 써야 하고, 쇼핑몰에서 조금 할인받으려고 B 카드를 또 30만 원 써야 한다. 이런 식으로 아주 작은 혜택을 누리기 위해 당신이 써야 하는 지출 금액은 배로 늘어나고 있다. 결국, 혜택을 위해 소비를 더 해야 하는 현상이 벌어지는 것이다.

소득공제를 위한 체크카드 역시 마찬가지다.

일부 사람들은 신용카드보다 체크카드가 소득공제에 유리하다는 이유로 두 가지를 모두 사용하려고 하는데, 막상 공제액을 계산해보면 그렇게 큰 차이가 없다. 공제 한도가 300만 원으로 정해져 있기 때문이다. 신용카드와 체크카드 모두 각각 공제를 받기 위해 둘 다 사용한다면, 결국 지출이 두 배 늘어나는 격이다.

물론 본인의 기준으로 볼 때, 체크카드가 훨씬 유리하다고 판단되면 신용카드를 없애고 체크카드만 한 장 쓰는 것도 나쁘진 않다.

그런데 은행에서는 이런저런 혜택을 이유로, 카드 발급을 계속 추천한다. 특히 체크카드는 더 그렇다. 상식적으로 생각해보자. 신용카드를 사용하면, 결제금액을 은행이 사용자 대신 먼저 지급한다. 그러고 나서 한 달 뒤 사용자에게 결제금액을 청구하는 방식이다. 반면, 체크카드는 사용하면 개인 계좌에서 바로 돈이 빠져나간다. 둘 다 수수료를 받는 은행 입장에서 무엇이 더 이익이겠는가?

은행으로서는 자신들 돈이 아닌 사용자 돈을 지급하고, 수수료를 받는 체크카드가 더 이익이다. 은행은 자신들 이익 때문에 체크카드를 권하는 것뿐이지, 체크카드를 쓴다고 해서 소비자가 돈을 더 적게 사용한다거나 혜택을 더 많이 받는 것은 아니다.

그렇다고 카드를 쓰지 않기 위해, 굳이 현금을 가지고 다닐 필요는 없다. 신용카드건 체크카드건 상관없다. 핵심은 상술에 속아 불필요한 카드를 여러 개 만들지 말라는 얘기다.

신용카드 여러 장을 사용하면서 각종 혜택을 누리라는 것도 결국 상술이다. 혜택을 누리기 위해서는 결국 당신이 그만큼 소비를 해야 하는 것이다. 혜택 안 받고, 돈을 덜 쓰는 게 더 낫지 않은가? 당신이 진짜로 돈을 모으고 싶다면 말이다.

만약 생각 없이 신용카드를 긁고 다니는 사람이라면, 한도액을 줄여 놓으면 된다. 강제로 절제하는 것이다. 은행에서 한도를 한 번 줄이면 다음에는 늘리기 어렵다며 말려도, 한도를 줄여라. 은행이 그렇게 말하는 것은 모두, 교육 받은 상술이다. 오히려, 다음에는 한도를 높여주겠다며 귀찮을 정도로 은행에서 전화가 올 것이다.

한 가지 덧붙이자면, 지출수단뿐만 아니라 당신의 일상까지 간소화하는 것이 좋다. 요즘 유행하는 '미니멀리즘' 말이다.

필자가 성공한 사람들을 만나면서 뚜렷한 공통점을 찾은 게 있다. 그것은 바로 일상의 단순화였다. 성공한 부자는 일상이 매우 반복적이고 단순했다. 반면, 실패한 사람들은 일상이 불규칙하고, 복잡했다.

규칙적으로 산다는 것은 스스로 자신의 시간을 통제한다는 의미다. 실패하는 사람들은 불규칙한 일상을 살면서 오히려 시간에 지배당하고 있었다.

미디어에 나올 정도로 유명한 부자들만 봐도, 대부분 그들만의 단순한 일상을 가지고 있다. 가령, 빌 게이츠는 아침, 점심, 저녁 늘 같은 패턴으로 일상을 보내며, 마크 저커버그는 옷을 선택하는 고민조차 없애기 위해 늘 같은 옷만 입고 다니고, 워런 버핏은 꼭 하루 중 80%를 책을 읽는 데 시간을 보낸다고 한다.

혹자는 이렇게 생각할 수 있다. 성공한 사람들은 돈이 많아서 시간을 통제할 수 있는 것 아닌가?

필자도 처음엔 그렇게 생각했지만, 오히려 반대였다. 일상을 단순화하고, 규칙적으로 살겸서 시간을 통제했기 때문에 성공한 것이다.

미묘한 차이일지라도 단순화시키는 습관이 자기 발전에 큰 역할을 하며, 그게 곧 돈을 다루는 기술로 발전한다.

근로소득이라는 쳇바퀴는 기회다

대부분 직장인은 월급이 주는 기회를 제대로 보지 못한다. 월급을 카드값 메꾸는 용도로만 생각하는 데다, 본인의 소득을 쥐꼬리만 하다고 무시하기도 한다.

그러나 월급을 그저 통장에 잠시 머물렀다가 떠나가는 하숙생처럼 생각하면 안 된다. 월급은 그 자체로 금융자산 가치를 지니고 있기 때문이다.

금융자산 가치란, 쉽게 말해 은행에 돈을 넣었을 때, 월 얼마를 받을 수 있는지를 말한다.

금리 1.8% 기준으로 월 200만 원을 받기 위해 얼마를 예금해야 할까?

월 200만 원이면 연간 2,400만 원이다. 2,400만 원을 이자로 받기 위해서는 13억이란 돈을 넣어놔야 한다. (계산법 : 2,400만 원 ÷ 1.8%)

당신의 월급이 200만 원이라면 13억 원의 예금을 예치해 놓은 것과 같은 가치를 지니는 것이다.

이렇게 따지고 보니, 놀랍지 않은가.

지금도 당신의 월급이 쥐꼬리만 해 보이는가?

월급이 적다는 이유로 매달 흥청망청 쓰다가 로그아웃시킨다면, 13억 예금의 가치 또한 그대로 날려버리게 된다.

또한, 근로소득은 당신 생계의 필수조건이다. 투자로 조금 돈을 번다고 해서 전업을 하면 안 되는 이유이기도 하다.

투자로 버는 돈은 당신의 여유를 위한 것이고, 매달 받는 월급은 당신의 안정적인 생계를 위한 것이다.

젊은 시절 근로소득을 하숙생처럼 대한 사람들은 30대 중반만 넘어도 곧 후회한다. 돈 때문이다. 욜로나 소확행을 외치며 근로소득을 무시했기 때문에, 기회마저도 함께 떠나버린 것이다.

나이가 들면 일을 하고 싶어도 쉽게 일자리를 얻을 수도 없다. 직장생활을 쳇바퀴라는 편견으로 끝내지 말자. 쳇바퀴를 돌리면서, 동시에 기회로 활용하는 것이다.

직장인들은 대부분 자신이 부지런하다고 착각한다. 회사에 지각하지 않고, 결근하지 않기 때문이란다. 그러나 필자 생각에 출퇴근은 생계유지를 위한 수동적인 자세일 뿐, 자산을 늘리기 위한 능동적인 노력이라고 보기엔 충분하지 않다. 그런 면에서 계근 잘하고 맡은 일 열심히 하는 것은, 결국 남들도 다 하는 것이기에 그것을 두고 성실하다거나 부지런하다고는 할 수 없을 것이다. 직장생활은 아주 기본에 불과하며, 그 외에 돈을 벌기 위한 별도의 노력이 필요하다.

한 살이라도 젊을 때 월급이 주는 기회를 소중하게 생각하고, 그 기회를 활용하여 자산을 마련해야 한다. 그래야 시간이 흘러도 후회하지 않는다.

거인의 어깨에 올라타라

  금융자본주의 사회에선 거인의 어깨를 레버리지에 비유한다. 자신의 돈만으로 투자를 하는 것보다 레버리지를 이용하여 투자하는 것이 더 수익이 크다는 의미다.
  레버리지는 거인의 어깨에 올라타는 것과 같다. 자신이 한 발짝 움직이는 것보다, 거인이 한 발짝 움직일 때 더 멀리 나아갈 수 있다.
  빚이라고 해서 그저 단순히 나쁘게만 생각하면 안 되는 이유다.
  빚도 좋은 게 있고, 나쁜 게 있다.
  소비와 연결된 빚은 당신을 지옥으로 안내하지만, 투자와 연결된 빚은 당신을 거인의 어깨로 안내한다.
  여기 실제 사례를 비교해보자.
  2억 원짜리 부동산이 있다고 가정하겠다.
  당신이 이 부동산을 사기 위해 2억 원을 모은다면, 몇 년이 걸릴 것 같은가?
  매달 160만 원씩 모은다고 해도 125개월, 대략 10년이 걸린다.
  아래는 현재 2019년 초 기준, 10년 전에 2억 원쯤 하는 부동산을 임의로 선택한 것이다.

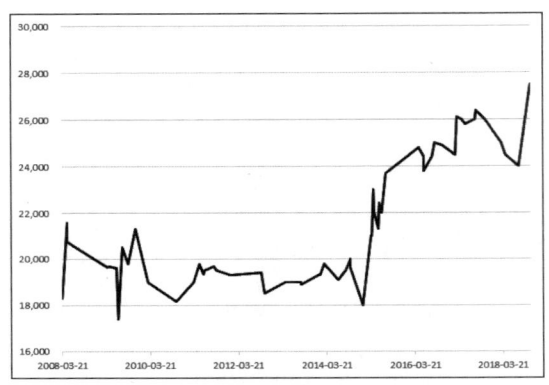

〈임의로 선정한 부동산의 국토교통부 실거래가 변화〉

2008년 초부터 당신이 위 부동산을 사기 위해 매달 160만 원씩 모았어도, 그로부터 10년 뒤인 2018년에는 가격이 7천만 원이나 더 올랐다. 당신은 다시 7천만 원을 또 모아야 한다.

하지만, 2008년 2억 원짜리 위 부동산을 레버리지를 활용하여 샀다고 하자. 평균 대출비율인 60%로 계산하면 8천만 원으로 부동산을 취득한 것이 되며, 10년 뒤에는 7천만 원의 시세차익을 보게 된다.

누군가는 집을 사기 위해 120개월 돈을 모으고 있는 동안, 누군가는 레버리지를 이용하여 집을 사고 시세차익까지 누리고 있다.

이것이 거인의 어깨에 올라타는 효과다.

우리나라가 고도의 성장을 하던 시기에는 자산의 증가 속도보다, 돈을 모으는 속도가 빨랐다.

그러나 지금과 같은 금융자본주의 시대에는 반대로, 돈을 모으는 속도보다 자산 증가 속도가 더 빠르다.

필자가 이러한 원리를 반복해서 설명하는 이유는, 자산을 늘리는 데 있어 레버리지의 역할이 그만큼 중요하기 때문이다.

대출을 무조건 부정적으로 생각하는 사람이라면 빨리 생각을 바꿔야 한다. 레버리지 활용에 대한 원리를 깨닫고, 대출을 나쁘게만 생각할 게 아니라 거인의 어깨로써 활용하는 것이 현명하다.

코리아 드림

과거, 많은 한국인이 미국에서 아메리칸 드림을 이뤄냈다.

지금은 외국인들이 돈을 벌기 위해 국내로 몰려들고 있다. 그들에게 한국은 하나의 꿈과 같다.

과거 한국인들이 미국을 기회의 땅으로 여겼듯이 말이다.

세상이 편해질수록 돈을 벌 수 있는 기회는 많아진다. 다만, 물질이 주는 풍요로움을 먼저 누리려 할수록 기회는 줄어든다.

냉정하게 말해서 앞으로는 최저시급, 근로시간 따위를 비교하며, 일을 가릴수록 기회는 사라질 것이다.

과거 한국인들이 미국에서 기회를 찾은 이유도 미국인들이 하지 않는 일들을 했기 때문이다.

한국에서 의사였던 어떤 사람이 미국에서 세탁소를 운영하며 성공했다고 말하는 걸, 방송에서 본 적이 있다.

'왜 한국에서 전문직까지 포기하며 미국에서 세탁소를 하지?'

필자 역시 과거에는 이해하지 못했으나, 이제는 충분히 이해한다.

국가가 발전할수록, 사람들의 삶이 편해질수록, 남들이 외면하는 곳에 많은 기회가 있는 것이다.

한국인들은 욜로다 뭐다 인생을 즐기려고만 하는데, 외국인들은 한국인들이 거들떠보지도 않는 일을 닥치는 대로 하며, 돈을 모은다. 그렇게 모은 돈으로 한국에 집을 산다. 그리고 그 집을 한국인들에게 임대한다.

믿어지지 않겠지만, 요즘 일어나고 있는 상황들이다.

누구는 코리아를 드림(dream)이라 부르고, 누구는 코리아를 헬(hell)이라 부른다. 드림이라고 생각하면 기회를 찾지만, 헬이라고 생각하면 아무것도 보이지 않는다. 그저 아무런 비전 없이 하루하루 흥청망청 흘려보내게 된다.

당신이 지금 살고 있는 곳은 기회의 땅인가, 지옥의 땅인가.

어떻게 생각하느냐에 따라 자세가 달라지고, 그 자세에 따라 부를 끌어당길지 멀리 쫓을지 결정 나게 된다.

종잣돈을 만드는 기술

종잣돈 액수의 기준은 사람마다 다르지만, 누구나 투자를 시작하기 전 종잣돈을 모아야 한다는 것쯤은 알고 있다.

옛날에는 종잣돈 1천만 원 모으기가 흔했는데, 요즘은 1억 모으기가 평균인 것 같다. 종잣돈마저 인플레이션의 영향을 받고 있는 중이다.

그렇다면 종잣돈을 어떻게 마련하는 것이 좋을까? 가장 기본적인 방법은 당연히 저축이다.

저축은 특별한 방법이 없다. 소득 일부를 먼저 저축하고, 나머지로 생활하는 것이다. 낡은 얘기지만 돈 모으는 데는 특별한 방도가 없다.

누군가는 CMA 계좌를 만들어야 한다, 풍차돌리기 적금을 들어야 한다, 펀드를 해라, 파생상품에 투자해라 등등 다양한 방법을 제시하지만, 이 모든 게 시간과 비용을 더 낭비하게 만든다.

안 쓰고 모으는 게 가장 기본적이면서도 간편한 돈 모으기 기술이다.

더불어 필자는 종잣돈 만들기에 대한 또 다른 방법을 말하고 싶다. 이 방법을 설명하기 전에 저성장, 저금리, 인플레이션의 상황에 대한 이해가 먼저 필요하다.

과거에는 국가 성장률 및 은행 금리가 높아서 돈 모으는 게 상대적으로 쉬웠다. 월급 일부만 착실히 모아도 종잣돈을 금방 만들 수 있었다. 그러나 현재는 저성장, 저금리의 시대다.

불과 10여 년 전만 하더라도, 국가 성장률 평균 6%, 은행 예금금리는 평균 4%, 대출금리는 평균 8%가 넘었는데 지금은 그때에 비해 절반 수준을 기록하고 있다. 2019년 기준 성장률은 3%, 예금금리는 1.5%, 대출금리는 4% 정도가 된다. 이러한 지표가 앞으로도 돈의 가치는 계속 하락할 것임을 알려준다.

자, 쉽게 생각해보자. 어린아이가 성장을 할 땐, 적게 먹어도 충분히 성장한다. 하지만, 점차 성인이 되면, 음식을 많이 먹어도 더는 성장하지 않는다. 그러나 높은 기초 대사량 때문에 어린이보다 더 많은 음식을 먹어야 한다.

국가의 성장도 이와 같다. 어린아이가 적게 먹듯이, 개발도상국은 적은 돈을 투입해도 큰 폭으로 성장할 수 있다. 그러다 성인이라 할 수 있는 선진국이 되면, 경제를 움직이는데 필요한 돈은 늘어나지만, 성장 폭은 작다.

이러한 상황에서 금리를 올린다면 어떻게 될까? 저성장 시대에 금리를 확 올리면 자금 회전이 원활하지 않게 된다. 많은 음식을 섭취해야 하는 성인에게 충분한 음식을 공급하지 않는 것과 같은 문제가 발생한다. 성장은 멈추고, 오히려 쇠락하게 된다. 이를 해결하기 위해 돈을 풀어야 하는데, 그것이 바로 저금리 상태여야 가능한 것이다. 따라서 저성장 시대에 저금리는 자연스러운 일이며, 그만큼 돈의 가치도 하락하게 된다.

돈의 가치가 하락한다는 말은 내가 손에 쥐고 있는 현금의 가치가 나날이 줄어든다는 말과 같다. 예전에는 100원이면 살 수 있던 과자도, 이제는 천 원을 넘게 줘야 살 수 있다.

부동산도 마찬가지다. 3천만 원이었던 아파트 가격이 어느 날 보니 1억 원이 넘었다. 그저 시간이 흘렀을 뿐인데 말이다.

이러한 원리를 이해했다면, 현재와 같은 저금리 상황에서 돈을 모으는 속도보다 돈의 가치가 하락하는 속도가 더 빠르다는 것을 이해할 수 있을 것이다.

이런 상황에서는 레버리지를 통해 종잣돈을 만드는 것도 하나의 방법이다.

이 방법에 대해서는 다소 오해의 소지가 있을지 모르니, 끝까지 잘 읽어주길 바란다.

필자는 투자에 필요한 종잣돈 역시 대출을 활용할 수 있다고 생각한다. 종잣돈을 모으고 있는 순간에도 인플레이션으로 인해 돈의 가치는 계속 하락하고 있기 때문이다. 5년을 모으든, 10년을 모으든, 그때 돈의 가치는 지금보다 훨씬 떨어져 있을 것이다.

대출을 받아서 투자했을 경우와 종잣돈을 모아서 투자했을 경우를 예로 들어보겠다.

1억 원짜리 아파트에 투자한다고 가정하자.

보수적으로 담보대출 60%를 받는다고 가정했을 때, 대출금 6,000만 원을 제외하고 필요한 종잣돈은 4,000만 원이다. 이 종잣돈 마저, 2천만 원은 신용 대출, 2천만 원은 마이너스 통장 등 대출을 활용했다고 하자. 그리고 1,000만 원에 40만 원 월세 임대를 놓고, 받은 보증금 천만 원은 마이너스 통장을 다시 메꿨다.

그렇다면 대출이자는 아래와 같이 3종류다.

1. 담보대출 6,000만 원 X 4% = 연 240만 원
2. 신용 대출 2,000만 원 X 5% = 연 100만 원
3. 마이너스 통장 1,000만 원 X 5% = 연 50만 원

따라서 1년에 발생하는 총대출이자는 390만 원이다.

월세 소득은 40만 원 X 12개월 = 480만 원이다.

모은 돈 하나 없이 레버리지만을 이용해서 투자했는데도 월세 받아서 이자내고 연 90만 원의 소득이 생긴 것이다.

그러나 담보대출 이외의 투자금 4,000만 원을 모아서 투자한다고 하면, 한 달에 100만 원씩 저축하더라도 3년이 넘게 걸린다. 3년이 넘는 시간 동안 그 아파트 가격이 계속 1억 원에 머물러 있을지도 미지수다.

필자는 이러한 이유로 3년 동안 저축하며 기회를 기다리기보다는, 레버리지로 종잣돈을 마련하여 투자하는 것도 효율적이라고 생각한다. 초반에 설명한 저금리, 저성장 시대에서 기회비용을 얻을 수 있는 좋은 방법이기 때문이다.

그러나 위와 같이 신용 대출과 마이너스 통장까지 활용하기 위해서는 급여소득으로 인한 신용도가 높아야 한다. 따라서 전업투자자는 불리하다. 바꿔 말하면, 월급쟁이들이 훨씬 유리하다는 말이기도 하다.

필자가 앞서 오해가 있을 수 있다고 말을 한 이유는, 대출이 너무 많

으면 위험하다고 생각할 수 있기 때문이다. 물론, 이자를 감당하기 벅찰 만큼의 대출을 받거나, 대출받은 돈을 1원이라도 소비에 사용한다면 그것은 리스크다.

그러나 대출받은 돈으로 부동산에 투자하는 것은 상대적으로 덜 위험하다. 부동산 시세가 오르면 그만큼 이득을 취할 수 있고, 부동산을 청산하면 대출 상환이 가능하기 때문이다.

종잣돈 때문에 투자를 망설이고 있다면, 필자가 제시한 방법을 고려해 볼 수 있다. 시간이 흐를수록 당신이 쥐고 있는 현금의 가치는 점점 줄어들기 때문이다.

어찌 됐든 투자를 하기 위해 종잣돈은 필요하다. 저축을 통해 종잣돈을 만들어도 좋고, 레버리지를 사용해도 좋다. 자신의 성향이 보수적이고 방어적이라면 종잣돈을 모은 뒤 투자를 하고, 공격적인 성향이라면 레버리지를 이용하여 투자를 시작하는 것도 괜찮다.

다만, 레버리지로 종잣돈을 만들 때는 무리하지 않는 범위 내에서 리스크를 감당할 만큼만 사용해야 한다는 점을 명심하자.

Chapter 2.
집을 고르는 기술

월급쟁이일수록 집이 더 필요하다

 월급은 한계가 있다. 반복해서 말하듯이, 소득 증가 속도보다 현금 가치 하락 속도가 더 빠르기 때문이다. 물가는 계속 상승하는데, 월급은 제자리다. 그렇다고 근로시간을 무한정 늘릴 수도 없다. 인간은 24시간 일할 수 있는, 기계가 아니기 때문이다.

 이러한 현실 때문에 직장인들은 아예 돈 모으기를 포기하고, 인생을 즐기자는 방향으로 돌아서기도 한다. 티끌 모아 티끌인데, 뭐하러 궁상맞게 사느냐고 말이다.

 그러나 월급쟁이일수록 더 집을 사야 한다.

 지금은 매달 들어오는 월급이 안정적으로 느껴지지만, 직장이라는 울타리 자체가 불안정하기 때문이다.

 모든 조직이 그렇다. 높이 올라갈수록 자리는 줄어든다. 특별한 능력이 없는 이상, 그 자리를 유지하기란 여간 어려운 일이 아니다.

 또한, 높이 올라갈수록 일이 더 편해진다고 생각하는 데 그건 착각이다. 초등학생은 빨리 어른이 되고 싶어 하지만, 막상 어른이 되면 더 피곤한 일이 많다. 해야 할 일과 책임져야 할 일이 훨씬 많기 때문이다.

 직장도 마찬가지다. 신입사원이 보기에는 윗사람들이 하는 일 없이 월급만 받아가는 것처럼 보이겠지만, 실상은 더 복잡하고 고된 일을 하고 있다. 그리고 조금이라도 능력을 보여주지 못하면 가차 없이 내쫓긴다. 그렇기 때문에 월급쟁이라면 소득을 담보삼아 하루빨리 자산(집)을 마련하는 것이 좋다.

어떻게 보면 월급쟁이는 장사하고 사업하는 사람들보다 훨씬 집을 사기 좋은 입장이다. 자신의 안정된 소득을 담보로 레버리지를 활용할 수 있기 때문이다.

필자는 경매 투자를 하면서 새로운 기회를 보았다. 다른 투자와 다르게 수익률을 미리 계산해보고 투자할 수 있다는 점은 굉장한 장점이었다. 그래서 초반에는 가까운 지인들에게 부동산 투자를 권했고, 심지어 물건을 직접 추천한 적도 있었다. (물론 지금은 그게 다 의미 없는 일임을 알기 때문에, 그런 일은 하지 않는다.)

대부분은 필자의 말을 흘려듣고 집을 사지 않았고, 그중 몇몇은 부동산을 사놓았다.

10년이 지난 뒤, 그들의 상황은 어떻게 변했을까?

부동산을 사놓은 몇몇은 그동안 월세 수익도 얻고, 전세금도 올려받으며 경제적으로 훨씬 여유 있는 상황이 되었다. 여전히 직장에 다니고 있지만, 크게 불안해하지 않는다. 당장 월급이 들어오지 않아도, 먹고사는 데 지장이 없기 때문이다.

돈도 돈이지만, 임대차 계약 실무를 경험하면서 세상 물정에도 눈이 트였다. 상술에 쉽게 당하지 않고, 협상에도 자신 있는 모습을 보이며 야무지게 자산을 축적해 나가고 있다.

그러나 필자의 조언을 흘려들었던 일부는 똑같이 직장생활하고 있지만, 막막한 미래에 대한 불안감을 털어놓고 있다. 마련해 놓은 자산 하나 없이 한정된 소득에만 얽매여, 여전히 소비의 굴레에서 벗어나지 못하고 있는 현실이다.

당신은 어떤 그룹에 속하고 싶은가?

자산을 소유한 사람과 그렇지 못한 사람의 차이는 당신이 생각하는 것보다 훨씬 크다.

당신에게 필요한 집 제대로 알기

우리나라 자본주의 역사는 매우 짧다. 다른 선진국들에 비하면 신생아 수준이라 할 수 있다.

자본주의 역사가 짧다 보니, 사유 재산권에 대한 이해가 깊지 않을뿐더러 부동산에 대한 사회적인 정서 또한 미숙하다. 집을 전적으로 거주의 가치로써만 판단하려고 하고, 생각이 다른 사람들을 배척하려는 성향을 보인다.

하지만, 선진국의 경우 집을 순수 거주 목적으로만 보지 않는다. 엄연히 자산으로서의 가치가 있는 만큼, 이를 인정하고 투자 목적으로 집을 사는 것도 폭넓게 이해하는 것이다. 이러한 자본주의적 관점은 앞으로 우리나라도 계속 발전하리라 생각한다.

일단 당신이 집을 사고자 한다면, 자신에게 현재 필요한 집이 거주의 목적인지, 아니면 투자의 목적인지를 먼저 제대로 파악해야 한다.

오히려 무리하게 거주의 목적으로 집을 사는 것보다, 자산을 늘린 다음 원하는 집을 사는 것이 더 나을 수 있다.

쉽게 말해, 투자부터 하고 돈을 번 다음에 내집마련을 하는 것이 더 현명 방법이라는 얘기다.

필자는 오래전부터 내집마련보다 투자가 선행되어야 한다고 주장했다. 그러나 많은 사람이 의구심을 가졌다.

"그래도 자기 집 한 채는 있어야 하지 않나요?"

"투자 목적으로 집을 사놓고, 당사자는 월세 사는 게 말이 되나요?"

필자도 이러한 반응이 낯설지 않다. 그 두려움 또한 이해 못 하는 것은 아니다. 그러나 이것은 생각의 차이다. 편견을 버리면 또 다른 기회가 보이는 법이다.

우선 내집마련을 먼저 했을 때의 유불리를 스스로 따져봐야 한다.

일반적으로 내집마련을 할 때는 실리보다, 명분을 앞세운다. 즉, 금전적인 이익 보다 감성적인 이유를 우선으로 생각한다는 말이다. 수익이 얼마인지 따지려는 머리보다, 거주를 통해 누리려는 마음이 더 앞서기 때문에, 과도한 지출을 하게 되는 것이다.

필자의 지인이 8억 원짜리 아파트를 분양받아 입주했다. 5억 원은 깔고 앉았고, 3억 원에 대한 대출이자만 매달 100만 원씩 내고 있다. 꿈꾸던 새집에 입주했기 때문에, 초반에는 엄청 행복해했다. 그러나 시간이 지나자, 사는 집에 묶인 5억 원의 기회비용이 얼마나 큰 것인지 깨닫게 되었고, 더불어 높아진 생활 수준과 대출 이자에 대한 부담 때문에 경제적인 여유가 없었다. 투자 소득을 만들고 싶어도, 자금을 마련할 길이 마땅치 않았기 때문에 계속 시간만 흘러갔다.

그는 내집마련을 조금 미루더라도 전월세를 살면서 나머지 돈으로 투자를 했다면, 조금 더 여유로운 생활이 가능하지 않았을까 아쉬운 마음을 드러내기도 했다.

또 다른 지인은 보증금 1,000만 원에 40만 원짜리 월세에 살면서 여윳돈으로 투자를 했다.

한 채 투자했을 때는 당연히 수익이 적었다. 그러나 4채 정도 마련하자, 거기에서 나오는 월세 수익만으로 자기 집 월세를 충당하고도 남았다. 투자한 물건들이 시세가 오르면서 보증금을 높여 차익을 얻었고, 저축한 돈까지 합쳐 원하던 집을 살 수 있게 되었다.

내집마련을 조금 미뤄놓았더니, 대출금의 압박에서 자유로웠다. 투자 수익으로 주거비를 충당하니, 여유로운 생활이 가능했고 주거비가 해결되니, 근로소득을 오롯이 저축할 수 있었던 것이다. 투자한 물건들의 시세차익을 얻기까지 시간은 좀 걸렸지만, 시간적, 금전적인 면에서 쫓길 필요가 없었고, 앞의 사례에 비해 훨씬 여유롭게 내집마련을 할 수 있었다.

물론 선택은 본인의 몫이다. 내집마련을 먼저 할지, 투자를 먼저 할지는 개인의 선택에 달려있다. 새집을 분양받아서 살고 싶다면, 그렇게 해도 말릴 사람은 없다. 그러나 무조건 내가 살 집은 먼저 마련해 놓아야 한다는 생각이 너무 뿌리 깊게 박혀 있으면, 투자로 돈을 벌어서 내집마련을 할 수 있는 또 다른 방법을 전혀 살펴볼 수가 없다.

필자는 당신의 상황에 맞춰 지금 당장 필요한 집이 무엇인지 곰곰이 따져보길 권한다. 많은 사람이 실거주 한 채는 반드시 있어야 한다고 말하지만, 오히려 실거주 한 채로 인해 돈을 벌 수 있는 기회비용을 잃을 수 있다는 점도 간과해서는 안 된다.

내집마련에는 다양한 길이 있는 만큼, 너무 한 가지 방법만 고수하지 않길 바란다.

좋은 입지는 누구나 잘 안다

당장 내일 영어 시험을 앞두고, 수학 공부를 하는 사람이 있다. 필요 없는 공부를 하고 있는 셈이다.

집을 사는 것도 마찬가지다. 지금 당신의 능력으로 살 수 있는 집을 찾아봐야 하는데, 헛다리를 짚는 경우가 많다.

부동산 투자를 할 때 사람들은 좋은 입지를 자주 거론한다. 입지가 좋은 곳에 있는 부동산을 사야 오른다고 말이다.

사실 좋은 입지는 누구나 잘 알고 있다.

대한민국 사람 중에 강남 아파트 비싸고 좋은 것 모르는 사람이 있을까? 그러나 중요한 건 내가 지금 가진 돈으로 강남 아파트에 투자할 수 있느냐의 여부다.

이것은 비단 강남뿐만이 아니다. 우리나라에서 지역이라고 해봤자 몇 개 되지 않는다.

대한민국을 행정 구역으로 나누면 서울특별시를 비롯해 6개의 광역시와 8개의 도가 있다. 이를 구로 나누면 서울은 25개, 부산은 15개, 대구 7개, 인천 8개, 광주와 대전 각 5개, 울산 4개, 경기 모든 시를 합해 17개, 그리고 8개 도의 모든 구를 합하면 15개밖에 되지 않는다.

마음먹고 각 도, 시, 구별 목록을 작성해보면 지역별로 어디 집값이 제일 비싼지, 어느 땅이 제일 비싼지 쉽게 파악할 수 있다.

살기 좋은 입지 역시 마찬가지다. 뻔하지 않은가. 주변 인프라가 잘 되어있고, 교통이 좋으며, 학교가 가깝고, 택지지구에 지어진 집이 그렇지 않은 곳보다 살기 좋은 것이다.

즉, 부동산 투자를 할 때 좋은 입지를 찾는 건 오히려 쉽지만, 그게 핵심이 아니라는 말이다.

당신이 가진 자금과 역량으로 원하는 지역에 투자할 수 있는지, 그리고 투자를 했을 때 과연 수익으로 연결할 수 있느냐가 관건이다.

많은 사람이 지역 분석에 과도할 정도로 집착을 한다. 그러나 위에서 말했듯이 우리나라 좁은 땅덩이에서 좋은 입지 찾아내는 것은 그리 어려운 일이 아니다.

지금 당장 투자도 할 수 없는 좋은 입지들을 열심히 분석해봤자, 시간 낭비이고 당신에게 돌아오는 수익은 없다. 그저 허탈감과 좌절감만 커질 뿐이다.

투자로 돈을 벌고 싶은가? 그렇다면, 지금 당장 투자할 수 있는 물건을 찾는 게 우선이다. 그렇게 차근차근 투자 수익을 얻고, 경험을 쌓으면서 계속 더 좋은 입지를 향해 가야 한다.

필자는 좋은 입지에만 얽매이지 않는다. 필자가 가진 자금으로 살 수 있는 물건, 그리고 수익률이 확실한 물건이라면 전국 어디라도 망설이지 않고 투자를 했다.

그리고 그 지역 원주민들의 의견을 들어본 경험에 따르면, 어느 지역이건 자기가 사는 지역이 좋다고 하는 사람도 있었고 안 좋다고 말하는 사람도 있었다. 반반이었다. 좋은 입지라고 해도, 인간 모두를 100% 만족시킬 수 없다. 소문난 맛집이라도 맛없다는 사람들이 분명 존재한다.

누군가는 넓은 공원이 있는 자연 친화적인 지역을 선호하지만, 산책조차 하지 않는 또 다른 누군가는 공원이 있다고 해서 좋은 입지라고 생각하지 않는다. 즉, 좋은 입지에 대한 기준은 주관적이며, 각자 성향에 따라 달라질 수 있다.

만약, 예지능력을 가진 전지전능한 사람이 좋은 입지의 물건을 콕 짚어준다고 해서, 당신이 당장 그 지역에 투자할 수 있을까? 문제는 돈,

자신의 자금 상황이다.

　이를 제대로 이해하지 못한다면, 현재 수준에서 투자하지 못하는 '좋은 입지'의 물건을 바라보기만 하다가 시간을 낭비하게 된다. 그리고 마음이 조급하니까 아무거나 투자하다가 실패를 하기도 한다.

　인터넷 커뮤니티를 가끔 보면, 그저 단순히 어디가 좋은지 묻는 사람들이 있다. 그에 대한 답변도 천차만별이다. 각자의 성향과 우선순위가 다르기 때문에, 추천하는 지역도 가지각색인 것이다.

　그들의 말만 믿고 투자할 수 있겠는가?

　좋은 입지는 누구나 잘 알고 있다. 좋은 입지에 대한 강박에서 벗어나 지금 당신이 투자할 수 있는 지역, 투자해서 수익을 만들어 낼 수 있는 물건, 그것부터 우선 살펴보도록 하자.

　그 구체적인 방법은 네 번째 파트 실행전략 부분을 참고하면 된다.

한 달에 200만 원 버는데 집을 살 수 있을까?

　많은 사람이 월급이 많지 않다는 이유로 집 사는 것을 미리 포기해 버린다.

　필자가 보기엔 매우 안타깝다.

　이런 모습을 보면, 시험 성적이 한 번 떨어졌다는 이유로 공부에 대한 노력 자체를 포기하는 수험생을 보는 것 같다. 점수가 만족스럽지 않다면, 좀 더 노력해서 다음 시험에 만회하면 된다. 그런데 시험 한 번으로 공부 전체를 포기한다면, 결국 공부와 시험 성적이 주는 기회까지 포기하는 것이 아니겠는가.

월급이 작아서 집을 사지 못한다고 생각하는 사람은 돈을 모으지 않는다. 돈을 모아봤자 의미가 없다고 생각하기 때문이다. 그런 생각은 자신의 소득을 평가절하시키며, 돈을 흥청망청 쓰게 만든다. 그러다 결국 소득이 가져다주는 기회를 잃는다.

한 달에 200만 원 버는데, 집을 살 수 있을까?

있다.

필자가 반복해서 말하듯이, 중요한 것은 월급의 액수가 아니라, 근로소득의 유무다. 그렇다면 어떻게 200만 원 월급으로, 몇억 원짜리 집을 살 수 있을까?

실제 필자 수강생을 통한 사례로 예를 들겠다.

허무맹랑한 영웅담보다는, 가까이에서 쉽게 접할 수 있는 일반인의 사례가 더 공감하기 쉬울 것이다.

수강생 A 씨는 중소기업의 사무직으로 일하고 있다. 평균 급여는 실수령액 기준 200만 원쯤이다.

A 씨는 매달 100만 원 가까이 저축을 한다. 주변인들이 여행사 사이트에 여행 상품 가격 비교를 하며 어디로 놀러 갈지 고민하는 동안 A 씨는 경매 정보 사이트에 접속하여 경매 물건 가격을 비교한다. 남들이 인터넷 쇼핑몰을 돌아다니며 물건을 살 때, A 씨는 새로 나온 부동산 책을 사 읽으며, 본인에게 필요한 지식을 습득하려고 노력한다.

그렇게 A 씨는 늘 투자에 관심을 갖고 지켜보다가, 돈이 조금 모이면 집을 하나씩 샀다. 누군가는 평생에 한 번 대박을 터뜨리겠다는 마음으로 집을 사지만, A 씨는 꾸준히 늘려가겠다는 마음으로 집을 샀던 것이다.

A 씨의 투자금은 1천만~2천만 원의 수준이었다.

어떻게 가능할까?

7천~8천만 원쯤 하는 집을 사는 것이다.

부동산 경매는 일반매매와 달리 경락잔금 대출이라는 특수한 대출을 이용하기 때문에 대출비율이 좀 더 높은 편이다. 그리고 경우에 따라 감정가보다 싸게 낙찰받으면 더 높은 비율로 대출을 받는 것도 가능하다. 대출비율이 높다는 것은 실투자금이 적게 들어간다는 뜻이기도 하다. 그리고 임대 보증금을 받으면 실투자금은 더 낮아진다.

실제 사례를 예로 들어보겠다.

취득가	7,000만 원
대출	4,800만 원
보증금	1,500만 원
월세	25만 원
이자	16만 원
순이익	9만 원
실투자금	1,500만 원 이내

감정가 8천 만 원짜리 ○○ 아파트를 7천만 원에 낙찰받은 경우다.

취등록세 및 다른 비용이 들어갈 경우까지 계산해보아도, 실투자금은 1,500만 원을 넘기지 않는다. 이런 방식으로 소액 투자를 통해 집을 늘려간 것이다.

단, 혹시 몰라 주의점을 미리 말하겠다. 절대 욕심내서 급하게 사들이면 안 된다. 잔머리가 밝은 사람은 본인의 역량을 초과해서 집 개수만 무작정 늘리는 경우가 있는데, 이것은 절대 조심해야 한다. 집의 개수보다 중요한 것은 자신이 감당할 수 있느냐의 여부다. 자신의 능력이

10이라면 5 정도만 사용해야 한다.

이렇게 A 씨가 5년간, 천천히 투자하여 늘린 집은 8채가 되었다.

취득 당시 한 채당 시세는 7~8천만 원이며, 한 채당 평균 10~20%씩 시세가 상승했다. 그럼 A 씨는 5년간 집을 통해 얼마를 벌었을까?

부동산 평가금액으로만 따졌을 때, 대략 9천만 원 가까이 수익이 났다. 탐욕적인 사람이 볼 때는 5년간 번 게 고작 그 정도밖에 안 되냐며 우습게 생각할지도 모르겠다. 그러나 당신이 일하지 않고 벌어들인 수익이라면 얘기가 달라지지 않을까.

자산을 늘리지 못하는 사람들은, 작은 성공이 모여 큰 성공이 된다는 진리를 모른다. 그렇기 때문에 매달 10만 원의 추가 소득을 얻을 수 있는 투자처를 적은 돈이라 생각하여 외면하는 것이다.

그런 사람들은 또한 집값에 비해 본인 소득이 너무 작다고 생각하여, 아예 투자나 내집마련을 포기하는 우를 범하기도 한다.

당신의 월급이 얼마이건 상관없다. 자신의 소득에 맞춰 집을 사는 방법을 공부하면 될 일이다.

집에 살 것인가, 집을 살 것인가

집은 사용가치와 자산가치를 모두 지니는데 대부분 사람이 이를 구분하지 않는다.

사용가치는 말 그대로 우리가 집을 사용하는 것이다. 거주의 의미라고 볼 수 있다. 자산가치는 투자의 관점이다. 집을 자산으로 인식하고 구매하는 것이다.

두 가치를 굳이 구분하는 이유는 무엇일까?

집을 고를 때 기준이 달라지기 때문이다.

투자할 것인지, 내가 직접 살 것인지 구분하지 않으면 어떤 기준을 가지고 집을 사야 할지 모르기 때문에 더욱 망설이게 된다.

자산가치를 지니는 투자 용도로 집을 산다면 그 기준은 전세율과 같은 객관적 지표를 참고해야 한다. 반대로 사용가치인 거주 용도로 집을 산다면 개인의 상황에 맞는 주관적인 우선순위를 참고해서 집을 사야 한다.

예를 들어, 수익률이 좋은 지방의 아파트를 하나 발견했다고 하자. 자본금과 대출조건 그리고 임대 시세를 살펴보니 분명 투자할 만한 가치가 있는 아파트다.

자산가치의 기준으로만 살펴보면 투자를 결정하기 쉽다. 그런데 여기서 사용가치까지 함께 고려한다면 쉽게 결정하지 못한다. 나중에 지방에 거주할 일도 없을 텐데 괜히 사는 거 아닌가? 라는 의문이 생기는 것이다.

자산가치와 사용가치를 구분하지 않기 때문에, 이러한 쓸데없는 고민을 하다가 돈 벌 기회를 놓친다.

또 이런 경우도 있다.

자신의 직장과도 가깝고, 아이의 학교도 가까워서 맘에 든 아파트가 있다. 자기가 실거주하기 좋은 아파트라면 집을 사는 데 망설일 이유가 없다. 그런데 여기에 자산가치를 끼워 넣고 고민을 하다 보면 또다시 불필요한 고민이 생긴다. "이 집을 샀는데 시세가 안 오르면 어떻게 하지?"와 같은 의문이 생기는 것이다.

우리는 기념일에 아무짝에도 쓸모없는(필자 생각으로) 꽃다발을 왜

몇만 원씩이나 주고 살까?

  꽃 선물을 할 땐 실용성을 따지지 않는다. 꽃은 상징적인 의미를 갖기 때문이다. 받는 사람이 행복해하는 모습을 보는 것만으로도 꽃 선물은 제 가치를 다 하는 것이다.

  실거주는 이와 마찬가지다. 수익률에 상관없이, 내가 살기 좋고 편하면 그 자체로 가치를 지닌다.

  사용 목적으로 집을 마련한다면, 시세가 오르고 내려가는 것은 크게 문제 될 것이 없다. 내가 거주하기 편리하면 사용가치로써 충분한 것이다. 그런데도 사용가치와 자산가치를 혼합해서 생각하기 때문에 망설이다가 집을 사지 못하고 기회를 또 날려버리고 만다.

  반대로 투자 목적으로 사놓은 집이 있다고 해도 나의 생활권과 맞지 않는 곳이면, 아무리 수익률이 좋은 집이어도 내가 직접 들어가 살기에는 한계가 있다.

  이처럼 집이 가지고 있는 자산가치와 사용가치는 엄연히 다르다.

  집을 고를 때 투자 목적인지, 사용 목적인지를 구분한다면 불필요한 고민이 사라진다. 더불어 기준도 확실해지고, 그 기준에 맞춰 현명한 결정을 내릴 수 있다.

집은 늘려나가는 것이다

  필자 어린 시절에는, 부모가 신발을 사 줄 때 아이들 성장 속도를 고려해서 몇 치수 더 큰 걸 사줬다. 가령 지금 150mm 사이즈를 신더라도, 170mm 사이즈를 사 주는 식이었다.

한번 상상해보자.

당신 발 크기에 맞지 않는 신발을 신어 본 적이 있는가.

여간 불편한 것이 아니다. 신발은 자꾸 벗겨지고, 뛰기는 고사하고 걷기조차 힘들다. 신발의 용도를 제대로 활용하지도 못하고, 불편하고, 번거롭게 느껴지는 것이다.

집도 마찬가지다.

이사를 할 때도 조건이 있다. 현재 살고 있는 집의 평형대와 비슷한 집을 찾으려고 한다.

그 이유가 무엇일까?

현 상태를 유지하기 위함이다. 가령 24평형에 살다가 다른 집으로 이사를 하는 사람들은 같은 평형대를 원한다. 가구나 살림살이들이 24평형에 맞춰져 있기 때문이다. 자금이건 공간이건 자신의 여건에 맞지 않는 집은 큰 신발을 신은 것처럼 불편하고 번거로운 대상이 된다.

이런 일이 있었다.

필자가 사업을 하던 때였다. 직원 한 명이 무리해서 크고 비싼 집으로 이사를 하려고 했다. 20평대 살던 사람이 갑자기 50평대로 이사를 간다고 하니, 당황스러운 노릇이었다. 모두 말렸지만, 직원은 고집을 꺾지 않고, 무리한 대출을 받아 비싼 집으로 이사했다.

'대출이자는 좀 늘어나지만, 지금 월급으로 충분히 감당할 수 있다.'

'가구는 그대로 사용할 것이다. 부담 없다.'

'이럴 때 아니면 언제 살아보겠냐'

갖가지 명분을 내세우며, 고집스럽게 이사를 했다.

어떻게 되었을까?

평형대가 늘어난 만큼 공간을 채우기 위해 물건을 사기 바빴다. 대출

이자 외에도 그 동네 라이프스타일에 맞추기 위한, 추가 비용들이 크게 늘었다. 그러다 결국 늘어버린 지출과 고정비용을 감당하지 못하여, 다시 작은 집으로 이사를 갔다.

집을 줄여서 이사를 가니, 기껏 사놓았던 가구들은 모두 돈을 주고 버리게 되었다. 무리하게 자신의 수준을 벗어난 집을 산 결과다.

게임을 할 때 사람들은 한 번에 끝판왕을 기다리지 않는다. 레벨업을 즐긴다. 천천히 단계를 밟아가며, 게임을 즐기는 것이다.

집도 마찬가지다.

현재 원룸에 살고 있는 사람이 무리하게 40평대 아파트로 이사한다면 당장은 만족스러울지 몰라도, 이내 스스로 감당하기 어려움을 곧 느끼게 된다.

자신의 능력을 벗어난 것들은 통제하기도 어렵다.

20평을 잘 통제해본 사람이 다음 단계인 30평을 통제할 수 있는 것이지, 한꺼번에 40평짜리를 통제하기 어렵다.

평형대에 국한된 이야기만은 아니다. 집의 개수 또한 마찬가지다.

부동산 투자가 돈이 된다는 생각에 무리해서 개수만 늘려 놓으면, 그만큼 통제해야 할 리스크가 커지는 것이다.

좁은 집에서 넓은 집으로, 적은 개수에서 많은 개수로 집은 그렇게 늘려나가는 것이다.

한 번에 넓은 집을 산다거나, 한 번에 여러 개를 사는 식의 무모한 투자를 하지 않고, 단계를 밟아가며 집을 사는 것 또한 기술이다.

한 번에 완벽한 집을 사려고 하지 말라. 한 단계씩 올라가는 재미를 즐겨보는 것도 나쁘지 않다. 지금 완벽하다고 생각하는 집을 사도, 막상 살다 보면 더 좋은 집이 눈에 들어오는 게 자연스러운 이치다. 또한,

내 수준이 올라가야만 그에 맞춰, 보이는 집도 있다.

어차피 인생은 길고, 투자 기회는 늘 존재한다. 무엇보다 중요한 것은 한 단계씩 올라갈 때 그 수준을 유지할 수 있는 능력을 갖추는 것임을 잊지 말자.

특정 지역만 오르지 않는다

대한민국은 인구 밀집도가 매우 높은 국가다.

높은 인구 밀집도의 장점은 범죄율이 낮고, 인구 이동이 쉽다는 것이다. 인구 이동이 쉽다는 건 집을 사는 것과도 관계가 있다.

교통수단이 발달하기 이전에는 집값이 상승하는 지역이 제한되어 있었다. 주로 접근이 편리한 지역만 상승했던 것이다.

필자가 한창 지방에 투자를 할 때, 지방 중개업자들이 입을 맞춘 듯 말하던 것이 있었다.

"지방은 절대 안 올라요. 서울 놔두고 왜 힘들게 지방까지 내려와서 투자해요?"

그들은 지방에 오래 살면서 부동산 시세가 상승하는 것을 보질 못했다는 것이다. 그런데다 온통 뉴스에선 서울 집값만 오른다고 하니, 지방은 절대 오르지 않는다는 인식이 뿌리 박혀 있었던 것이다.

그러나 필자는 단순한 방식으로 투자에 접근했다.

지방 물건이 오르지 않는다는 말이 사실일지라도 매달 받는 월세 수익이 웬만한 건물이나 상가 수익률보다 높았다. 그 시절 건물이나 상가 수익률은 6~8% 수준이었다. 장사를 하더라도 순수익을 10% 넘기기가 어려웠다.

그런데 필자가 본 지방 아파트들은 버젓이 15% 수익률을 기록하고 있었다. 그렇게 생각하니 투자를 결정하기가 쉬웠고, 투자하고 얼마 지나지 않아 절대 오르지 않는다던 지방 아파트 가격이 하늘 높은 줄 모르고 상승하기 시작했다.

우연히 투자한 물건의 임대차 계약을 하러 갔다가 만났던 큰손으로부터 전해 들은 이야기는, 일부 큰손들은 이미 예전부터 지방에 투자를 많이 해 놓았다는 점이다. 즉, 많은 사람이 지방은 절대 오르지 않는다고 했지만, 연륜 있는 투자 경험자들은 그렇지 않다는 걸 그때도 알고 있었다는 말이다.

필자 역시 당시 투자했던 경험을 통해 인구 밀집도가 높고, 교통이 발달한 만큼 과거와는 다르게 부동산 시세가 상승하는 지역이 특정되어 있지 않다는 점을 배울 수 있었다.

인구 밀집도가 낮고, 교통 시스템이 불편한 국가의 집값을 살펴보면, 대체로 지엽적인 상승을 보인다. 다시 말해, 과거 우리나라 부동산 시세처럼, 각 지역이 별개의 시세를 가지고 움직이듯 보이는 것이다.

가령, 미국은 각 주, 일본은 각 현, 중국은 각 성이 서로 영향을 주지 않고, 개별적으로 움직인다. 그 이유가 바로 인구 밀집도와 교통 시스템 때문이다.

하지만 우리나라는 인구 밀집도가 높고, 교통 시스템이 잘 되어있어서 이동하기도 쉽다.

경기도에 사는 사람이 버스 타고 강남으로 출근하고, 천안에 사는 사람도 KTX를 타고 서울에 있는 회사로 출근할 수 있다. 반대로 서울에 살면서 지방으로 출퇴근하는 경우도 있다.

어디에 살 것인가 결정할 때도 이제는 특정 지역에 국한되지 않는다. 교통이 편리하기 때문에 예산에 맞춰 사람들이 쉽게 이동할 수 있기 때문이다.

필자가 투자하면서 경험한 바에 의하면 다른 지방도 마찬가지였다. 강원도 원주에 거주하던 사람이 1시간 거리인 제천으로 쉽게 이사를 하고, 대전에 살던 사람이 세종으로, 군산에 살던 사람이 익산으로 쉽게 이사를 간다.

이렇듯 교통이 발전하면서 지역을 자유롭게 이동할 수 있게 된 것이다. 사람들이 살기 편한 지역의 범위가 넓어진 만큼, 우리나라는 이제는 한정된 지역만 시세가 오르지 않는다. 그런 인구 이동이 전세율에 변화를 주게 되고, 그 흐름을 따라 시세가 상승하는 지역 역시 변하는 것이다.

실거주는 직주근접이 우선이다

부동산 투자의 무대는 전국이지만, 거주지를 고를 때는 직주근접을 우선해야 한다. 직주근접이란 살고 있는 집과 직장이 가까운 것을 말한다.

여러 가지 이유로 직장 근처에 살기 어려울 수 있다. 주변에 오래된 집밖에 없어서 살기 싫을 수도 있고, 아니면 집값이 너무 비싸서 가진 자금으로 살 수 없을 수도 있다.

그러나 직장에서 1시간 넘는 거리의 집에 살게 되면, 출퇴근만으로도 지쳐버린다. 출퇴근 시간 동안 영어 단어를 외우겠다고 다짐했던 사람도 버스나 지하철에서 곤히 잠들게 마련이다. 앉을 자리가 있어 잠이나 잘 수 있으면 다행이다. 출퇴근 시간은 어느 회사나 비슷하기 때문에 서서 가야 하는 경우도 많다.

자차로 출퇴근을 하는 것도 편하지만은 않다. 운전하는 동안 아무것도 할 수 없고, 꼼짝없이 도로 교통에만 신경 쓸 수밖에 없는 것이다.

결국, 퇴근 이후에나 시간이 생기는데, 이미 출퇴근에 지쳐버린 몸을 이끌고 어떤 자기 발전을 할 수 있을까 싶다.

이것은 당신이 나약해서가 아니다. 육체의 피로도가 뇌의 움직임에 영향을 준다. 퇴근하면 아무것도 하기 싫다고 느낀 적이 있을 것이다. 당신이 근성이 없어서가 아니고, 자연스러운 현상이니 너무 자책하지 않아도 된다.

그렇기 때문에 실거주는 직주근접이 우선 되어야 한다는 것이다.

일단 몸이 덜 피곤해야 퇴근을 한 뒤, 뭐라도 할 수 있다. 돈 만큼 중요한 게 바로 시간이다. 남들이 아무것도 하지 않고 흘려버리는 시간에 당신은 경쟁력을 높이기 위한 발전을 해야 한다.

이러한 이유로 거주하는 집은 자신의 역량 내에서 최대한 직장과 가까운 곳으로 선택하는 것이 좋다. 당장 매수할 수 없다면, 임대로 살더라도 그렇게 하는 것이 현명하다. 다만, 중요한 점은 그렇게 살고 있는 동안 멍하게 있으면 안 된다. 월급을 포함한 본인의 종합적인 소득을 물가 상승률보다 높일 수 있도록 노력해야 한다.

쉽게 말해, 몸값을 높여 연봉을 높이든, 투자를 해서 추가소득을 만들든 일단은 직주근접하면서 착실히 자산을 늘려가야 한다. 그러고 나서, 여유가 되었을 때 아무런 제약 없이 원하는 집에 살면 된다.

어려워 보이는가?

당신이 판단할 몫이지만, 평생 남 밑에서 일하는 것과 비교하면 뭐가 더 어려운지 감이 잡힐 것이다.

미래 가치가 아닌 현재 가치에 집중하라

필자의 지인이 2009년경, 몇 년 뒤 복합 환승역이 생길 거라는 기대감으로 그 주변에 있는 아파트를 샀다.

몇 년 안에 백화점이 들어온다, 지하철역이 생긴다, 대형 쇼핑몰이 생긴다 등과 같은 현란한 홍보를 하면서 분양을 하는 것은 지금도 흔하지 않은가.

그 지인은 복합 환승역이 개통되면, 집값이 엄청나게 뛸 거라는 기대감에 싱글벙글하였다. 그러나 그 공사 계획은 10년째 계획만 추진 중이다. 그 지인은 아파트에 거금이 묶여, 10년간 기회비용만 날린 셈이 되었다.

집을 고를 때 사람들은 미래 가치에 휘둘리는 경향이 있다.

이것은 실거주든, 투자든 마찬가지다.

미래 가치를 기대하고 집을 산다. 그러나 당장 내일이 어떻게 될지 모르는 게 우리의 현실이다.

내일도 잘 모르는데, 10년 후를 어떻게 확신하겠는가.

물론 지인의 경우, 복합 환승역이 진짜 개통하면 집값이 상승할지도 모른다. 그러나 잃어버린 10년의 기회비용을 전부 보상받을 수 있을지는 미지수다. 어쩌면 매수할 때 그 가격은 미래의 이익까지 반영한 가격으로, 거품이 잔뜩 끼어있을지도 모르는 일이다. 거품이 끼었다면 빠지는 것이 당연한 순리다.

아주 단순하게 계산해봐도, 그 10년 동안 현재 가치가 확정적인 부동산 한두 개만 투자했더라도 충분히 수익을 올리고도 남았을 시간이다.

당장 내일 일이 어떻게 될지도 모르는데, 몇 년 뒤의 일을 기대하고 집을 사는 것은 현명한 선택이라고 할 수 없다.

집은 미래 가치를 보고 사는 것이 아니다. 오히려 현재 가치가 높은 것이 미래에도 가치가 높아진다.

몇 년 뒤에 행복하기 위해, 이자만 내면서 맘고생 하지 말고, 현재 수익률이 좋은 물건에 투자하는 것이 훨씬 현명한 일이다.

실거주 역시 마찬가지다.

몇 년 뒤에 좋아질 것을 예상하고, 인프라도 제대로 갖춰져 있지 않은 허허벌판 신도시로 이사하는 건 신중하게 고려해야 한다.

병원 한 번 가기 위해 차를 끌고 30분 이상 나가야 하는 불편함은 안 겪어 본 사람은 모른다. 근처 10분 거리에 마트, 병원 등 생활편의시설이 잘 갖춰져 있고, 교통도 편하고, 학교도 가까운 곳에서 사는 것이 당신에겐 여러모로 더 이득이다.

탐욕은 경계 1호 대상

집을 살 때, 가장 경계해야 하는 것이 바로 지나친 욕심이다.

야망과 탐욕은 엄연히 다르다. 집을 살 때 탐욕적인 사람들이 꼭 있다.

탐욕적이라는 것은 집의 개수를 무리하게 늘리는 것만 뜻하진 않는다. 한 채를 사더라도, 그 금액이 본인 그릇을 초과한다면, 이 또한 탐욕에 빠진 것이다.

단 한 번의 부동산 투자로 부자가 될 수 없다. 또한, 개수만 많다고 해서 부자가 되는 것도 아니다. 자기의 역량 안에서 꾸준히 집을 사고 관리하다 보면, 복리가 우스울 정도로 수익이 증가한다. 필자의 경험상, 금액이 작은 물건일수록 그 증가 폭도 컸다.

그렇기에 언제 올지 아무도 모르는 그 시간을 관리할 수 있도록 결코 무리해서 욕심내서는 안 되는 것이다.

탐욕 때문에 잘 돼 가던 투자를 망치는 경우는 정말 수도 없이 봤다.

아파트 경매로 돈을 조금 벌었다고 갑자기 고수가 된 것처럼 잘 알지도 못하는 특수물건에 도전했던 사람. 그 사람은 결국 지상권 소송으로 인해 벌어놓은 돈을 모두 날리고 말았다.

투자했던 한 지역이 상승세를 타자, 탐욕에 눈이 멀어 그 지역 물건을 갭투자로 마구 사들이던 사람. 인생은 한방이라며 영혼까지 끌어모아 갭투자를 하고 났는데, 경기가 나빠지면서 역전세로 엄청난 고생을 했다.

또 다른 탐욕이 있다. 투자로 조금 돈을 벌었다고 갑자기 잘 다니던 회사를 그만둔 사람. 투자로 돈을 벌자 차를 바꾸고, 냉장고를 바꾸는 등 소비의 늪에 빠져 빚더미에 앉게 된 사람.

이 모든 실패의 원인은 다름 아닌 탐욕이었다.

조금 돈을 벌었다고 해서 모든 것을 내팽개치고 즐길 수 있을 만큼 부자가 되는 것은 아니다. 그 정도의 부를 이룬 부자들조차 오히려 가진 것을 유지하고 지키기 위해, 더욱 절제하고 자신을 통제한다.

돈을 벌려고 시작한 투자로 오히려 돈을 잃기 싫다면, 마음속에 항상 새겨놓길 바란다. 투자를 실천함에 있어 탐욕은 무조건 경계 1호 대상이다.

Part 4. Strategy
실행전략

Chapter 1.
실행을 위한 마음가짐

스스로 궁함을 깨달아라

2008년 금융위기 전까지만 하더라도, 잘 나가던 필자의 사업체가 평생 유지될 줄만 알았다. 그때는 아무런 걱정이 없었다. 열심히 일하고, 만족스럽게 하루를 마감했다. 주말이 돌아오면 이곳저곳 열심히 놀러 다니고, 외식과 쇼핑이 일상이었다. 매년 초가 되면 달력을 펼쳐 들고, 여름 휴가를 계획했다.

그러다 금융위기를 만났다.

원래 사업을 할 때, 매출이 늘어나면 비용도 함께 늘어나게 된다. 하지만 갑자기 매출이 줄어들면 늘어난 비용을 줄이기가 쉽지 않다.

필자 역시 한창 사업이 잘될 때 늘어났던 비용을 갑자기 줄이기가 어려웠다. 금융위기로 인해 적자를 보게 되면서, 불과 몇 개월 만에 회사 사정이 급속도로 어려워졌다.

한순간이었다.

참고 기다리면 나아질 줄 알았는데, 상황은 더 악화되었다. 거래처 결제 독촉 전화로 하루하루 피가 말랐다. 전화벨 소리만 들어도 깜짝 놀랄 지경이었다.

잘 될 때는 꿈의 직장이었던 곳이 위기를 맞자 마치 지옥 같았다. 밤이 되면 다음 날 아침이 오지 않길 바랐다.

위기는 예상치 못하게 찾아온다.

지금 당신의 안락한 행복도, 어느 순간 무너질 수 있다는 위기의식을 갖고 준비하는 것이 현명하다. 준비 없이 그대로 위기를 맞이한다는 것은 너무나 고통스러운 일이기 때문이다. 경험해 보지 않은 사람은, 그것이 얼마나 고통스러운지 모를 것이다.

필자가 과거에 읽었던 이야기가 있다.

외국 어딘가에 자살 벼랑이라는 곳이 있다. 그곳에서 자살하는 사람들은 여러 가지 이유가 있지만, 자살한 사람들을 살펴보면 대부분 손톱이 다 빠져 있다고 한다.

자살을 결심했어도 죽기 직전에는 살고 싶다는 본능에 휩싸여, 손톱 끝으로 벼랑을 오르려고 했기 때문이란다. 그러나 일부 시체는 죽음의 순간을 미련 없이 받아들인 듯, 손톱이 온전하였다.

알고 보니 그들은 돈 문제로 자살한 사람들이었다. 그들은 죽음의 두려움조차 느끼지 못할 정도로 사는 게 힘들었던 것이다. 그만큼 돈 문제가 얼마나 사람을 고통스럽게 하는지 알 수 있는 일화다.

잔인한 얘기지만, 현실이 정말 그렇다.

이 세상에 영원한 것은 없다. 평범하게 출퇴근을 하고, 주말에 쇼핑이나 나들이를 즐기고, 1년에 한두 번씩 해외여행을 다녀오는 지금의 모습이 평생 유지 될 거란 생각을 버려야 한다.

당장 내년에 어떻게 될지 모른다는 위기를 스스로 느껴야 한다. 그래야 비로소 당신은 위기를 대처할 수 있는 힘을 기르게 될 것이다.

밑 빠진 독부터 점검하라

지출은 크게 두 가지로 나뉜다.

하나는 고정비용, 또 다른 하나는 소모비용이다.

소모비용은 정식 용어는 아니다. 회계 용어로 보자면, 고정비용의 반대말은 원래 가변비용이다.

그러나 필자는 장사와 사업을 하면서 현장에서 소모비용이라는 말을 더 많이 사용했고, 맥락을 이해하는 데 더 도움이 되기 때문에 편의상 그렇게 부르겠다.

고정비용이란 말 그대로 매달, 매년 정기적으로 지출되는 비용이고, 소모비용은 비정기적인 지출을 뜻한다. 소모비용은 비정기적인 지출이기 때문에 쉽게 줄일 수 있지만, 고정비용은 그렇지 않다. 고정비용은 제대로 관리하지 않으면, 눈 깜짝할 사이에 커져 버린다.

필자가 말하는 밑 빠진 독이란, 이러한 고정 지출을 통제하지 못하여 바닥이 뚫린 항아리에서 물이 새듯이, 자신도 모르게 돈이 낭비되고 있는 것을 뜻한다.

밑 빠진 독을 가진 사람들을 살펴보면, 지출에 대한 경계심이 없었다. 목적 없는 지출들이 무분별하게 늘어나고 있던 것이다.

이러한 지출을 통제해야 한다. 그렇지 않으면 제아무리 돈을 많이 벌어도 늘 돈 걱정을 하게 되고, 빚이 늘어날 수밖에 없다. 많이 벌어도 돈 걱정, 빚 걱정에 시달리는 가장 큰 이유다.

그렇다면 어떻게 하는 게 좋을까?

먼저, 고정비용과 소모비용 목록을 만들자.

요즘은 카드 결제 및 은행 거래 문자를 받으면 자동으로 기록해주는 스마트폰 앱들이 많다. 스마트폰 스토어에서 '가계부'라고 검색하면 수

많은 앱이 나온다. 그중 별점이 높은 것을 선택하자. 앱을 통해 자동으로 수집된 지출 내역을 최소 3개월 치 기준으로 정리하는 것이다.

일반적으로 지출은 월, 분기(3개월), 반기(6개월), 연간(1년)에 따라 고정비용과 소모비용이 달라질 수 있다. 그렇기 때문에 최소 3개월 치 지출내역을 기준으로 구분하는 것이 좋다.

매달 정기적으로 나가는 지출을 고정비용으로, 그 외 지출을 소모비용으로 분류한다.

분류방법은 간단하다. 지출 내역을 엑셀로 저장하여, 전체 셀 선택 후 메뉴에서 조건부 서식 > 셀 강조 규칙 > 중복 값 기능을 적용하면, 매달 똑같은 지출 내역(고정비용)만 간단히 가려낼 수 있다.

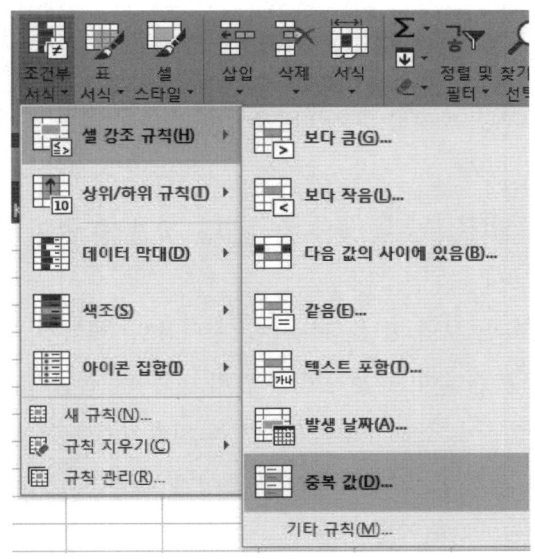

〈엑셀 조건부 서식 메뉴〉

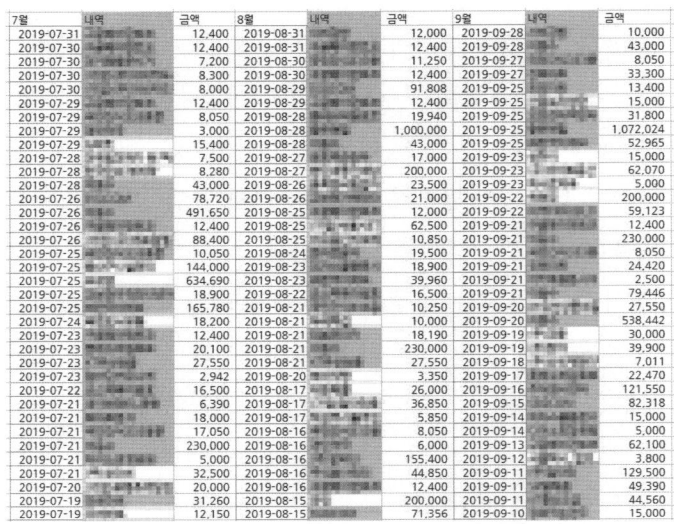

〈지출 내역을 날짜별로 정렬하여, 조건부 서식으로 중복 내역을 분류하는 화면〉

이러한 목록을 만드는 것만으로도 본인이 그동안 몰랐던 쓸데없는 지출을 상당 부분 파악할 수 있다. 우습게 넘기지 말고 꼭 목록을 만들어보라.

그렇게 만들어진 목록을 통해, 고정비용 항목 중 줄일 수 있는 것을 최대한 골라낸다.

가령, 불필요한 보험료, 품위유지비(이·미용비, 체형 및 피부 관리비, PT비 등), 각종 렌탈비, 높은 금리의 단기 대출 등, 꼼꼼하게 살펴보라.

위에서 말했듯이, 소모비용은 비정기적 지출이기에 통제가 가능하지만, 고정비용은 한번 늘어나면 쉽게 줄이기 힘들다. 그래서 기업들은 고객들에게 렌탈 서비스를 자꾸 권유하는 것이다.

매달 나가는 돈을 작아 보이게 만들면서, 원래 가격보다 비싸게 팔 수 있는 상술이기 때문이다. 렌탈비는 이자 등의 금융비용까지 추가되기 때문에 원래 가격보다 비쌀 수밖에 없다. 부자들은 렌탈보다 일시불

구매를 선호한다는 점을 명심하자. 통제 불가능한 비용을 애초에 만들지 않으려는 이유다.

위와 같은 방법으로 목록을 만들면, 어디에서 당신의 돈이 새고 있는지 점검할 수 있다.

늘 적자에 허덕이는 사람들을 살펴보면, 자신의 지출을 제대로 파악하지 못하고 있었다. '하는 것도 없는데, 돈이 왜 이렇게 안 모이지?'라며 한숨만 쉬고 있다. 그 점을 지적하면 오히려 '누가 지출 내역까지 파악해가며, 돈을 쓰냐?'고 반문하는 경우도 있었다. 새어 나가는 돈을 점검하지 않고, 그저 돈만 많이 벌면 모두 해결된다는 착각을 하고 있던 것이다. 그러나 밑 빠진 독을 그대로 둔다면, 아무리 많은 돈을 벌어도 계속 줄줄 새게 마련이다.

밑 빠진 독으로 새어 나가는 돈은 시간이 지나면서, 당신의 가계 소득 전체에 영향을 미치게 된다. 결국엔 당신을 빚이라는 족쇄로 얽매고 옥죌 것이다.

집을 사기에 앞서, 현금흐름을 만들기 위해서는 반드시 밑 빠진 독부터 점검하라.

소득 대비 지출을 통제하라

필자가 사업을 할 때, 빨리 돈을 모아 차를 사겠다고 노래를 부르던 직원이 한 명 있었다.

그러나 그 직원은 술을 워낙 좋아해서 매일같이 마셨다. 술 마신 다음 날이면 어김없이 늦잠 때문에 택시 타고 출근했다. 목표는 돈을 모아 차를 사는 것이었지만, 그의 습관은 목표를 이루는 데 방해만 되었다.

많은 사람이 목표를 가지라고 말한다.

그러나 목표를 세우는 것보다 습관을 바로 세우는 것이 훨씬 중요하다. 목표를 위해 습관이 바뀔 수 있다고도 생각할 수 있으나, 실상은 반대다. 자신의 오랜 습관 때문에 대부분 목표를 포기하게 된다.

그렇다면 습관은 평생 고칠 수 없는 걸까? 습관을 고치는 것은 정말 어렵지만, 그렇다고 불가능한 것도 아니다. 정확한 핵심 원인을 먼저 찾으면 된다.

외국 속담에, 넘어지면 넘어진 곳에서 원인을 찾지 말고 발이 걸린 곳에서 원인을 찾으라 했다.

즉, 행위 자체보다 그 행위를 유도하는 습관을 찾는 것이다

인간의 집중력과 주의력에는 두 종류가 있다.

반응성 (Stimulus-driven Attention; 자극에 이끌리는 주의력), 이것은 선천적 주의력이다. 주위 상황에 귀를 기울이는 본능, 뭔가를 하다가 갑자기 벌레를 보면 소리를 지르는 현상이다. 수동적인 반응에 해당한다.

초점성 (Gold-directed Attention; 목적을 지향하는 주의력), 이것은 후천적 주의력으로써, 인간만이 가지는 의지력이다. 능동적인 반응에 해당한다.

자기통제력을 높이는 가장 좋은 방법은 반응성이 아닌, 초점성을 높이는 방법이다.

다시 말해 의지를 갖고 자기통제력을 높인다면, 잘못된 습관을 고칠 수 있다는 뜻이다. 반대로 자신의 의지 없이 반응성에 휘둘릴수록 잘못

된 습관으로 굳어지기 쉽다. 그러한 전형적인 예가 TV 보기, 스마트폰 보기 등이다.

다만, 초점성 주의력(의지력)을 높일 때, 무리하게 습관을 고치려고 하면 뇌가 거부반응을 일으켜 쉽게 포기하게 만든다.

예를 들어, 평소에 운동을 전혀 안 하던 사람이, 갑자기 '하루에 1시간 운동하기'와 같은 목표를 세운다면 얼마 못 가서 99% 포기할 것이다. 하지만 '하루 10분 스트레칭'처럼 가벼운 목표는 뇌에서 전혀 거부반응을 일으키지 않는다. 작은 목표를 꾸준하게 실천하다 보면, 자연스레 고쳐질 확률이 높다.

지출 역시 마찬가지다. 소비를 줄이겠다는 의지를 다지고, 작은 지출부터 줄여나가자. 그렇게 천천히 하다 보면 좋은 소비 습관을 만들 수 있다. 일주일에 한 번씩 옷을 샀다면, 한 달에 한 번씩으로 바꾼다. 그러다 한 달에 한 번을 계절에 한 번으로 바꾸는 식이다. 처음엔 쇼핑 금단 현상으로 괴로울 수도 있으나, 의식하고 서서히 고치다 보면 분명히 할 수 있다. 그 결과물이 바로, 지금 이 글을 쓰는 사람 즉, 필자다. 필자는 이런 원리로 끊기 어렵다는 담배도 끊었다.

고소득자라고 해서 다를 바 없다. 일반적으로 소득이 높으면 돈 걱정 안 하고 펑펑 쓸 수 있다고 생각하지만, 그렇지 않다. 모두 그런 것은 아니지만, 고소득자 역시 돈 때문에 생기는 스트레스가 많았다. 왜 그럴까?

필자가 살펴본 바에 의하면, 소득이 높을수록 상대적인 우월감 및 허영심이 높았다. 소득이 높다는 이유만으로 지출에 대한 거부감이 없었던 것이다. 고소득자의 돈 문제는 본인의 소비 습관도 그렇지만, 가족의 소비 성향이나 지인들의 부탁도 한몫 거들었다.

예를 들어, 차량, 보험, 렌탈 서비스 등 각종 영업 유혹을 거부하지 못하는 모습도 많이 봤고, 쩨쩨해 보이지 않으려고 과도한 지출도 마다하지 않았다.

보험을 수십 개 가입하고, 집안은 온갖 렌탈 제품들을 들여놓았으며, 할부 구매를 주로 이용하며 불필요한 낭비로 소득을 갉아먹고 있었다.

실속이 아닌 겉치레를 위한 지출 때문에 정작 필요한 소비는 제대로 하지 못한 채, 돈 문제로 고민하였다. 오히려 고소득자라는 이유로 돈 문제를 내색하기 힘들어하는 경우도 많았다.

이런 모습들의 본질은 우월감을 비롯한 잘못된 돈 개념 때문이다.

남들보다 소득이 높다고 생각하는 우월감과 높은 소득이 모든 것을 해결할 수 있다는 착각이 돈에 대한 올바른 개념을 망가트린 것이다.

연봉 1억 원을 받는 누군가가 5천만 원짜리 시계를 샀다. 소득이 높으니, 그럴 자격이 있다고 생각할 수도 있다. 분명 '또 벌면 되지 뭐'라는 생각을 할 것이다. 그러나 연봉의 반으로 시계를 사는 것은 결코 현명한 소비가 아니다. 그런 잘못된 소비가 축적되어 바꾸기 힘든 습관을 만든다.

소득 대비 지출을 통제하지 않으면 액수만 달라질 뿐, 돈 걱정에서 벗어날 수 없는 건 똑같다. 많이 번다는 사실만으로 부자라고 할 수 없는 이유다.

연봉 3천만 원 받는 사람이 카드 대금 3백만 원을 걱정하듯이, 연봉 1억 원인 사람은 3천만 원을 걱정하는 것이다.

소득이 적다고 해서 부끄러워할 일도 아니고, 소득이 높다고 해서 우월감을 가질 필요도 없다. 중요한 건 소득 대비 지출을 통제하는 습관을 바로 세우는 것이다.

소득 대비 지출을 스스로 통제한다면, 돈 때문에 남에게 아쉬운 소리 할 일은 평생 없을 것이다.

대출 갚을 때도 순서가 있다

현금흐름의 가장 큰 방해 요소는 과도한 지출 및 금융 이자다. 지출 통제에 관한 얘기는 앞서 했으니, 금융 이자에 대한 이야기를 해보자.

요즘 비상금 대출과 같은 소액 대출의 종류가 점점 많아지고 있다. 은행에서도 소액 대출을 권장하는 편이다. 그 이유는 대출금이 적을수록 떼일 확률도 적기 때문이다.

문제는 소액 대출의 금리가 매우 높다는 사실이다. 소액 대출을 받는 사람들은 대출금 자체가 작기 때문에, 자신이 매달 높은 이자를 내고 있다는 사실에 무감각해진다.

가령, 은행이 이렇게 말한다.

"500만 원을 즉시 대출해 드립니다. 이자는 12%인데, 매달 444,000원만 갚으시면 됩니다! 한 달에 50만 원도 안 되는 돈이죠!"

당장 500만 원이라는 돈을 사용하고, 매달 45만 원만 갚으면 된다고 생각하도록 하는 식이다. 이는 금융 상술이다.

매달 납부하는 금액만을 단순 비교하기보다, 실제 지출하는 이자 비율이 얼마인지를 따져야 한다.

당신이 500만 원을 어딘가에 투자해서 12%를 버는 건 매우 힘든 일이다. 그렇기에 매달 내는 돈이 45만 원 밖에 안된다고 생각하기보다, 500만 원을 사용하는 대가로서 12%라는 이자 비율이 적당한지를 따져야 하는 것이다.

자동차 할부금을 생각해보자.

1천만 원의 할부금을 3년간 갚는 것 보다, 5년간 갚을 때 금리가 더 높다.

그러나 당장 매월 내는 돈은 3년간 갚을 때의 액수가 더 많기 때문에, 대부분 5년 할부로 차를 구매한다. 최종적으로 5년간 내는 돈이 3년간 내는 돈보다 훨씬 많은데도 말이다.

사람들은 당장 지불하는 금액만 생각한다. 즉, 3년 동안 빌리는 것이 금리가 더 낮아도, 당장 내는 돈이 많기 때문에 5년 빌리는 것을 택하는 것과 같은 이치다.

이러한 지출은 당신의 현금흐름에 흠집을 낸다. 높은 금리를 오래 상환하면서, 돈이 계속 빠져나가기 때문이다.

대출도 갚는 순서가 있다.

먼저 대출 목록을 전부 만들어라. 그리고 금리가 높은 것부터 상환해야 한다. 당장 다음 달 나가는 돈이 더 많아질지라도, 최종적으로 당신이 내야 하는 돈을 생각하면 그게 더 현명하다.

그래야 악순환을 끊고, 선순환의 현금흐름을 만들 수 있다.

월급 외 또 다른 현금흐름이 필요하다

회사가 돈을 벌어도 망하는 경우가 있다. 이를 흑자도산이라 한다.

회사는 왜 흑자도산을 하는 것일까? 가장 큰 이유는 바로, 현금흐름 문제 때문이다. 제아무리 돈을 많이 벌어도 필요한 현금이 돌지 않으면 망하는 것이다.

부동산도 마찬가지다.

분명, 소유한 집값이 오르고 있는데도 생활이 더 팍팍해지는 경우가 있다. 마치 회사가 흑자 도산하듯, 자산은 증가하고 있는데 현실은 매달 적자이거나, 빚이 더 많이 늘어나는 이치다. 그러한 이유 역시 현금흐름 문제 때문이다.

자신이 사는 집을 손해 보면서 팔게 되는 가장 큰 원인이 바로 대출이자 및 세금에 대한 부담이다.

이러한 문제를 사전에 방지하기 위해서는 현금흐름을 다양하게 만들어 놓는 것이 현명하다. 현금흐름을 단순히 근로소득 하나에만 의존해서는 안 된다. 근로소득은 뻔하기 때문이다.

2007년까지 블루칩 아파트가 유행했다. 서울 주요 지역의 대형 평수 고가 아파트에 투자자가 몰린 것이다. 당시에도 똘똘한 한 채를 마련하라는 말이 나돌고 있었다. 부동산 시장에서도 유행은 돌고 돈다. 그렇게 2008년까지는 가격이 올랐지만, 금융위기를 기점으로 소위 블루칩이라 불리던 아파트의 가격은 10년간 서서히 하락했다.

하락세가 계속되자, 사람들은 손해를 보며 팔기 시작했다. 그 이유 역시 똘똘한 한 채라고 마련했지만, 하락세를 버티는 와중 유지비용을 충당할 만한 현금흐름이 없었기 때문이다.

집을 사고, 유지하는데 가장 중요한 것은 현금흐름이다. 현금흐름이 원활하지 않다면, 기껏 잘 투자를 해 놓고도 오히려 손해를 보는 일이 생긴다. 서울 아파트를 보유했던 사람들이 10년 넘게 버티다가 2017년 팔고 나니 가격이 상승한 것처럼, 기회마저 잃을 수 있는 것이다.

2017년경 많은 사람이 조금만 기다리면 되는데 왜 그러지 못하고, 서울 아파트를 팔았던 것일까? 10여 년간 원활하지 않은 현금흐름으로 세금과 이자를 충당하는 게 고통스러웠기 때문이다.

그렇다면 무조건 아파트를 파는 게 해답일까? 그렇지 않다.

그 시기를 견디게 해주는 힘, 근로소득 외 추가 현금흐름을 만들어 놓으면 된다. 가장 쉽게 만들 수 있는 현금흐름은 바로 투자소득이다.

예를 들어, 당신이 1억 원을 가지고 있다고 하자. 그러면 이 돈을 모두 실거주 용도로만 사용해서는 현금흐름이 원활하지 않을 수 있다.

하지만, 1억 원 중 5천만 원은 실거주 용도로 사용하고, 5천만 원은 투자소득을 위한 용도로 사용하는 것이다.

이런 식으로 근로소득 외 추가적인 현금흐름을 만드는 것이 당신의 집과 자산을 지킬 수 있는 방법이다.

필자의 이런 주장에 혹자는 이렇게 말할지 모르겠다. '1억 원을 다 투자해서 빨리 돈을 버는 게 낫지 않나?'

초보자는 늘 자신이 믿고 싶은 대로만 세상을 바라본다. 하지만 세상은 항상 한 쪽으로만 흐르지 않는다. 양면적인 속성을 가진다. 시세는 오르기도 하지만 내려갈 수도 있다는 말이다. 그러한 투자의 양면성에 대응하는 방법으로, 추가적인 현금흐름이 꼭 필요하다.

빚을 소비와 연결하지 말라

금융 자본주의 사회에는 두 종류의 빚이 있다. 좋은 대출과 나쁜 대출이다.

일부 사람들은 어찌 됐든 빚은 똑같은 빚일 뿐이라고 하지만, 지금과 같은 복잡한 금융 사회에서 빚에 대해 새로운 시각으로 접근할 필요가 있다.

1999년경 우리 사회는, 인터넷에 나쁜 정보들이 많다고 국가가 나서서 막아야 한다고 주장했다. 그로부터 20년이 흐른 지금, 인터넷이 없는 생활은 상상조차 하기 힘들다. 물론 인터넷 사용에 따른 부작용과 문제점도 있지만, 이것은 수정하고 보완해야 할 문제이지, 아예 금지할 순 없다.

마찬가지로 과거 금리가 높았던 고도성장 시절에는 대출이 가계 경제에 해로움을 준다는 인식이 강했다. 그러나 현재 많은 사람이 대출을 이용하여 자산을 늘려가고 있다. 대출이 새로운 기회를 주고 있다는 뜻이다. 만약 대출에 따른 부작용과 문제점이 있다면, 이 또한 조심하고 방어해야 할 문제지, 대출을 아예 금지해서는 안 된다.

대출이 주는 기회란 앞서 말한 대로 거인의 어깨라 할 수 있는 레버리지다. 하지만 레버리지는 반드시 자산과 연결을 시켜야 한다. 그래야 기회가 되는 것이다. 대출을 소비와 연결하는 것은 예나 지금이나 스스로 빚이라는 족쇄를 차는 격이다.

실제 예를 들어보겠다.

대출을 받아 부동산을 산 경우와 소비를 한 경우이다.

7천만 원 대출을 받아 부동산을 샀다. 최악의 경우 대출금을 상환하지 못하더라도 갚을 수 있는 방법이 아예 없는 것은 아니다. 부동산을 강제 매각(경매)한 뒤, 남은 금액만 갚으면 된다. 은행이 담보대출을 선호하는 이유이기도 하다. 채무자가 돈을 갚지 않아도, 부동산을 매각하면 일부라도 회수할 수 있기 때문이다.

하지만 대출받은 7천만 원을 그냥 소비했다면 얘기가 달라진다. 채무자가 갚을 수 있는 방법은 오로지 일해서 갚는 것뿐이다. 매달 70만 원씩 갚아도 8년이 넘게 걸리고, 죽을 때까지 7천만 원은 갚아야 하는 빚으로 남게 된다. 이자까지 더해져서 빚은 점점 불어난다.

결국, 소비와 연결된 7천만 원은 매달 70만 원 상환으로 최소 8년짜리 족쇄를 찬 것과 마찬가지다.

투자를 위한 대출은 경제적으로 자유로워질 수 있는 기회를 준다. 반대로 소비를 위한 대출은 오히려 경제적으로 구속받게 될 뿐이다.

이러한 차이점을 분명하게 인식하여, 대출은 항상 투자와 연결하여 사용해야 함을 명심하라.

좋은 빚과 나쁜 빚은 결국 대출받은 사람이 어떻게 사용하느냐에 따라 달라지는 것이다.

투자 기간을 정하지 말라

미래는 신의 영역이다. 아무도 모른다. 그런데도 투자 기간을 정해놓고 시작한다면, 스스로 조급함과 욕심에 쫓겨 투자를 그르치게 된다.

투자 기간을 정한다는 것은 뭔가 그럴듯해 보인다. 계획성 있어 보이고, 안정감도 있어 보인다.

그러나 세상은 절대 계획한 대로 흐르지 않는다. 세상은 당신의 계획 따위 안중에도 없다.

필자의 수강생 중 한 명이 강의를 듣고, 1년에 아파트 3채씩, 2년 동안 아파트 6채를 낙찰받겠다고 계획했었다. 아파트 한 채당 15만 원의 순수익을 만들어, 2년 동안 90만 원의 현금 흐름을 만들겠다는 계획이었다.

처음에 2채까지는 계획대로 순조롭게 진행됐다. 그러나 3번째 집을 낙찰받았을 때, 명도가 길어졌다. 그러다 보니 6개월이 금방 지나갔고, 4번째 낙찰받은 집은 임대가 안 나가서 공실이 좀 길어졌다. 그러다 회사 업무가 바빠진 관계로 5번째 집에 대해서는 아직 소식이 없다.

본인이 계획했던 2년은 이미 지났다.

그렇다고 그 수강생이 열심히 안 한 것은 아니다. 성실하게 수업을 듣고, 배운 대로 잘 진행했다.

명도가 길어지고, 임대가 안 나갈지 그 누가 알았을까. 사실 투자를 할 때, 이런 건 큰 문제도 아니다. 부동산 투자를 하다 보면 종종 발생하는 일이고, 결국엔 해결된다. 명도가 안되는 집은 없고, 임대가 한 평생 안 나가는 집도 없다.

그런 와중 그 수강생은 물건 검색을 할 시간조차 없을 정도로 회사 업무가 바빠졌는데, 이 또한, 당사자가 예측이나 했을까.

이렇듯 미래의 일은 아무도 모르고, 계획을 촘촘히 세워놔도 언제나 변수가 생기기 마련이다. 누굴 탓할 수 있는 일이 아니다.

문제는 자신의 계획이 틀어졌다는 점에서 그 수강생은 불안해졌고, 자꾸만 상황을 부정적으로 바라봤다. 잠시 예상치 못한 변수가 생겼을 뿐, 그대로 꾸준히 투자하면 될 일이었다. 그러나 그분은 부정적인 생각 때문에 부동산 투자 자체에 회의적인 생각마저 들었다.

고민 끝에 필자에게 상담 메일을 보내왔는데, 투자내역을 살펴보니 괜찮은 물건들이었고, 월세도 잘 받고 있는 상태였다. 따라서 전혀 문제 될 것이 없는 상황이었는데도, 그 수강생은 불안해하고 걱정했다.

따지고 보면, 그 불안함의 원인은 투자로 인한 문제가 아니라, 자신의 계획이 뜻대로 안 됐기 때문이었다.

굳이 투자에 대해 기간을 정해둘 필요가 없다. 오히려 기간을 정해두고 계획대로 되지 않으면, 잘 진행하던 일조차 잡음이 생긴다.

투자를 할 때, 계획을 세우는 것보다 그때그때 상황에 맞게 대처하는 능력을 키우는 게 더 중요하다는 것을 명심하자.

투자는 몇 번으로 끝나는 게 아니라, 평생 하는 것이기 때문이다.

동기부여는 이제 그만

필자는 무용담을 싫어한다. 그래서 이 책도 사실과 경험을 바탕으로 한 정보 전달을 주된 목적으로 하고 있다.

무용담은 읽는 사람에 따라 공감하는 바가 다르다. 그리고 타인의 무용담이 내가 투자를 할 때 언제나 유용한 건 아니다. 각자 처한 상황이 다르고, 능력도 다르기 때문이다.

그런데 부동산 투자 관련 강의나 책을 보면, 부동산 투자에 필요한 정보보다는 저자의 특수한 상황이나 경험담을 다루는 경우가 더 많다. 그리고 결론은 그 어려운 상황에서 나도 했으니 너도 할 수 있다는 동기부여로 귀결된다.

물론 동기부여가 때때로 자극을 주고 도움도 되지만, 사실 정신적 마약과도 같다.

동기부여에 중독되면, 본인이 직접 투자할 생각은 안 하고, 다른 사람의 성공담만 동경하게 된다. 연예인에 푹 빠진 청소년과 다를 바가 없다. 당장 내일이 본인 시험인데, 공부할 생각은 하지 않고 남의 시험공부 이야기에 위로받으며 정신승리를 하는 것이다. 그런 것으로는 절대 자신의 현실을 변화시킬 수 없다.

투자를 할 때, 실천을 앞두고 어느 정도 자극제는 필요하지만, 동기부여가 주는 정신승리나 위로에 너무 깊게 빠져서는 안 된다.

부동산 투자는 무엇보다 실천이 중요하다. 투자는 책을 읽고 이론을 배운다고 끝나는 게 아니라 스스로 실천하고, 관리하며 수익을 내는 것이다. 그리고 또 그게 투자의 전부이기도 하다.

타인의 특수한 상황과 나의 상황을 비교한다거나, 다른 사람의 성공담에 박수만 치고 있는 것이 과연 당신이 돈 버는 데 어떤 도움이 되는지 생각해본 적 있는가?

그럴 시간에 물건 하나라도 더 검색하고, 종잣돈을 어떻게 마련할지 구상하는 것이 본인의 성장에 더 도움이 되지 않을까?

더 이상 동기부여는 그만하라. 싸울 때도 사기만 높인다고 전투에서 승리하는 것은 아니다.

싸움에서 이기는 방법은 사기보다 훈련이다.

당신이 실천할 수 있는 공부를 하라

당신이 집을 사고, 부동산 투자 공부를 하기 위해서는 3가지 원칙을 지켜야 한다.

첫째, 이해할 수 있는가?

워런 버핏은 투자하는 데 있어, 이렇게 주장했다.

"Never invest in a business you cannot understand"

- Warren Buffett (워런 버핏)

"이해하지 못하는 사업에, 절대 투자하지 말라."

이 말은 부동산에도 해당된다. 많은 사람이 부동산 공부를 할 때, 본인의 이해 여부와 상관없이 남들의 입에 오르내리는 것들만 생각한다.

'땅 사서 대박 났대!'

'건물 사서 큰돈을 벌었대!'

'특수물건을 낙찰받아야 돈 된대!'

자신이 직접 공부하여 이해한 것이 아닌, 전설에나 나오는 그 누군가의 성공담만 듣고 관심을 두는 격이다.

이는 마치, '나 돈 벌어야지, 그런데 뭘 해서 돈 벌지? 김밥이나 팔아볼까? 아니면 파스타? 삼겹살?' 식으로 목적 없이 뛰어드는 격이다.

이런 식의 무분별한 공부는 실력을 쌓지도 못하고, 실천도 하지 못한다.

주변의 소음에 휘둘리지 말고, 당신이 이해할 수 있는 분야에서 먼저 시작해야 한다.

작은 성공이 모여 큰 성공이 되는 것이다. 절대로 그러한 과정을 건너뛴 채, 한 번에 큰 성공을 거머쥘 순 없다.

둘째, 본인에게 적합한 것인가?

필자가 주장하는 대로, 부동산 투자는 시간, 지식, 돈의 합으로 이루어진다. 이러한 3가지 구성을 따져 본인에게 적합한 부동산이 무엇인지를 찾아야 한다.

원룸 건물이 돈 된다고 해서, 임대차 계약 몇 번 해보지 않은 직장인이 거금을 들여 투자한다고, 쉽게 통제할 수 있을 것이라 착각하지 말라.

직장인은 시간의 구애를 받을 수밖에 없다. 원룸 건물은 다수의 임차인을 통제해야 하기 때문에 시간이 많이 들어간다. 따라서 투자를 하고, 통제를 제대로 못 해서 손해를 보고 팔아야 하는 경우가 생길 수 있다.

이런 점을 꼭 명심하여, 본인의 시간, 지식, 돈을 잘 따져서 본인에게 어울리는 부동산을 공부해야 한다.

셋째, 본인이 직접 할 수 있는가?

뭐든지 말로 들을 땐 할 수 있을 것 같아 보여도, 실제로는 그렇지 않다. 따라서 본인이 직접 할 수 있는 것인지를 냉정하게 따져봐야 한다.

"맹장 수술하는 법을 알려드리겠습니다. 배꼽으로 오른쪽 아랫부분을 5~6cm 절개를 하고, 맹장을 꺼내어 봉합합니다. 절개한 배를 이제 꿰매면 됩니다. 간단하죠?"라고 외과 의사가 말했다고, 자신이 그걸 할 수 있을 거라 생각하는 사람은 없다.

그런데 부동산은 희한하게도, 누군가의 말만 듣고, 모든 걸 다할 수 있을 거라 생각하는 용감한 사람들이 있다.

직장 때려치우고 전업 투자로 하면 이 모든 게 가능하다고?

만약, 그렇게 꼬시는 사람이 있어도, 그 사람은 당신의 성공 여부는 관심 없을 것이다. 당신에게 받는 수수료나 당신의 호주머니를 노리고 있을 테니.

명심하라.

당신이 직장을 때려치우고 백수가 되는 순간, 투자는 물 건너간다. 가장 큰 이유는 대출을 받을 수 없기 때문이다. 은행은 돈이 필요한 사람에게 대출을 해주는 것이 아닌, 갚을 수 있는 사람에게 대출을 해주는 곳이다. 백수 전업투자자에게 대출해주는 은행은 없다.

부동산 투자도 경험이 중요하다.

모든 것은 경험이 쌓이면서, 성장하는 것이다.

대학을 들어가려면 초, 중, 고 과정을 거쳐야 하듯이, 부동산 공부 역시 본인이 지금 당장 할 수 있는 것부터 시작하면서 성장한다. 초등학생에게 값비싼 대학 교재가 무거운 짐만 되듯, 부동산 역시 마찬가지다. 초보자에게 어울리지 않는 부동산은 관리하기 어려운 짐만 될 뿐이다.

부동산 투자를 특별하게 생각하지 말라.

부동산 투자를 인생 최대의 '원샷' 쇼핑이라고 말하는 사람도 있지만, 투자는 다수의 경험이 누적되어 성장하는 과정일 뿐이다.

이 점을 꼭 명심하도록 하자.

위의 3원칙을 지키는 것이 실천을 위한 제대로 된 공부의 시작이다. 돈이 걸린 공부는 자기가 직접 실천할 수 있어야 비로소 가치를 지닌다.

Chapter 2.
실패 확률 0%
부동산 투자 전략

 돈 다루는 기술과 집을 고르는 기술까지 익혔다면, 이제는 어떤 방법으로 집을 사야 하는지 구체적으로 배워볼 차례다.

 본 챕터에서는 집을 고르는 기준을 전세율, 입지, 수익률로 명확하게 설명한다. 그러고 나서, 초보자들이 집을 살 때 알아두면 좋을 만한 팁도 몇 가지 제시할 것이다.

 두루뭉술한 기준으로는 집을 제대로 사기도 어렵고, 집을 산다 해도 수익으로 절대 연결할 수 없다. 원칙 없는 투자야말로 작은 변수에도 쉽게 무너지기 때문이다.

 그렇다고 그 기준이 많은 것도 아니다. 초보자들은 뭔가 복잡해 보이는 데이터와 정보를 가져야만 집을 잘 살 수 있다고 착각하지만, 실상은 반대다.

 단순하고 명료해야 오히려 실천하기 쉽다. 거대한 심포니조차 단 7개의 음계로 완성된다. 집을 사는 것 역시 복잡할 필요 없다.

 필자가 제시한 기준만 명확히 지킨다면, 그것만으로도 충분히 당신을 위한 좋은 집을 선택할 수 있다.

황금 지표 전세율 바로 알기

매매가와 전세가의 특성 이해하기

 필자는 부동산 투자를 하면서, 우리나라에만 있는 전세 제도에 큰 매력을 느꼈다.

 전세 제도 때문에 우리나라 부동산은 시세가 두 개인 셈이다. 시세가 두 개인만큼, 각 시세를 결정하는 주체가 서로 다르다.

 이 점은 집을 사는 입장에서, 부동산의 가치를 판단할 때, 매우 중요한 바로미터(기준)가 된다.

 왜 그럴까?

 매매가와 전세가가 결정되는 원인을 제대로 이해하면, 부동산의 실제 가치를 판단하는 게 쉽기 때문이다.

 우리나라 부동산은 매매시세와 전세 시세가 공존한다. 월세 시세는 전세 시세를 보증금과 차임으로 나눈 것이므로 따로 구분하지 않아도 된다.

 매매시세는 누가 결정하는가?

 실수요자와 투자자가 결정한다. 집을 사는 사람은 실제 거주하려는 사람도 있지만, 투자를 목적으로 하는 사람도 있기 때문이다.

 하지만, 전세 시세는 누가 결정하는가? 오직 실수요자뿐이다. 집에 거주하려는 사람만이 전세 시세를 결정한다.

 여기서 잠시, 집주인(임대인)이 전셋값을 올릴 수 있으니, 전세 시세를 결정할 수 있는 것 아니냐는 반문이 있을지 모르겠다. 그러나 시장에서 거래되는 모든 재화의 가격은 돈을 지불하는 사람이 인정하는 범위여야 비로소 결정된다.

가령, 당신은 2019년 기준으로 새우깡이 1만 원이라면 사겠는가? 안 살 것이다. 5천 원이면? 그래도 안 살 것이다. 3천 원? 새우깡 가격을 모르는 일부라면 살 것이다. 2천 원? 이제 사는 사람이 많을 것이다. 이처럼 돈을 지불하는 사람이 인정해야 비로소 그 가격이 결정된다는 뜻이다.

집주인이 자기가 원하는 대로 시세를 높게 부른다고 해도, 실제 거주할 사람이 인정하지 못하는 가격이라면 계약이 이루어지지 않는다. 반대로 어떤 임차인은 비싸다고 인정하지 못하는 가격이라도, 다른 임차인이 그 가격을 인정하면 계약은 이루어진다.

이러한 이유 때문에 오롯이 집주인 기준으로만 전세 시세를 결정할 수 없다는 말이다.

공인중개사와 집주인이 담합하여 시세를 결정한다는 말도 현실적으로 불가능하다. 언론에서는 담합 때문에 집값이 오른다고 하지만, 그렇게 믿고 싶은 사람들에게 클릭을 유도하여 광고비를 벌려는 속셈이지, 실제 속사정은 그렇지 않다.

만약, 담합으로 가격을 올릴 수 있다면, 왜 역전세(전셋값이 계약 시점보다 하락하여 새로운 계약 시, 기존 임차인에게 전세보증금 차액을 내주어야 하는 상태)가 일어나겠는가? 임대인과 공인중개사가 담합해서 전셋값이 안 내려가게 막으면 될 텐데 말이다. 결국, 최종 거래 가격은 돈을 지불하는 사람이 결정한다는 말이다.

정리하면, 부동산 시장에서 매매가격을 결정하는 주체는 수요자와 투자자이며, 전셋값을 결정하는 주체는 실수요자밖에 없다.

이는 다시 말해, 실수요자가 결정하는 전셋값이 그 부동산의 진정한 실제 가치라는 뜻이다.

실제 가치(전셋값)를 기준으로 매매가격의 적정성을 판단할 수 있기 때문에, 매매가와 전세가의 이러한 특성부터 잘 이해하도록 하자.

전셋값이 집의 원가다

장사나 사업을 할 때, 중요한 정보는 무엇이라 생각하는가?

바로, 거래하는 제품의 원가다. 무엇을 거래하든 원가를 알아야 이익과 손해를 따질 수 있기 때문이다.

부동산 투자에서도 역시, 중요한 정보는 거래하는 집의 원가다.

그렇다면 부동산은 어떻게 원가를 파악하여, 이익과 손해를 따질 수 있을까?

직접 건축을 하는 분양업자나 시공업자는 땅값, 건축비, 인건비, 금융비 등의 원가를 계산할 수 있지만, 투자자로서는 거래하는 부동산의 원가를 따져볼 수가 없다. 그러나 원가로 이해할 수 있는 중요한 본질이 있다.

그것은 바로, 그 부동산의 적정 가치다.

당신이 1억 원을 주고 집을 샀다고 하자. 그 집값이 비싼 것인지, 싼 것인지 어떻게 알 수 있을까? 주변 아파트가 2억 원이기 때문에 싸게 산 것일까? 그런 논리라면 주변에 있는 8천만 원짜리와 비교하면 비싸게 산 것 아닌가? 주변이라는 범위는 또 어떻게 나눌 것인가?

이렇듯 싼지, 비싼지 여부는 주변의 다른 물건과 단순하게 비교해서는 알 수가 없다. 그 아파트 자체의 적정 가치를 통해 판단해야 하는 것이다.

　매매가와 전세가의 특성을 설명하면서, 전셋값은 그 부동산의 실제 가치라고 말했다. 이러한 실제 가치로 그 부동산의 적정 가치인 원가를 따져볼 수 있다. 다만, 전셋값이 단독적으로 적정 가치를 판단하는 기준이 되는 것은 아니다. 매매가가 전셋값에 얼마나 가까운지에 따라 그 아파트의 적정 가치, 즉 원가에 가까운지 여부를 판단할 수 있다.

　부동산 역시 원가에 가까운 가격으로 거래를 해야, 리스크가 낮다. 원가에서 먼 가격은 그만큼 거품이 끼었다는 뜻이므로 리스크가 높다.

　따라서 집을 살 때, 매매가와 전세가의 차이를 주목해야 한다.

　예를 들어, 여기 두 아파트가 있다.

　A 아파트는 매매가 1억 2천만 원에 전세가 7천만 원이고, B 아파트는 매매가 8천만 원에 전세가 7천만 원이다.

　이 두 물건 중 어느 것이 적정 가치(원가)에 가까운 물건인가?

　바로, B 아파트다. 이유는 간단하다. 매매가가 원가를 의미하는 전세가에 더 가까이 붙어있기 때문이다.

　매매가는 투자자와 실수요자가 함께 만든 가격이고, 전세가는 오로지 실수요자가 만든 가격이다. 따라서 매매가만으로는 그 가격에 얼마나 거품이 끼어있는지 판단하기 어렵다.

　매매가만 놓고 따져보면, 오히려 A 아파트가 더 비싸기 때문에 B 아파트보다 좋을 것이라는 생각을 할 수도 있다. 하지만 실수요자의 결정을 반영한 전세가를 비교해서 판단하면, B 아파트가 적정 가치(원가)에 더 가깝다는 것을 알 수 있다.

　이러한 원리를 제대로 이해해야 한다. 투자에서 가장 큰 리스크는 거품이다. 매수하기로 한 가격에 얼마나 거품이 끼었는지에 따라 매수자의 리스크가 커질 수도, 작아질 수도 있는 것이다.

　5의 가치를 10을 주고 사면, 100%가 올라야 제값이 된다. 10을 주고 산 사람은 5나 6을 주고 산 사람보다 더 큰 비용을 투입하고, 오랜 시간을 기다려야 수익이 나는 것이다. 그만큼 투자에서 적정 가치를 따지는 일은 매우 중요하다.

　원가에 가깝게 사는 것만으로도, 실패를 줄이고 성공확률이 높은 투자를 할 수 있다.

전세율 상승과 하락이 의미하는 것

　위에서 부동산의 적정 가치(원가)를 판단하는 방법으로 매매가와 전세가의 차이를 설명했다. 이러한 매매가와 전세가의 차이를 비율로 나타낸 것이 바로 전세율이다.

　전세율은 부동산 투자 전략의 중요한 기준이기 때문에 반복해서 설명해도 지나치지 않다. 독자 여러분들이 전세율을 올바르게 이해한다면, 앞으로도 투자를 할 때 좀 더 명확한 기준으로 접근할 수 있을 것이다.

　전세율은 전세가를 매매가로 나눈 비율이다. 그렇다면 전세율이 상승한다는 것은 무엇인가?

　매매가가 내려가거나, 전세가가 올라가거나 둘 중 하나이며, 매매가와 전세가의 격차가 줄어드는 현상이다.

　예를 들어, 매매가 1억 원, 전세가 5천만 원인 아파트는 전세율이

50%다. 그런데 전셋값이 7천만 원으로 올랐다면 전세율이 70%로 상승한다. 만약 전세가는 5천만 원 그대로인데, 매매가가 6천만 원으로 떨어졌다면 이때도, 전세율은 83%로 상승하게 된다.

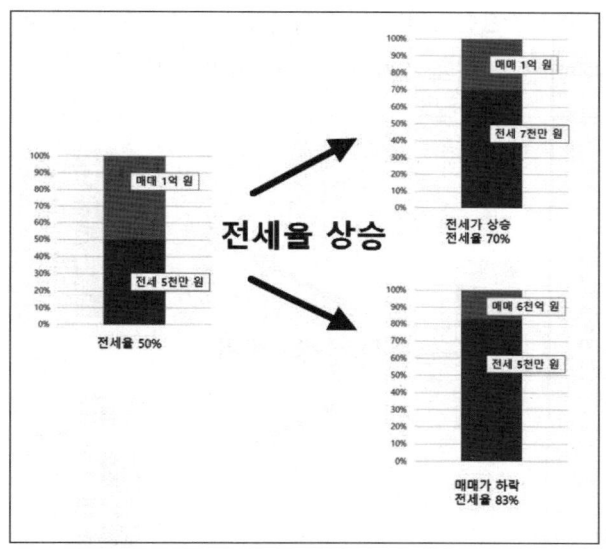

〈전세율 상승 사례〉

매매가가 하락하거나 전세가가 상승하는 원인은 참으로 다양하다. 한 가지만 영향을 미치는 것도 아니고, 복합적이며 그 원인을 개인이 하나하나 파악하기도 어렵다.

급하게 올라갔던 매매가가 제자리를 찾아 내려오거나, 공급보다 수요가 많기 때문에 전셋값이 오르는 것인데 그 원인은 직장, 지역, 학군, 경기, 정책 등 워낙 다양하다는 말이다.

그렇다면 반대로 전세율이 내려간다는 것은 무슨 뜻일까?

위 현상과 대조적으로 매매가와 전세가의 차이가 벌어진다는 뜻이다. 그 원인은 전세가가 내려가거나 매매가가 올라가거나 둘 중의 하나다.

예를 들어, 매매가 1억 원, 전세가 8천만 원인 아파트의 전세율은 80%다. 그런데 전셋값이 6천만 원으로 내려가면 전세율은 60%로 하락한다. 만약 전셋값은 8천만 원 그대로인데, 매매가격이 1억 5천만 원으로 상승했다면 이 역시 전세율 53%로 하락하게 된다.

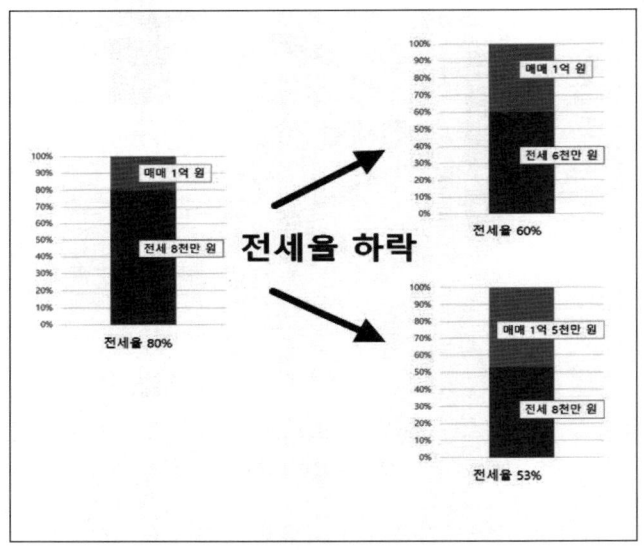

〈전세율 하락 사례〉

그런데 대한민국 전 지역을 통틀어 전셋값 하락이 장기적으로 지속하는 경우는 없었다. 급하게 오른 전셋값이 제자리를 찾아가거나, 이사철 또는 비수기에 하향 조정되는 예는 있지만 5년이고 10년이고 전세가가 끝없이 내려가지 않는다는 얘기다.

따라서 전세율이 내려가는 이유는 전세가 변동도 영향이 있겠지만, 매매가 상승이 더 큰 부분을 차지한다.

전세가 상승 속도보다 매매가 상승 속도가 더 커지면서 전세율이 낮아지는 것이다.

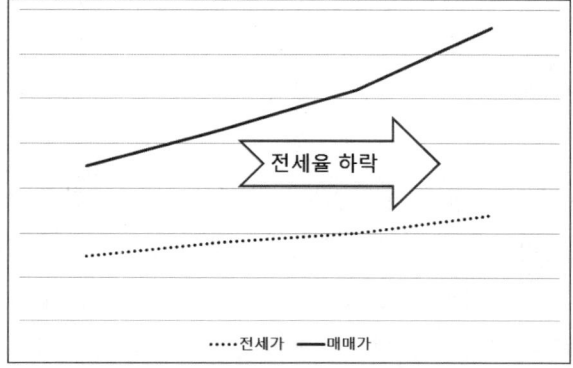

〈전세율 하락의 실질적인 모양〉

여기서 중요한 점은 매매가 상승이 일직선으로 반듯하게 오르는 것이 아니다. 등락을 거듭하면서, 현재 낮은 지점이, 과거 낮은 지점보다 높아지면서 상승하는 것이다. 이것을 긴 시간으로 살펴보면 아래와 같은 형태로 상승하는 모양이 된다.

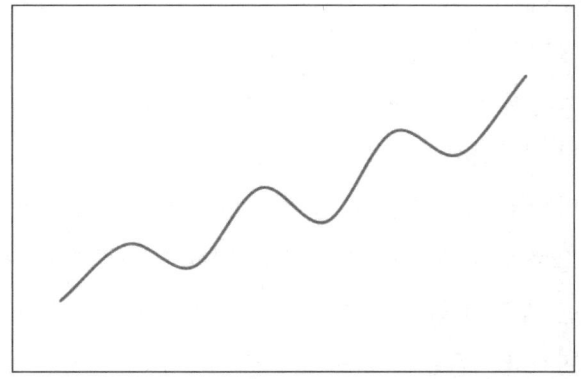

〈시세가 상승하는 패턴 - 최근 저점이, 이전 저점보다 높아지면서 상승한다〉

매매가격이 상승하는 원인에 대한 이해를 돕기 위해, 간략히 설명을 해보겠다.

　전세율이 높다는 것은 공급보다 수요가 많은 상태다. 따라서 늘어난 수요를 메꾸기 위해 여기저기 신규 분양과 같은 공급이 늘어난다. 공급이 늘어나면 매매가가 하락하지 않나, 생각할 수 있지만, 꼭 그렇지는 않다.

　신규 분양의 경우 분양가격이 높을 수밖에 없고, 주변의 구축들 역시 그 가격을 따라 상승하기 때문이다. 분양가를 낮추면 되지 않냐고 하는 사람도 있는데 토지가격, 원자재비, 공사비, 인건비 등의 상승을 감안하면 분양가를 낮추고 싶어도, 경제 원리상 낮출 수가 없다.

　그렇다 보니 공급이 늘어나는 지역의 매매가가 쉽게 하락하지 않는 것이다. 신축이라는 장점에 입지까지 좋은 물건이라면 매매가는 더 높아지고, 주변의 구축들 역시 신축을 따라 가격이 상승하게 된다. 그러면 자연스레 실수요자뿐만 아니라 투자자까지 시장에 참여하게 되는 것이다.

　공급이 많아지면 실수요자인 전세 임차인은 선택의 폭이 넓어지기 때문에 전셋값은 크게 오르지 않지만, 실수요자와 투자자까지 가세하는 매매가격은 탄력을 받아 큰 폭으로 오른다. 높아진 매매가가 전세가와의 격차가 커지면서 전세율이 다시 낮아지는 것이다.

　매매가 역시 끝도 없이 올라가진 않는다. 공급물량이 소화되고, 여러 가지 요인으로 인해 수요의 매력이 사라지면 거품이 빠지면서, 매매가는 한계점을 찍고 하락하게 된다. 그러면 매매가와 전세가의 격차가 다시 줄어들면서 전세율은 다시 또 높아지는 것이다.

　이러한 과정이 반복되면서 전세율은 상승과 하락이 순환하며, 시세가 오르고 내리기를 거듭한다. 1, 2년의 짧은 시간 동안 이루어지는 것이 아니다. 임대차 계약 기간조차 2년이기 때문에 짧게는 2~4년, 길게는 8~10년에 걸쳐 이러한 등락이 나타난다.

전세율이 변화하는 흐름을 이해할 수 있겠는가?

투자는 원인을 분석하여 호기심을 채우는 것이 아닌, 결과에 대응하여 이익을 끌어내는 것이다.

그렇기 때문에 전세율이 높아지거나, 낮아지는 변화에 대한 원인을 일일이 따져보는 것은 호기심을 충족해줄 순 있으나, 실제 투자를 할 때는 의미가 없다.

원인 분석에 과도하게 집중하기보다는, 여러 가지 요인의 영향을 받아 전세율이 상승한 결과나 반대로 전세율이 하락한 결과에 맞춰 전략적으로 대응하는 것이 현명하다.

핵심은 전세율이 높은 부동산은 탄력을 받아 곧 매매가가 상승한다는 것이다. 전세율이 낮은 물건도 언젠가 다시 전세율이 높아지지만, 이미 매매가격이 상승하여 전세율이 낮아진 것이기 때문에 다시 매매가가 추가 상승하기 위해서는 시간이 더 필요할 수밖에 없다.

따라서 집을 살 때, 전세율이 낮은 물건보다 높은 물건이 더 매매가 상승 시기가 빨리 다가온다는 점을 알아두면 물건을 선정하기가 더 쉬워진다.

임계점을 찾아라

그렇다면 전세율이 높은 물건을 어떻게 찾을까?

필자는 끓는 물의 온도와 비교하여, 부동산이 높은 전세율에 다다르는 것을 임계점이라고 말한다.

전세율이 임계점에 도달하면 비로소 시세가 상승하기 시작한다.

임계점이 어떤 수치로 딱 정해져 있는 것은 아니다. 지역, 상황, 조건마다 차이를 보인다.

이에 대해 몇 가지 실제 사례를 살펴보자.

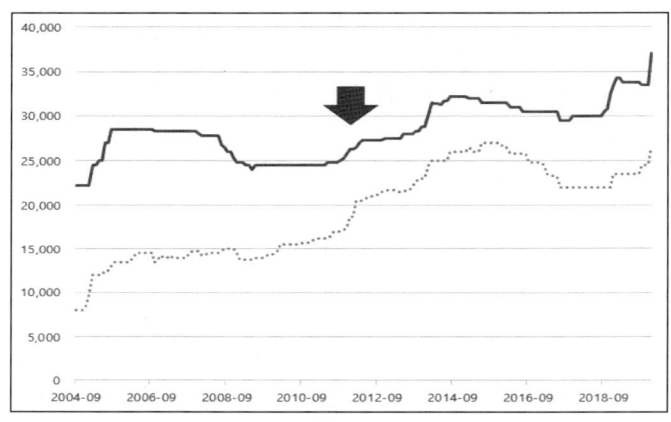

〈임계점 사례1〉

위 그래프는 지방의 어느 아파트 과거 매매 시세와 전세 시세를 그래프로 나타낸 것이다.

위 실선이 매매 시세, 아래 점선이 전세 시세다.

보이는 화살표 지점이 바로 임계점이다. 2007년을 기점으로 시세가 하락하다가 2012년 임계점을 기준으로 매매가가 상승하는 것을 확인할 수 있다.

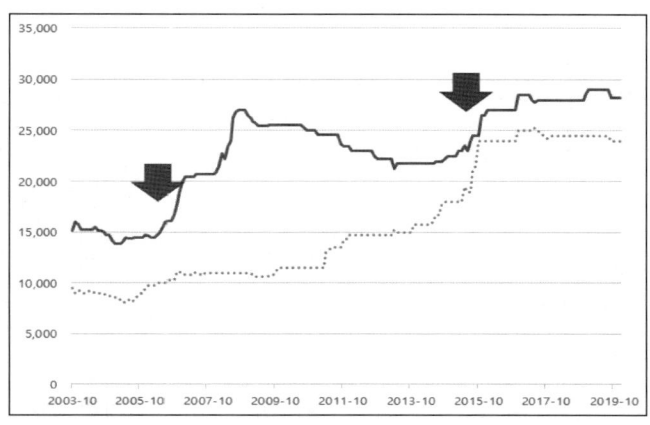

<임계점 사례2>

위 그래프는 경기권에서 임의로 선택한 아파트 과거 시세다.

역시 화살표 지점이 임계점이며, 첫 번째 임계점을 기준으로 매매가가 상승하고, 과도한 상승 후엔 다시 두 번째 임계점까지 내려오는 것을 확인할 수 있다.

그러다 다시 두 번째 임계점을 기준으로 매매가는 상승한다.

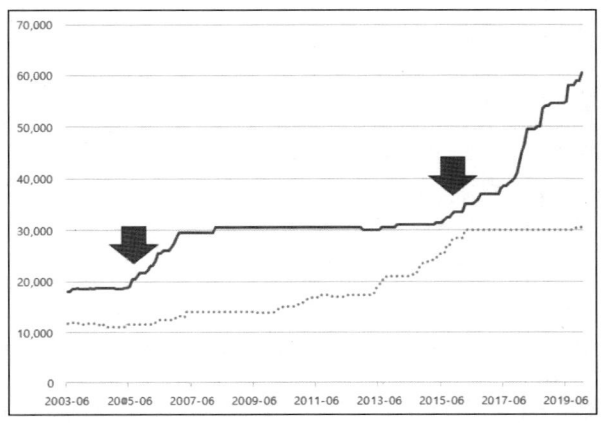

<임계점 사례3>

위 그래프는 서울에서 임의로 선택한 아파트 과거 시세다.

서울이라고 다르지 않다. 첫 번째 화살표 임계점을 기준으로 상승과 횡보, 다시 2번 화살표 임계점에 다다르자 상승하고 있는 모습을 보인다.

위 세 가지 사례에서 공통점이 보이는가? 매매가가 상승하기 전의 임계점은 결국 매매가와 전세가의 격차가 좁은 "전세율이 높은 지점"이라는 것이다.

당신이 사고 싶은 집의 임계점을 찾아라. 그때가 진정한 투자 타이밍이다.

그렇게 투자를 했다면, 믿고 기다리면 된다.

전세율 변화로 상승 지역은 순환한다

부동산 투자 분야에는 지역을 바라보는 잘못된 관점이 존재한다. 대표적인 것이 '서울만 상승한다.' '지방은 오르지 않는다' 등 특정 지역에만 편중된 시각이다.

필자가 한창 투자를 하던 2008년경에도 마찬가지였다.

'부동산 시세 상승은 강남이 진앙이며, 진앙이 출렁여야 겨우겨우 경기지역까지 상승할 뿐이다'라는 말도 많이 나돌았다.

그러나 그때 필자는 지방 투자를 전문적으로 했다.

지방 중개업소에 들렀을 때, 툭하면 듣던 말이 '지방은 집값이 안 올라요. 서울 사는 분이 왜 힘들게 여기까지 내려와서 투자하려고 해요?'였다.

남들이 모두 '아니오'라고 외칠 때, 혼자 과감하게 지방에 투자할 수 있었던 이유가 무엇일까?

바로 '전세율' 때문이었다.

필자가 위에서 설명한 것처럼 높은 전세율은 매매가 상승의 기준점이었다. 투자하면서 전세율을 분석해 보니, 이것은 마치 살아있는 유기체처럼 지역별로 상승과 하락을 반복하고 있었다.

즉, 전세율로 인한 매매가 상승 현상은 한 지역에서만 발생하지 않는다는 말이다.

사람이 사는 곳이라면 어떤 지역에서나 부동산에 대한 수요와 공급의 불균형은 있기 마련이다. 수요가 많으면 공급이 늘어나고, 실수요자와 투자자가 물량을 받쳐 주면서 가격을 끌어올린다. 다만, 지역에 따라 그 시기가 다를 뿐이다.

전세율을 기준으로 매매가가 상승하는 지역은 순환하게 되어있으니, 서울과 지방을 구분하지 말고, 전세율 높은 지역을 찾아 투자하면 된다.

다음은 임의로 선정한 5개 도시의 전세율 변화 차트다.

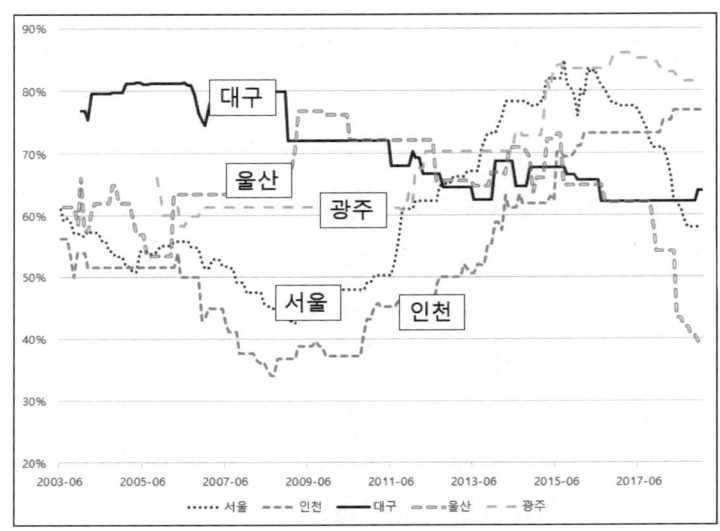

<지역별 전세율 변화>

보는 바와 같이 각 지역 모두 전세율이 오르고 내리고를 반복하고 있다. 그런데, 모든 도시가 일률적으로 같은 방향으로 움직이지 않는다. 가령, 서울, 인천은 하락하고 있는데, 울산은 상승하는 등, 지역마다 독자적으로 전세율이 변화하는 모습을 볼 수 있다. 지역마다 전세율이 상승과 하락을 반복하며, 전국이 동일하게 움직이지 않고, 개별적으로 움직인다는 말이다.

이것이 바로, 투자 지역 선정의 핵심이다.

그로 인해, 우리는 상승하는 지역과 하락하는 지역을 파악할 수 있다.

가령, 서울은 2006~2009년까지 전세율이 하락한 구간이다. 이것은 매매가가 전세가보다 더 빠르게 상승한 결과와 같다. (아래 그림 첫 번째 좌우 화살표 구간)

그 후 2009년부터 서울은 전세율이 꾸준히 상승한다. 이러한 구간을 실제 매매가와 전세가 시세 변화로 살펴보면, 아래 그림 두 번째 좌우 화살표 구간과 같다.

전세율이 임계점에 다다른 2016년 중순 이후 어떻게 되었는가? 전세율은 다시 급하게 하락하고 있다. 이때의 매매가와 전세가의 변화는 아래 그림 세 번째 좌우 화살표 구간과 같이 매매가가 급하게 상승하는 것을 확인할 수 있다.

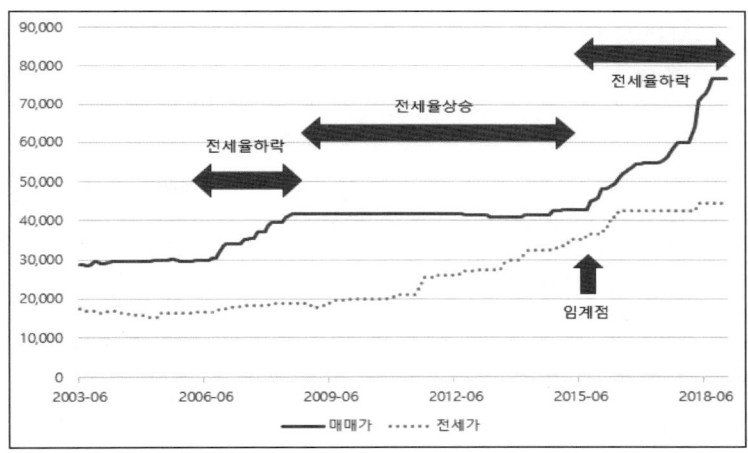

〈서울지역 아파트 매매가와 전세가 변화〉

투자 지역을 선정할 때, 이러한 전세율의 원리를 활용하면 된다. 전세율을 파악하면 적절한 매수 시점을 결정할 수 있기 때문이다.

필자는 이러한 원리를 깨닫고, 남들이 서울에만 집중할 때, 지방에 눈을 돌려 큰 기회를 잡았던 것이다.

서울 아파트 가격이 게걸음을 치며 하락하고 있을 때, 그때는 필자가 중개업을 한창 하고 있을 때였다. 그때, 부동산 현장에서 이런 이야기들이 떠돌았다.

"전세가가 매매가를 치고 올라간다더니, 그 말도 다 옛말인가 봐? 지금 서울지역 전세율은 90% 가까운 것들도 있는데 도통 매매가가 상승하질 않네"

그때가 2014년~2015년쯤이다. 그런데 그 후 어떻게 되었는가?

2017년 8월 2일을 기점으로 서울 아파트 가격은 평균 1.5배 상승하였다. 그 결과 역시, 필자는 높은 전세율의 힘 때문이라고 생각한다.

이러한 원리를 꼭 이해하도록 하자. 한번 배워서 평생 써먹을 수 있는 당신만의 비법이 되어 줄 것이다.

전세율이 높은 부동산은 굳이 팔 필요가 없다

부동산을 파는 이유는 무엇일까?

단순하다. 현금을 만들기 위해서다. 현금을 만들 수 있는 성질을 환금성이라고 한다.

보통 부동산을 두고 환금성이 낮다고 하는 말은, 주식 따위보다 매매하는 데 걸리는 시간이 더 걸리기 때문이다. 하지만 부동산은 현금화할 수 있는 방법이 매매 말고도 하나 더 있다.

바로, 임대를 놓는 것이다.

매매를 하는 것과 임대를 놓는 것, 두 가지 방법 중 무엇이 더 빠를까?

당연히 임대를 놓는 것이다.

매매는 한번 돈을 주고 사면 끝이지만, 임대는 계약 만기 때 보증금을 돌려받는다. 임대 보증금은 어차피 돌려받는 돈이라는 생각 때문에, 매매보다 더 빨리 거래된다.

그럼에도 굳이 부동산을 파는 이유는 무엇일까? 전세율이 낮은 부동산은 임대를 놓는 것이 현금화에 별로 도움이 안 되기 때문이다. 가령, 전세율이 50%인 부동산은 임대를 놓아도 보증금 5천만 원 밖에 못 받지만, 매매를 하면 1억 원을 받을 수 있다. 그래서 임대보다 매매를 택한다.

그러나 전세율이 높은 부동산은 다르다.

가령, 어떤 아파트가 전세로 계약하면 2~3개월 이내에 보증금 8천만 원에 계약할 수 있고, 매매로 하면 언제 계약을 할지 모르지만 1억 원을 받을 수 있다고 하자.

무엇을 선택하겠는가?

현금이 필요하다면, 2~3개월 이내에 계약할 수 있는 전세로 계약을 하고 빨리 8천만 원을 받는 방법을 택할 것이다. 부족한 2천만 원은 다른 방법으로 융통하는 게 낫다. 2천만 원 때문에 언제 계약할지 모르는 매매를 기다리진 않는다.

또 한 가지 중요한 점은, 매매할 때는 양도소득세도 고려해야 한다는 것이다. 경우에 따라서는 세금이 많이 나와서 매매하는 것과 전세로 임대 놓는 것이 현금화에 있어서 큰 차이가 없을 수도 있다.

그러므로 전세율이 높은 부동산은 굳이 팔기보다, 전세 계약을 통해서도 충분히 현금화할 수 있다.

더불어, 전세율이 높은 부동산은 낮은 부동산에 비해 임대 시세가 오를 확률이 더 높기 때문에, 추가적으로 현금화할 수 있는 기회가 계속 생기는 장점이 있다. 올라간 임대 시세만큼 계속해서 현금을 받을 수 있기 때문이다.

부동산으로 큰돈을 버는 사람들은 높은 전세율이 갖는 이러한 장점을 이용했다.

부동산을 빨리 팔아서 차익을 남기려고 하기보다, 전세율 높은 부동산의 장점을 활용하여 오랜 기간 보유하면서 여러 번의 현금화로 수익을 늘린 것이다.

등기부 등본은 부동산의 역사와 같다. 등기부 등본을 보면, 보유 기간이 길수록 수익률이 높다는 것을 알 수 있다. 부동산을 빨리 팔아서 차익을 남기려고 하다 보면, 결국 큰 수익을 놓치고 만다.

전세율이 높은 부동산에 투자했다면 굳이 빨리 팔 필요가 없다. 꾸준히 관리하다 보면 임대 보증금을 통해 현금화할 수 있는 기회가 생기고, 그러다 보면 전체 수익이 극대화되는 것이다. 결과적으로 그게 이익을 내는 방법이며, 잃지 않는 방법이다.

입지를 선정하는 방법

택지지구 vs 난개발지구

사람들이 모여 생활하는 일정한 구역을 '지구'라 한다. 이 지구는 크게 두 종류로 나뉜다.

택지지구와 난개발지구다.

택지지구는 처음부터 인구, 교통, 행정, 교육, 상업 등 철저한 도시 계획하에 설계된 구역이다. 그만큼 인프라가 잘 갖춰진 지역이라 할 수 있다. 지도상으로만 봐도 택지지구의 특징이 눈에 띈다. 구획이 반듯하게 나뉘어 있고, 도시가 잘 정돈되어 있다.

반면, 난개발지구는 도시 계획 없이 주먹구구식으로 만든 주거 지역이다. 인구가 급증하고, 도시의 성장 속도가 개발속도보다 빨라서 급하게 만든 터라 계획적이지 못하고 질서정연하지 않다.

〈택지지구 모양의 예〉

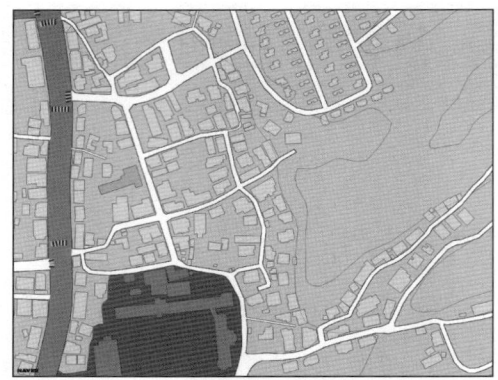
〈난개발지구 모양의 예〉

두 지역 중 어디가 발전 가능성이 클까? 당연히 택지지구다.

택지지구는 애초에 발전을 염두에 두고 설계한 도시 구역이기 때문이다. 투자에 실패하지 않으려면, 난개발지구보다는 택지지구를 선택하는 것이 좋다.

단, 여기에서 예외 사항이 하나 있다.

서울은 일부 구를 제외하고는 택지지구가 거의 없다. 도시 계획이라는 개념이 도입되기 전부터 발전했기 때문에 짜임새 있는 계획에 따라 개발되지 못한 것이다. 따라서 서울지역은 택지지구와 난개발지구를 나누어서 투자해서는 안 된다.

서울을 제외한 나머지 지역은 도시 계획에 따라 설계된 택지지구가 많으니, 가능하다면 택지지구에 투자하는 것이 현명하다.

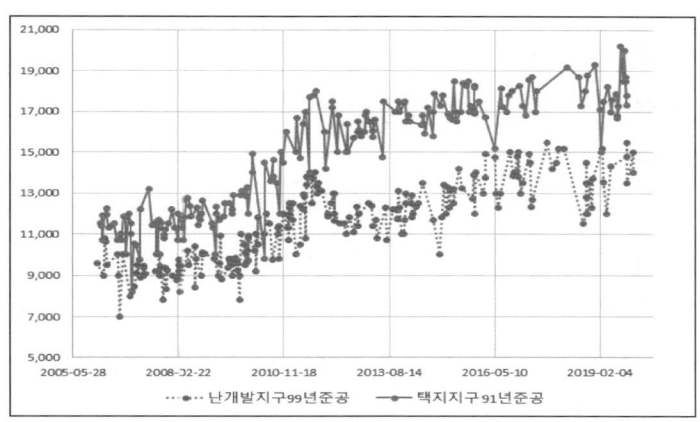

〈난개발지구와 택지지구 시세 변화〉

위 차트는 임의로 선택한, 어떤 광역시의 동일한 평형대 두 아파트 시세 변화다.

하나는 난개발지구의 1999년 준공 아파트이고, 다른 하나는 택지지구의 1991년 준공 아파트다.

2006년경엔 가격이 서로 비슷했다. 그러나 시간이 지날수록 점점 가격 차이가 벌어지고 있음을 확인할 수 있다. 택지지구 아파트가 더 오래된 연식인데도 난개발지구 아파트보다 가격이 훨씬 상승했다.

이렇듯, 택지지구가 성장 가능성이나 안정성이 더 높다. 이러한 차이를 이해하면, 투자할 때 어떤 지역을 선정해야 하는지 명확한 기준을 세울 수 있다. 그만큼 실패할 가능성도 작아진다.

초등학교 입지는 언제나 옳다

우리나라 사람들이 이사하는, 가장 큰 이유가 무엇일까?

직장 때문일까? 아니다.

교육 때문이다. 우리나라 학부모들은 자식에 대한 교육열도 높고, 열의가 남다르다.

그만큼 자신의 출퇴근이 힘들어지더라도, 아이가 좋은 환경에서 공부할 수 있도록 이사를 하는 부모들이 많은 것이다.

이것은 당신이 집을 살 때도 좋은 지표가 되어 준다. 학교 입지는 수요가 꾸준하기 때문에 가격이 크게 떨어지지 않는다. 즉, 집을 살 때 학교 입지를 고려하는 것이다.

그중에서도 가장 실패할 확률이 낮은 것은 초등학교 입지다.

우리나라는 아동 보호를 목적으로, 초등학교는 거주지에서 1.5km 이내에 배정하는 것을 법률로 정하고 있다. 이는 통학 상 안전 문제를 고려한 것이다. 부모들은 자녀들이 집에서 학교에 갈 때, 될 수 있으면 위험한 횡단보도를 건너지 않길 바란다. 그만큼 학교와의 거리가 가까운 집을 선호한다는 뜻이다.

또한, 아이들을 유해환경으로부터 보호하기 위해, 초등학교 경계선에서 반경 200m 이내는 상대정화구역으로 지정하고 있다. 상대정화구역에는 유해환경 업소의 인허가를 제한한다.

이러한 것들이 뜻하는 바는 무엇일까? 바로 초등학교 주변이 거주하기 쾌적하다는 뜻이다.

또한 아이가 초등학교에 입학하면, 교육 환경과 교우 관계 때문에 졸업하기 전까지는 웬만해선 이사를 하지 않는다.

즉, 이사를 자주 하지 않기 때문에 시세가 안정적으로 유지될 수 있는 확률이 높다. 시세는 거래량이 많을수록 힘이 약하고, 적을수록 강한 것이다. 이는 상식적으로 생각하면 쉽다. 파는 물건이 100개인 경우보다 3개인 경우 가격이 더 안정적이라는 뜻이다.

따라서 집을 살 때, 택지지구와 더불어 초등학교 입지를 눈여겨봐야 한다.

집을 사는 기준은 의외로 단순하다. 그러나 초보들은 특별한 게 좋을 거란 기대 때문인지 단순함에 자꾸 복잡함을 더한다. 그래서 대부분 실패한다.

어떤 시험을 볼 때, 커트라인이 70점 이상이라면 그 기준에 맞춰 핵심만 공부하면 된다. 그런데 초보들은 모든 내용을 다 외워서 시험을 보려다가 오히려 낮은 점수를 받고 불합격한다.

집을 사는 것도 마찬가지다. 실패하지 않는 몇 가지 원칙만 지키면, 결국 수익으로 연결된다. 그런데 애초에 100가지 방법을 다 공부하다가 1번도 제대로 성공하지 못하는 것이다.

용의 꼬리보다 뱀의 머리를 노려라

옛말에 '뱀의 머리보다, 차라리 용의 꼬리가 낫다'는 말이 있다. 이 말은, 작은 조직의 우두머리보다, 말단이라도 큰 조직에 있는 게 낫다는 말이다.

그런데, 사자성어에는 '계구우후'라는 말이 있다. 닭의 부리가 될지언정, 소의 꼬리는 되지 말라는 뜻이다.

완전히 상반되는 말이 아닐 수 없다.

이 둘은 상황에 따라 다르게 적용될 수 있겠지만, 필자의 경험상 집을 살 때는 '계구우후' 전략으로 접근하는 것이 좋다.

구체적으로 설명하자면, 부동산 투자에서 용의 꼬리가 된다는 것은 잘 나가는 지역에서 가장 소외된 부동산을 사는 것이다. 반면, 닭의 부리가 된다는 것은 작은 도시지만, 그곳에서 선호도가 높은 부동산을 사는 것과 같다.

현재 상황을 놓고 비유하자면 어떨까?

2019년 현재 서울 집값이 한창 상승하고 있다. 그러니 사람들은 서울에 있는 아무 부동산이나 일단 사놔야 한다고 생각한다. 서울이 대세 상승기라고 해도, 서울지역 모든 집값이 다 오르는 게 아닌데도 말이다.

그러나 필자가 실제로 투자를 해보니, 대중의 관심을 벗어난 작은 도시여도 그 지역 내의 중심지에 있는 부동산은 수익률이 높았다. 그리고 경기가 안 좋을 때도 하락 폭이 상대적으로 낮았다.

그런 이유로 필자는 집을 살 때, 용의 꼬리보다 뱀의 머리를 선택하는 편이다.

여기서 뱀은 상대적인 개념이다. 융통할 수 있는 투자금에 따라 뱀 머리가 달라진다. 10억을 가진 사람과 1억을 가진 사람이 투자할 수 있는 지역과 범위는 당연히 다르지 않겠는가.

중요한 것은 당신의 역량이다.

당신 역량에 맞춰 뱀이 될 수 있는 지역을 골라, 머리가 되는 부동산에 투자하라.

지방 투자, 선입견을 버리자

과거에는 대기업에 취직해야만 성공적인 취업이라고 생각했다. 그러나 점차 직업 선택의 폭이 넓어지고, 개인의 경쟁력이 높아지면서 이제 더 이상 꼭 대기업 취업만이 성공을 의미하지 않는다.

탄탄한 중견기업에서 커리어를 쌓는 사람들, 창업해서 틈새시장을 선점하는 사람들, 온라인 플랫폼을 통해 자신을 직접 브랜드화하는 프리랜서들.

자신이 원하는 분야에서 능력껏 고소득을 올리는 사람들이 그만큼 많아진 시대다.

부동산 투자도 이와 마찬가지다.

반드시 어느 한 지역에 투자해야만 성공하는 것이 아니다. 특히 요즘은 서울 부동산이 오르고 있기 때문에, 이와 비교하여 지방 부동산은 절대 오르지 않을 것처럼 얘기하지만, 그렇지 않다.

앞서 말했듯이 전세율로 인해 시세가 상승하는 지역이 순환하기 때문에 서울 및 수도권뿐만 아니라 그 외 지방도 언제나 기회가 열려있는 투자 시장이다.

몇 년 전까지만 해도 부산이 크게 상승했다가 시세가 떨어진 적이 있었다. 최고의 투자처로 꼽히다가 어느 순간 투자자들의 관심 밖으로 밀려났지만, 최근 들어 부산은 다시 시세가 상승하고 있다.

그렇기에 지역에 대한 편견을 버리고 투자를 시작해야 한다. 또한, 여기서도 중요한 것은 지역이 아닌 투자자 본인의 역량이다.

소득에 맞춰 자금계획부터 일단 세워야 한다.

알다시피 서울·수도권 지역의 부동산 가격이 평균적으로 지방 부동산 가격보다 높은 것은 사실이다. 물론 대구 수성구처럼 서울 강남 집값과 대등한 특수한 경우가 종종 있지만 말이다.

서울·수도권 지역의 부동산을 사기에 자금이 부족하다면, 지방 부동산을 공략해야 한다.

지역과 물건부터 선정하는 게 아니라, 자신이 가진 돈으로 투자할 수 있는 곳부터 따져보는 것이다.

먼저, 부동산 투자에 활용 가능한 예산이 얼마인지 확인해본다. 3천만 원 정도 모았다면 그에 맞춰 물건을 검색해야 한다.

필자가 앞서 이야기한 대로 전세율, 택지지구, 초등학교입지 등의 조건만으로도 수익률 좋은 물건을 찾을 수 있다.

3천만 원으로 그게 가능할지 반문할 수 있겠지만, 충분히 가능하다.

투자의 구성 요소는, 지식+시간+자본이다. 자본이 부족하다면 지식과 시간의 비중을 그만큼 높여야 한다.

아래 필자의 부동산 경매 강의를 들은 수강생의 실제 투자 사례를 하나 소개한다. 앞서 말했듯이 지역을 특정하는 것은 의미가 없으므로, 굳이 언급하지 않겠다.

◎ 감정가: 1억 3,000만 원

◎ 낙찰가: 1억 2,000만 원

◎ 대출: 9천800만 원

* 경매 대출을 '경락잔금대출'이라 하며, 경매 낙찰가 기준으로 대출을 해주기 때문에, 일반 매매보다는 대출조건이 좋다. 일반 매매는 감정가 기준으로 거래되는 반면, 경매는 감정가보다 낮게 낙찰이 되는 경우가 많기 때문이다.

따라서, 이 사례에서도 감정가의 75% 대출조건이지만, 실제로 낙

> 찰가 기준으로 80% 수준의 대출이 된 것이다.
> ◎ 취득세, 법무비, 명도비, 수리비 등 비용 : 750만 원 수준
> ◎ 초기 투자금: 2,950만 원 (낙찰가 1억 2,000만 원 + 비용 750만 원 - 대출 9천 800만 원 = 2,950만 원)
> *초기 투자금이란, 임대를 놓아 보증금을 회수하기 전, 들어가는 투자금을 뜻한다.
> ◎ 보증금 2,000만 원에 월세 55만 원의 월세 계약을 체결
> ◎ 최종 투자금: 950만 원 (초기 투자금 2,950만 원 - 보증금 2,000만 원)
> * 최종 투자금이란 임대 보증금을 회수한 뒤, 실제 들어간 투자금

위 사례를 보면 초기 투자금은 일시적으로 2,950만 원이 들어갔고, 임대가 완료되니 보증금 2,000만 원을 회수하고 최종 950만 원이 들어갔다.

대출 금리는 그때 당시 조금 높은 수준이었기에, 5% 정도였다. 9,800만 원에 대한 이자는 매달 408,333원 수준이었다. 월세 55만 원을 받아서 이자를 납부하고 14만 원 정도 남은 셈이다.

매달 14만 원이라는 금액은 어떻게 생각하느냐에 따라 다를 수 있다. 누군가는 작다고 느낄 수 있다. 하지만 얼마를 가지고 투자를 하였는가? 950만 원이다. 1천만 원도 안 되는 금액을 투자하여 매달 14만 원의 수익을 만든 것이다.

또한, 투자 물건의 시세를 살펴보겠다.

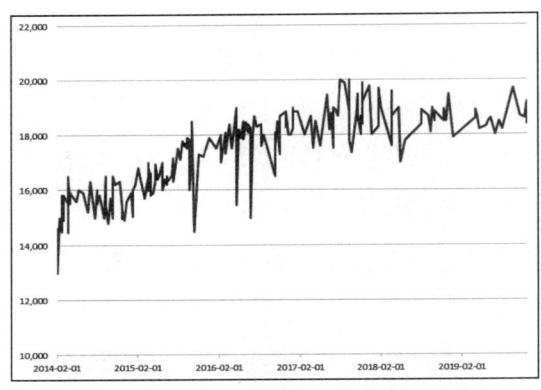

〈낙찰 시점 이후 시세 변화 차트〉

4년 만에 약 4천만 원의 시세 차익이 발생했다. 월세 수익에 시세 차익까지 합치면 수익률은 400%가 넘는다. [(월세 수익 6,720,000원 + 시세 차익 4천만 원) / 실투자금 950만 원]

이는 필자에게 배운 수강생이 투자한 실제 사례다.

만약 월세 수익 14만 원이 작다고 생각해서 이 기회를 놓친 사람은 연 120%의 수익률을 놓치게 된 것이다.

지금도 이 정도 예산으로 투자할 수 있는 물건은 여전히 존재한다. 따라서 무조건 남들이 주목하는 물건, 가격이 비싼 물건만 목표할 게 아니라, 자신의 예산에 맞춰 지역을 선정하고, 물건을 고르는 것이 중요하다.

다시 한번 말하지만, 투자는 물건 가액이 중요한 것이 아니다. 투자자가 지식, 시간, 자본의 비율을 얼마나 적절하게 조화를 시키느냐가 핵심이다.

이러한 원리로 자신의 소득과 예산에 따라 투자한 뒤, 투자 수익으로 자산을 불려 나간다. 그러다 보면 투자 예산이 늘어나면서 투자할 수 있는 범위가 넓어지는 것이다.

예산과 소득이 작다면, 대부분 지방에서 투자를 시작해야 할 것이다. 필자도 마찬가지였다. 지방에서 시작하여 수도권을 거쳐 서울로 올라왔다.

간혹 멀리 사는 지역에 투자하는 것 자체에 거부감을 느끼는 사람도 있다. 또한, 자기가 살고 있는 집 주변부터 살펴보라는 얘기들이 많기 때문에 지방 투자에 대한 막연한 두려움이 있을 수 있다.

그러나 투자 목적의 집은 자기가 살고 싶은 집이 아니다. 말 그대로 돈을 투입하여 이익을 얻는 수단으로만 생각해야 한다. 따라서, 내가 살고 싶은 지역에 투자하려고 하지 말고, 내가 가진 예산으로 투자했을 때 이익을 낼 수 있는 지역에 투자하는 게 현명하다.

또한, 지방 투자라고 해서 손이 많이 가는 것도 아니다. 계약하고 수리하는 등의 문제는 어차피 공인중개사, 인테리어 업자와 협업하기 때문이다. 요즘 세상이 얼마나 좋아졌는가. 스마트폰을 활용하여 쉽게 업무를 진행할 수 있다.

따라서, 지방 투자에 대한 막연한 걱정은 불필요하다. 정말 자신이 없어서 수도권이나 서울에 투자하고 싶다면, 그에 맞춰 예산을 만드는 것이 우선일 것이다. 물론 예산을 만드는 동안 집값이 가만히 있지는 않겠지만 말이다. 이는 본인의 예산의 크기보다 욕망의 크기가 더 큰 건 아닌지 신중히 생각해봐야 할 문제다.

투자는 절대 무리하지 않는 것이 중요하다. 지방에 투자해야 할 자금과 역량을 가지고도, 수도권이나 서울에 무리한 투자를 하게 되면, 결국엔 버티지 못한다. 그러다 손해를 보고 파는 것이다.

투자하고도 오히려 돈을 잃는 사람들의 공통점이다.

핵심위치를 주목하라

권력과 부동산의 공통점은 무엇일까? 바로 위치가 힘을 결정한다는 것이다.

중심에서 얼마나 가까이 있는지에 따라 권력에 차이가 나듯, 부동산 역시 핵심지역에서 얼마나 가까이 있는지에 따라 가치가 달라진다.

힘이 없는 사람은 그만큼 핵심 권력자에게서 멀리 있기 때문이며, 가격이 낮은 부동산 역시 핵심지역에서 벗어났기 때문이다.

부동산은 각 도시에 따라 핵심지역이 다르다.

대한민국 전체를 본다면, 당연히 서울이 핵심이다. 서울에서도 가장 핵심은 바로 강남이겠다. 이 사실은 삼척동자도 다 아는 사실 아닌가. 그렇다고 대한민국에서 서울 강남만 힘이 있는 것은 아니다. 대한민국의 도시마다 핵심지역이 있기 때문이다.

우리나라는 6개 광역시와 8개의 도, 75개의 자치 시와 82개의 군으로 나뉜다. 그리고 지역마다 핵심지역이 존재한다.

서울에서조차 구마다 선호하는 위치가 다르듯, 다른 도시도 마찬가지다. 당신이 찾아야 할 위치는 당신의 역량에 맞는 핵심지역이다.

돈 1억을 쥐고 있는 사람과, 10억을 쥐고 있는 사람은 어차피 출발점이 다를 수밖에 없다.

돈 1억을 쥔 사람이 10억 가진 사람의 출발점에서 시작한다면, 경쟁에서 결코 이기지 못하고 오히려 손해를 보게 된다. 흔히 부동산 투자를 하는 사람들이 실패하는 이유가 바로 자신의 위치를 제대로 찾지 못하고 시작하기 때문이다.

회식을 하는데, 인턴 직원이 사장 바로 옆에 앉는다면 어떨까? 반대로, 부장이 인턴들이 모여 있는 곳에서 쉽게 어울릴 수 있을까?

투자도 마찬가지다.

기준이나 개념 없이 그저 남들의 말에 휘둘려서 무리하면 안 된다. 남들은 어디에서 출발하는지 기웃대봤자 그것도 소용없다. 당신의 출발점을 찾아야 제대로 시작할 수 있다.

아래는 서울 외곽 아파트와 지방 중심의 아파트 실거래가 시세를 비교한 그래프다.

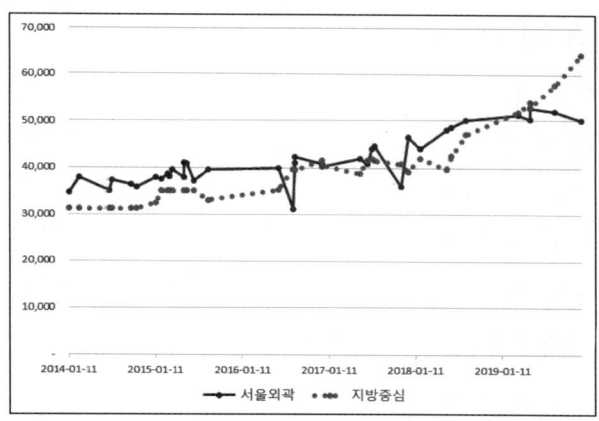

⟨서울 외곽 아파트 가격 변화 vs 지방 핵심 도시 아파트 가격 변화⟩

편견을 우려하여 지역명과 단지명은 특정하지 않았다.

위 그래프만 봐도 알 수 있듯이, 결국 부동산은 핵심위치가 그 힘을 결정한다.

서울에 있어도 핵심에서 멀리 떨어져 있는 곳은, 시세가 크게 오르지 않는다. 반대로 지방이지만 핵심지역에 있으면 시세가 크게 오른다. 그만큼 가치가 높다는 의미다.

이렇듯 서울이라고 해서 무조건 좋은 기회가 아니고, 지방이라고 해서 기회가 없는 게 결코 아니다. 이를 잘 이해하여 자신의 자금 상황에 맞춰 핵심지역을 선정하면 된다.

그러한 안목을 높이는 게 당신의 경쟁력이 되어 줄 것이다.

남는 건 결국 환경이 주는 프리미엄

새것을 좋아하는 것은 모든 사람의 공통적인 심리다. 집도 역시 새집을 좋아한다. 하지만, 집은 그보다 더 중요한 가치가 있다. 바로 환경이다.

많은 초보가 이러한 사실을 간과한다. 그저 새집에 살기 위해 좋은 환경을 포기하는 경우도 많다.

우선순위가 잘못된 결정이다.

도시 중심에 있는 오래된 집이 외곽에 있는 새집보다 더 높은 가격에 거래되는 이유가 바로 환경 때문이다. 물론 환경도 좋고, 집도 새것이라면 금상첨화일 것이다.

하지만 둘 중 하나를 선택해야 한다면, 우선순위는 환경이 되어야 한다.

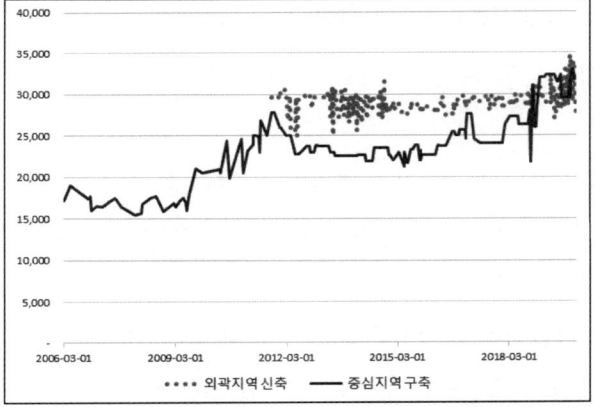

〈같은 시 외곽 신축 아파트와 도시 중심의 구축 아파트 가격 변화 비교〉

위 그래프는 이해를 돕기 위한 예시로, 같은 시에 있는 외곽에 자리한 신축 아파트와 중심에 있는 구축 아파트의 시세 변화를 비교한 것이다.

중심지역 구축은 꾸준히 가격상승을 하다, 2012년 신축이 생긴 뒤 일시적으로 가격 조정을 받지만, 곧 회복되면서 가격이 상승한다. 하지만 외곽지역 신축은 2012년부터 2018년까지 가격의 변화가 거의 없다.

실제로 구축 아파트라고 해도 내부 인테리어를 통해 얼마든지 새집처럼 바꿀 수 있다. 그러나 일개 개인이 주변 인프라와 환경까지 바꿀 순 없다.

처음 입주하면 새집이 주는 만족감이 크지만, 주변 생활권이 좋지 않으면 사는 데 불편함을 느끼게 된다. 그러다 보면, 다시 도시 중심지역으로 이사를 하고 싶은 마음이 생긴다. 그런 이유로 위 그래프와 같은 시세 변화가 생기는 것이다.

새집이 주는 프리미엄은 최대 5년이면 끝이 난다. 5년 뒤에 남는 것은 결국 환경이 주는 프리미엄이다.

집을 살 때, 이 점을 꼭 명심해야 한다.

수익률에 대한 이해

돈은 퍼센티지로 생각하라

많은 사람이 돈을 절대적인 가격으로만 생각한다.

"누가 1억이나 벌었다. 누구는 1천만 원 밖에 못 벌었다."고 같이 말한다. 이런 식으로 돈을 수치로만 이해하고, 수익을 받아들이면 안 된다.

수치로써만 평가하기 때문에 본인이 만든 수익을 하찮게 느끼고, 그러다 보니 돈을 벌 기회마저 놓친다.

만약, 길동이는 1,000만 원을 투자하여 1,000만 원을 벌었고, 철수는 3억 원을 투자하여 1억 원을 벌었다면 어떨까?

대부분 철수가 더 돈을 많이 벌었다고 생각한다. 1억을 벌었으니까 말이다. 그러나 이것은 수치로써만 돈을 평가해서 그렇다.

둘의 수익률을 비교하면, 길동이는 수익률 100%고, 철수는 수익률 33%다.

누가 더 돈을 많이 번 것인가?

투자자는 돈을 절대 가격으로 생각하면 안 된다. 수익률 즉, 퍼센티지로 계산해야 한다.

돈과 수익을 절대 가격으로만 평가한다면, 부동산 투자를 제대로 실천하지 못하고 하더라도 실패하게 될 수 있다.

간단하게 예를 들면 이런 식이다.

A라는 물건에 당신이 천만 원 투자하면 매달 20만 원을 벌 수 있다.

그리고 B라는 물건은 당신이 1억을 투자하면 매달 100만 원을 벌 수 있다.

대부분은 B 물건이 더 좋은 투자처라고 생각한다. 당장 눈앞에 보이는 100만 원이 더 크게 느껴지기 때문이다. 그러면서 A 물건에 대해서는 이렇게 생각할 수도 있다.

'뭐? 매달 20만 원? 고작 그거 벌려고 그 고생을 해?'

그러나 1천만 원 투자해서 매달 20만 원씩이면, 연 24%의 수익률이다. 1억을 투자해서 매달 100만 원 버는 건, 연 12%의 수익이다. 두 배나 차이가 난다. 그런데 돈을 절대평가 하는 사람들은 수치로만 가치를 판단하기 때문에 A 물건을 놓쳐버린다. 돈을 벌 수 있는 좋은 기회를 보지 못하는 것이다.

기회를 놓치기만 하면 다행인데, 결과로 보이는 큰 숫자에 눈이 멀어 사기를 당하거나, 잘못된 투자를 하는 경우 문제가 커진다.

돈을 벌 때나 투자를 할 때, 그리고 특히 이익을 따져 볼 때는 항상 돈을 퍼센티지로 계산하는 습관을 들이자. 그래야 당신에게 어떤 기회가 있는지, 얼마를 벌 수 있는지 정확히 파악할 수 있다.

수익률에 대한 이해

투자를 할 때 수익률은 매우 중요하다. 수익률을 계산하는 방법은 간단하다.

수익 ÷ 원금이다.

과거에는 부동산 수익률을 따질 때, 단순하게 매매가 대비 수익률을

계산하였다

매매가 1억 원짜리가 1천만 원이 오르면 10% 올랐다는 식으로 계산한 것이다.

이것은 금융시스템이 복잡해지기 전의 계산방식이다. 과거에는 대출 없이 돈을 모아서 부동산을 샀기 때문에 이런 방법으로 수익률을 계산했다.

그러나 이제 세상은 놀라울 정도로 복잡해지고 다각화되었다. 이에 따라 금융시스템 역시 발전했다. 이런 상황에서 그저 단순하게 과거 방식으로 부동산 수익을 평가한다는 것은 남들은 다 스마트폰 쓰는데 혼자 2G폰을 고집하는 것과 마찬가지다.

그럼 어떻게 계산을 해야 할까?

자기자본 대비 수익률로써 계산해야 한다.

자기자본 대비 수익률이란, 타인의 자본을 뺀 순수 자기자본으로만 수익률을 계산하는 방식이다. 단, 타인의 자본으로 발생하는 비용은 수익에서 뺀다.

공식으로 표현하면 아래와 같다.

'(수익 – 타인 자본에 대한 비용) ÷ (매매가 – 타인 자본)'

공식을 외울 필요는 없다. 아래 설명에 따라 이해를 하는 것이 중요하다.

부동산 투자에서 타인 자본이란 은행 대출과 보증금을 뜻한다.

여기서 수익률을 높이는 방법은 분모(매매가 – 타인 자본)를 줄이는 것이다. 분모를 줄이기 위해선 당연히 타인 자본 비중을 높이면 된다. 타인 자본에 대한 비용도 같이 늘어나겠지만(대출에 대한 이자 증가), 저금리 상황에선 이자 비용이 조금 증가하더라도 수익률이 크게 내려

가진 않는다.

예를 들어보겠다. 3억 원짜리 부동산이 10%인 3천만 원 올랐다고 가정하자. 이 가정에서 금리 3.5%, 비율 60%로 대출을 받은 경우와 금리 4%, 비율 70%로 대출을 받은 경우의 각각 수익률을 따져보겠다.

금리가 3.5%와 4%로 다른 이유는 대출비율이 높아질수록 은행은 담보가치의 위험을 감안해 대출 금리를 올린다. 흔히 1금융권은 금리가 낮다고 생각하는데, 잘못된 생각이다. 1금융권이건 2금융권이건 담보대출의 경우 대출비율에 따라 대출 금리가 달라지는 것이다. 1금융권은 자기들이 안전하고 금리가 낮다고 광고하지만, 어차피 담보를 잡고 대출을 해주기 때문에 그런 광고 문구는 그저 상술에 불과하다. 1금융권도 대출비율이 올라가면 대출 금리를 많이 받는다. 오히려 2금융권보다 더 많이 받는 경우도 있다.

따라서 담보대출 받을 때는 어디 은행인지가 중요한 게 아니라, 대출비율과 조건을 따져보고 결정해야 한다.

다시 돌아와서, 계산을 해보겠다. (편의상 자잘한 비용은 포함하지 않는다.)

다음 계산된 표를 살펴보자.

	금리 3.5% 대출비율 60%	금리 4% 대출비율 70%
매매가	3억 원	3억 원
대출금	1억 8천만 원	2억 1천만 원
자기자본금	1억 2천만 원	9천만 원
대출이자	630만 원	840만 원
	시세 차익 3천만 원이라 가정하면 수익률은?	
수익률	19% (수익 3천만 원 - 이자 630만 원 / 매매가 3억 원 - 대출금 1억 8천만 원)	24% (수익 3천만 원 - 이자 840만 원 / 매매가 3억 원 - 대출금 2억 1천만 원)

두 조건에서 이자는 210만 원이나 차이가 난다. 그러나 수익률을 따져보면 자기자본금의 차이 때문에 오히려 이자 비용이 더 들어가는 두 번째 조건의 수익률이 더 높다.

수익률이 높다는 장점과 더불어 자기자본금이 적기 때문에, 남는 돈으로 다른 투자 기회를 노릴 수 있다. 기회비용을 얻는 것이다.

그러면 혹자는 이렇게 반문할지 모르겠다.

'대출 금리가 더 오르면 어떻게 하나?'

금리에 대해 자세히 설명하려면 너무 복잡해진다. 간단히 얘기하자면, 국가가 저성장 상태가 되면 쉽게 금리가 오르지 않는다. 금리는 국내 상황뿐만 아니라 국제 관계까지 얽혀있기 때문이다.

우리나라 금리가 다른 나라보다 과도하게 높다면, 해외자금이 국내로 몰린다. 그렇게 되면 높은 금리로 해외 자금에 이자를 주어야 하고, 돈을 가지고 있을수록 더 손해만 나는 것이다. 따라서 시장에 돈을 풀기 위해 금리를 낮출 수 밖에 없다. 결국, 금리는 한 국가가 독단적으로 올리고 내리는 게 쉽지 않다는 말이다.

이제는 우리나라도 선진국으로 진입한 만큼 과거처럼 살인적으로 높은 금리가 될 확률은 현저히 낮다고 할 수 있다.

만에 하나, 갑자기 금리가 높아진다면, 보유하고 있는 부동산을 전세로 전환하여 대출을 상환하면 된다. 전세율이 높으면 대부분 모두 상환이 가능하다.

따라서 금리 상승에 대한 문제는 이론상의 불안일 뿐이지, 실무에서 얼마든지 대처가 가능하다.

본 챕터에서 핵심은 수익률에 대한 본질적인 이해다. 다시 정리하자면, 부동산 투자에 있어 수익률을 계산할 때는 반드시 자기자본 대비 수익률로 따져봐야 한다. 또한, 투자금액인 분모를 줄이면 그만큼 수익률이 높아지고, 추가적인 기회비용도 얻을 수 있다는 것을 이해하자.

투자 가계부를 활용하라

가계부를 쓰는 목적은, 자신의 수입과 지출을 파악하기 위함이다.

무척 단순하다. 그러나 가계부를 쓰다 보면, 원래의 목적은 퇴색되고 가계부를 쓰는 데만 집착하게 된다.

수입과 지출을 파악하여 지출을 통제하려는 목적인데, 가계부를 예쁘게 작성하는 것에만 신경 쓴다는 말이다.

누군가 블로그에 자신의 가계부라며, 매일 수입과 지출에 대한 글을 올리는 것을 보았다.

가계부를 쓰는 목적은 지출을 통제하는 건데, 그 사람의 지출내역은 하루가 다르게 늘어났다. 어떻게든 지출을 줄이려고 노력해야 하는데, 그보다는 그냥 가계부를 매일 쓰는 것에만 의의를 두는 것 같았다. 그렇다면 굳이 가계부를 쓸 필요가 없지 않은가.

가계부 쓰기의 목적 변질을 방지하기 위해, 차라리 자동으로 지출이 기록되게 하는 것이 낫다.

가계부는 '쓰는 것'보다 '파악하는 것'이 더 중요하다. 그런데 쓰는 것에 집중하다 보면, 어느새 파악하는 일은 소홀해진다. 그러므로 가계부를 자동으로 입력되도록 바꾸고, 당신은 파악하는 행위에만 집중하는 것이 더 현명하다.

자동으로 가계부를 어떻게 쓸까?

현대인의 필수품, 스마트폰을 활용하면 된다. 스마트폰 앱스토어에서 가계부라고 검색을 하면, 다양한 앱들이 나온다. 그중 별점이 높은 것을 하나 선택한다. 이왕이면 위젯(따로 실행하지 않아도 화면에서 바로 볼 수 있는) 기능이 있는 앱이면 더욱 좋다.

이러한 앱들은 카드 사용, 계좌 입출금 내역을 자동으로 가계부에 입력해준다. 사용자는 자동으로 작성된 가계부를 일, 주, 월 단위로 점검만 하면 되는 것이다. 이 정도면 충분하다. 더 좋은 기능, 복잡한 기능을 위해 특별한 가계부를 찾을 생각을 하지 말라. 뭐든 복잡하고 특별한 것보다 단순하고 쉬운 것이 부담 없이 오래도록 사용할 수 있는 것이다.

이제 하나를 더 추가하자.

바로 지출 분류다. 분류는 딱 세 가지만 구분하면 된다.

첫째, 필요 소비

둘째, 낭비

셋째, 투자

앱에 자동으로 기록된 지출 내역들을 본인이 알아볼 수 있게 필요 소비, 낭비, 투자로 구분하는 것이다. 가령, 관리비 지출이 입력되었다면 필요 소비로 분류하고, 쓸데없이 돈을 썼다면 그 항목은 낭비로 분류한다. 당신이 투자를 위해 따로 저축하거나, 지출한 부분은 투자로 분류하면 되겠다.

더 자세하게 분류하고 싶다 해도, 억지로라도 위 세 가지로만 분류하라. 그래야 나중에 점검하기가 쉽다. 그렇게 자동으로 기록된 것을 그때그때 분류를 해 놓는다.

그 후 한 달에 한 번이나 3개월에 한 번씩 분류하여, 낭비 목록에 있는 것들은 의도적으로 지출을 줄이고, 투자 항목을 늘려가려고 노력하면 된다.

가계부는 단순히 기록을 위한 도구가 아니다. 자산 증식을 위한 도구로써 투자에 활용해야 한다. 그런 작은 습관이 당신의 현금 흐름을 마르지 않도록 도와줄 것이다.

허위 수익률에 속지 말라

이런 분양 광고가 있다.
'2천만 원 투자하면 월 60만 원 수익'
2천만 원을 투자해서 매달 60만 원 월세를 받을 수 있다는 뜻이다. 월세를 받고 싶어 하는 초보를 겨냥한 상술이다.
하나하나 따져보자.

먼저 투자금 2천만 원이라는 매매가에서 '예상' 대출금액을 빼고, '예상' 임대차보증금을 뺀 실투자금이다.

여기서 중요한 점은 '예상'이란 말이다. 예상은 했지만 그렇게 안 되는 경우가 허다하다.

월세 역시 예상한 금액이다. 60만 원에 임대가 나갈지, 50만 원에 계약이 될지 지금으로선 아무도 모른다.

그럼 혹자는 이렇게 말할 것이다. 그 정도 산수를 못 해서 상술에 당할까?

당한다. 그들이 노리는 게 그거다.

그 정도 산수를 못 하는 사람들이 보고 꼬이길 바라는 것이다. 잘 아는 사람이라면 꼬치꼬치 캐묻고 번거롭게 할 것 아닌가. 분양업자들도 많은 사람을 상대해보고 점차 전략을 바꾸고 있다. 힘들게 브리핑(설명)해도 넘어올까 말까 하는 똑똑한 사람보다는 산수는 좀 못하더라도 남의 말을 쉽게 믿는 그런 사람이 방문하길 기대한다. 그래서 전단지 문구 역시 뻔한 거짓말을 써놓는다. 이런 게 모두 허위 수익률에 쉽게 속는 사람들을 낚기 위한 그물이다.

실제로 많은 사람이 허위 수익률에 속고 있다.

가령, 누군가는 앞서 예시로 든 분양 광고처럼 1천만 원 넣고 매달 30만 원 수익을 낼 수 있다는 말에 속고, 누군가는 200만 원 투자하면 1천만 원 수익이 난다는 말에 속는다. 금액이 어찌 됐건, 많은 사람이 허위 수익률을 믿는다는 얘기다.

이런 광고에서 중요한 것은 수익률이 아니다. 실제 수익이 내 손에 들어올지가 중요하다. 30만 원의 수익만 생각하지 말고, 그 사람들이 어떤 방식으로 30만 원을 줄 것인지, 못 줄 상황이 생기면 어떻게 할 것인지 명확하게 따져볼 수 있어야 한다.

'그건 저희 영업방침이라 말씀드릴 수 없습니다' 식으로 얼버무린다면, 투자하지 않는 게 낫다.

매달 30만 원 받으려다 1천만 원 잃는 수가 있다. 대부분 저런 속임수는 초반엔 미끼용으로 진짜 30만 원을 주기도 한다. 그렇게 다른 투자자를 끌어들이면서 돌려막기를 하는 경우가 많다.

이를 '폰지 사기'라 부르는데 그것이 거창한 방법도 아니다. 다단계를 좀 변형한 돌려막기 수법이며, 아직도 허위 수익률에 속아 많은 사람이 돈을 잃고 있다.

투자에 있어 의심과 비판은 중요한 요소다. 상대방이 하는 말을 무조건 믿기 보다는 의심하고 비판적으로 생각하는 습관이 필요하다.

꼭 주의하기 바란다.

집을 사기 위해 기껏 돈을 모았다가 이런 속임수에 기회를 날릴 순 없지 않은가.

집을 사기 위한 자금 전략

집을 살 때 많은 사람이, 그저 막연히 돈이 많이 들어간다는 생각만 할 뿐 실제로 얼마나 들어가는지 깊이 생각하지 않는다.

5억 원짜리 아파트를 보면서, 누군가는 '저 집 참 비싸네!' 하고 생각만 하고 말지만, 누군가는 계산기를 두드려본다.

단순히 주변인들의 이야기나, 미디어에 노출된 기사에만 의존하는 사람은 집값은 역시 비싸다고 생각하면서 쉽게 포기해버린다. 그러나 실제로 계산기를 두드려 본 사람들은 그렇게 불가능한 일이 아니라는 것을 알게 된다. 그리고 자신의 자금 상황에 맞춰 집을 사기 위한 방법을 찾으려고 노력한다.

이러한 태도는 실제로 집을 사는 과정에서, 큰 차이를 만들어 낸다.

예를 들어보겠다.

1억 원짜리 집을 사려면 얼마가 필요할까?

하나하나 따져보자.

1억 원짜리 집을 사기 위해 대출을 60% 받을 경우, 필요한 잔금은 4천만 원이다. 하지만, 비용을 계산하지 않았다.

비용으로는 취득세, 법무비, 중개 수수료, 수리비, 이사비 등이 있다.

취득세는 통상 1.1%, 법무비는 30~50만 원, 수수료는 0.3%인 30만 원 선으로 대략 200만 원 안팎이다. (참고로 2019년 12월 27일 지방세법 일부개정으로 2020년 1월 1일부터 1세대 4주택 이상은 취득세 4%를 적용한다.)

수리비와 이사비는 본인 결정에 따라 달라질 수 있다. 누군가는 수리비가 과할 정도로 나갈 수 있고, 다른 누군가는 상대적으로 적게 들어가는 경우가 있다.

이 가변적인 비용은 통상 집값의 5% 이내로 결정하는 것이 현명하다. 그러면 전체 비용을 10% 이내로 맞출 수 있다.

이제 최종적으로 계산해보자.

1억 원짜리 집을 사기 위해 대출 60%를 받는다면, 필요한 잔금 4천만 원과 전체 비용 10%인 1천만 원을 합하여 5천만 원이 필요하다. 만약 당신이 이 집에 입주한다면, 들어가는 비용은 5천만 원이며, 대출금 6천만 원에 대한 이자를 매달 지불해야 한다.

대출 금리는 개인 신용 상태에 따라 달라질 수 있으며, 금리 3.5%로 계산하면, 대출금 6천만 원에 대해 매달 납부하는 이자는 175,000원이다. (6천만 원 * 금리 3.5% / 12개월 = 175,000원)

당신이 집을 사서 그 집에 거주할 거라면, 위와 같이 구체적인 방식으로 비용을 계산해야 한다.

정확한 계산 과정을 무시하면, 집을 사도 자금 문제를 겪게 된다.

매달 납부하는 이자나, 부수비용을 간과한다면 추가 대출을 받아야 하거나, 자금의 여유가 없어진다.

자, 그렇다면 똑같은 조건으로 실거주가 아닌, 투자한다면 어떻게 될까?

앞서 5천만 원이 들어가는 조건은 동일하다. 하지만, 보증금이라는 타인의 자본 활용이 가능하다.

보증금은 일반적으로 최우선변제금 이내에서 결정한다. 보증금과 은행대출금액을 합하여, 집값을 초과하지 않는 것이 관례이기도 하다. 그런 점을 감안하여, 이번 예시에서는 보증금을 2천만 원이라 가정하자. 그렇다면 실제 최종적으로 들어가는 투자금액은 얼마인가?

3천만 원이다. (집값 1억 원 + 비용 1천만 원 - 대출 6천만 원 - 보증금 2천만 원 = 3천만 원)

여기서 잠시, 보증금을 3천만 원으로 받기 어려운 이유는, 대출 6천만 원은 등기부 등본에 설정 최고액으로 기재된다.

설정 최고액이란, 원금에 차후 발생할 수 있는 이자까지 계산한 금액으로써, 통상 대출금의 120%의 금액으로 결정한다. 따라서 6천만 원 대출이라면 설정 최고액은 120%인, 7천2백만 원이 등기부 등본에 설정된다.

실제로는 6천만 원의 대출이어도, 임차인으로서는 7천 2백만 원의 대출로 생각한다. 따라서 보증금 3천만 원과 7천 2백만 원을 더하면 1억 원이 넘기 때문에 집값을 초과하지 않는 범위에서 보증금을 결정하는 것이다.

그럼 이어서 매달 이자는 동일하게 175,000원이지만, 투자를 한 집은 월세를 받는다. 매달 이자보다 월세를 높게 받는다면, 나머지 차액은 순수익이 되는 것이다.

자, 여기까지 집을 살 때 자금 계산을 어떻게 해야 하는지 내집마련과 투자로 나누어 구체적으로 살펴보았다.

동일한 방법으로 당신이 원하는 집의 가격에 따라 필요 자금을 계산한다면, 돈에 쫓기지 않고 집을 살 수 있다.

집값을 그저 막연히 싸다, 비싸다라고만 생각하면 안 된다. 돈이 걸린 문제는 구체적으로 계산할수록 투명해진다.

초보자를 위한 부동산 투자 TIP

당신만을 위한 소거 투자법

작가 생텍쥐페리가 말했다.
"완벽은 더할 게 없는 상태가 아니라, 더 이상 뺄 것이 없는 상태다."
완벽한 투자를 위해 당신은 추가해야 할 것이 아니라 빼야 할 것을 찾아야 한다. 그리고 나서 최종적으로 남는 방법으로 투자해라.
무슨 말인지 예를 들어보겠다.
아파트, 빌라, 오피스텔, 땅, 상가, 근린생활시설, 다가구, 재개발, 재건축 등 이 세상엔 투자할 물건이 너무 많다.
그렇다고 당신이 모든 투자를 다 잘하는 게, 결코 완벽한 게 아니다. 다 잘할 수도 없지만 말이다. 물건에 따라 예산도 다르고, 투자방식 또한 다르기 때문에, 모두 잘하려고 한다면 하나도 제대로 하지 못한다.
모든 것에 욕심부리지 말고, 당신의 현재 역량을 고려하여, 하지 말아야 할 것과 할 수 없는 것을 먼저 찾아서 제거하도록 하자.
이상형 월드컵을 들어봤을지 모르겠다. 두 명의 이성 사진을 놓고, 토너먼트 형식으로 한 명을 선택해 나간다. 그렇게 최종적으로 남은 사람이 본인의 최종 이상형인 것이다.
투자 물건을 선택할 때도 이상형 월드컵처럼 접근하는 것이 좋다. 남들이 좋다는 물건 말고, 당신에게 가장 이상적인 투자 형태와 방법을 찾는 것이다.
아파트 vs 빌라 식으로 먼저 투자 대상을 찾아라.

그다음은 분양 vs 매매 식으로 투자 방법을 선택하라.

무엇을 선택해야 할지 모를 땐, 공부하면서 폭을 좁혀 나가라. 공부를 해보면, 당신이 할 수 있는지, 없는지를 파악할 수 있다. 돈이 부족해서 할 수 없는 것도 있을 것이고, 사람 상대하는 것이 자신 없어서 할 수 없는 것도 있을 것이다. 또한, 본인이 하기 싫은 것도 있을 것이다.

이런 식으로 투자 대상이나 방법에 있어 여러 가지 선택지를 놓고, 최종적으로 하나만 남을 때까지 선택하는 것이다.

최종적으로 꼭 하나만 선택하라. 플랜B도 남기지 말고, 미련도 갖지 말자.

그렇게 최종적으로 하나만 선택했다면, 집중하라. 다른 형태나 방법은 거들떠보지도 말아라. 선택한 것만 집중해서 공부하라.

필자는 이런 식으로 하나씩 빼는 방식을 소거 투자법이라 부른다.

실제로 필자 역시 소거 투자법을 사용했다. 초보 시절 필자는 이런 방식으로 가장 알맞은 투자 형태인 아파트와 경매라는 방법을 찾았고, 높은 수익을 내고 있다.

소거 투자법, 간단하지 않은가?

투자는 실제로 해보면 간단하다. 어렵게 배우기 때문에 실천하지 못하는 것이다.

당신이 가장 자신 있는 방법으로 단순하게 투자를 시작해야 한다.

상가보다 주거 부동산이 좋은 이유

상가 투자를 하려는 이유는 대부분 임대료 때문일 것이다. 절대적인 금액만 봤을 때, 주택 임대료에 비해 상가 임대료가 훨씬 높으니까 말이다.

　상가와 주택은 보증금이 같더라도, 월세 금액에서 현저히 차이가 난다. 그렇기 때문에 단편적으로 월세 금액만 따진다면, 상가가 훨씬 수익률이 높아 보일 수 있다.

　그러나 상가는 월세가 비록 높아도, 시세가 상승하려면 경기의 영향을 크게 받는다.

　일반적으로 상가의 매매가격은 월세 수입에 따라 결정되거나 땅값에 따라 결정된다. 그러나 땅값에 따라 결정되는 경우는 주로 핵심지역에 한정되어 있는데, 강남, 명동 등 최고 상업지구가 여기에 속한다. 핵심지역이 아닌 곳의 상가는 대부분 월세 수입에 따라 매매가격이 결정 된다.

　즉, 일반인들이 쉽게 투자 가능한 상가는 대부분 월세 금액에 따라 시세가 결정된다고 보면 된다.

　상가에 들어와 월세를 내는 사람은 누구일까? 장사를 하는 사람들이다. 장사꾼의 수완에 따라 매출이 달라지지만, 장사라는 것 자체가 경기 영향을 크게 받는다. 따라서 경기가 안 좋을 땐 월세 수입이 없거나 크게 줄어들고, 그에 따라 상가 가치도 함께 떨어진다.

　예를 들어, 매월 200만 원씩 월세를 받던 상가의 시세가 4억 원이라고 가정하자. 그런데 경기가 어려워져, 상가 월세를 100만 원으로 낮출 경우, 매매가는 2억 원으로 줄어든다. 그 이유가 월세로 매매가를 환산하기 때문이다.

　반면, 주거 부동산의 월세는 어떨까?

　주택에서 월세를 내는 사람들은 엄청 다양하다. 직장인, 공무원, 장사꾼, 사업가, 의사, 변호사 등 제한이 없다.

　경기의 영향을 받는 직업도 있지만, 자금 사정이 안 좋아져도 월세는 어떻게든 내려고 한다. 집은 의식주에 해당하고, 가족과 함께 생활하는 공간이다. 월세를 안내서 장사를 접는 것보다 집에서 쫓겨나는 게 더 위험하다.

　따라서 주거 부동산은 월세 안내고 배짱을 부리는 사람이 비교적 적다. 상가와 비교하면 주거 부동산의 임차인들이 월세에 대해서는 훨씬 협조적일 수밖에 없다.

　또한, 상가는 매출이 경기에 타격을 받으면서 매매가격까지 영향을 주지만, 주택은 어떤가? 임차인의 자금 사정이 안 좋아졌다고 해서 그 집의 시세를 떨어뜨리진 않는다. 임차인이 내는 월세에 따라서 주택 시세가 달라지지 않는다는 말이다.

　그렇다면 수익률은 어떨까?

　앞서 말했듯이 대부분 임대료의 절대 금액만 보고 상가의 수익률이 훨씬 높다고 생각하지만, 자기자본 대비 수익률로 계산해보면 실상은 그렇지 않다.

　다음 표는 월세 200만 원짜리 상가와 전세율 80%의 1억 원짜리 아파트 수익률을 비교한 것이다.

시세	5억 원 상가	1억 원 아파트
실투자금 | 대출금	2억 원 | 대출 3억 원 (담보비율 60%)	4천만 원 | 대출 6천만 원 (담보비율 60%)
월세 (최근 최대시세반영)	월 200만 원 (연 2,400만 원) (2019년 시세 기준 매매가 5억 원짜리 상가는 전국 평균 기준으로 월세 200만 원 정도를 받을 수 있다.)	월 40만 원 (연 480만 원) (전세율 80%이므로 전세보증금은 8천만 원이다. 이를 평균 전월세 전환률 0.5%로 월세로 환산하면 40만 원이다. 8000만 원 * 0.5% = 40만 원)
월 이자 (평균 금리 4% 반영)	월 100만 원 (연 1200만 원)	월 20만 원 (연 240만 원)
세금	재산세: 약 250만 원 (건물 가액 * 0.25% 및 평균 토지분) 종합소득세: 180만 원 부가세: (10%) 240만 원	재산세: 약 10만 원 (기준시가*0.15%) 종합소득세: 288,000원 부가세 없음
연 순수익	(1)월세: 2,400만 원 (2)총 세금 및 이자: 1,870만 원 연 순수익 (1) - (2): 530만 원	(1)월세: 480만 원 (2)총 세금 및 이자: 2,788,000원 연 순수익 (1) - (2): 2,012,000원
자기자본 대비수익률 (순수익 / 투자금)	530만 원 / 2억 = **2.65%**	2,012,000원 / 4천만 원 = **5.03%**

 매월 손에 쥐는 순수익은 상가 쪽이 유리하다. 그러나 실제 투자금, 대출금, 세금 등을 반영하여 자기자본 대비 수익률을 계산하니, 전세율 높은 1억 원짜리 아파트가 훨씬 나은 투자임을 알 수 있다.

 또한 공실 걱정, 세금부담, 시세 하락에 대한 고민을 안고 상가에 투자하는 것보다 전세율 높은 주거 부동산 여러 개 투자하는 것이 훨씬 실속있는 투자인 것이다.

 투자자는 돈을 퍼센티지로 생각해야 한다는 이유가, 바로 이 때문이다. 겉으로 보이는 것만 가지고 대부분 1억 원짜리 아파트보다 5억 원짜리 상가를 가지고 있는 사람이 더 돈도 많이 벌고, 성공적인 투자를 했다고 여기지만, 숫자로 정확히 이익을 따져보면 주거 부동산을 가진 사람이 더 높은 수익률을 올리고 있음을 알 수 있지 않은가.

이외에도 주거 부동산이 상가보다 좋은 이유는 월세 수익과 시세 차익을 함께 노릴 수 있다는 점, 환금성이 좋다는 점을 들 수 있다.

주거 부동산은 전세 시세가 상승하거나, 매매 시세가 상승하면 그 상승분만큼 현금화할 수 있다. 예를 들어, 계약 만기 때마다 보증금 또는 임대료를 높이면서 차익을 실현하는 것이다.

이러한 이유로 상가보다 주거 부동산이 훨씬 쉽고 안정적이라는 것을 알 수 있다. 초보자라면 무조건 안정적인 투자처를 선택해야 한다. 그게 실패하지 않는 방법이다.

단, 주거 부동산에 투자할 때 주의사항은 특정 지역에 집중적으로 투자하면 안 된다. 이점은 매우 중요하다.

우리나라가 한창 성장하던 시기에는 경기 상황이 국가 전체에 영향을 미쳤으나, 이제 우리나라도 선진국 대열에 들어서면서 경기 상황은 국지적인 영향을 받는다. 즉, 울산 경기가 좋더라도 대전 경기는 안 좋을 수 있다는 말이다. 반대로 시간이 지나서 대전 경기가 살아나고, 울산 경기가 침체될 수 있다. 경기 상황 역시 지역에 따라 순환하기 때문이다.

지금 대전 경기가 좋다고 무리하게 대전 지역 한 곳에만 투자해 놓으면, 나중에 경기 침체가 왔을 때 시세 하락을 방어하기 힘들 것이다.

내 집을 위한 또 다른 집이 필요하다

대출을 받아서 내집마련을 하면 원금과 이자는 스스로 갚아야 한다.

직장에 다니건, 장사나 사업을 하건 결국 그 집에서 사는 동안 원금과 이자를 모두 갚아야 한다.

자신이 사는 집값이 올라도 그것을 현금화할 수 있는 방법은 없다. 비상시에 자기 집을 담보로 대출을 받는다고 하더라도, 그 또한 갚아야 하는 빚이다. 이러한 원금과 이자의 굴레 때문에 많은 사람이 집을 사고 나서도 경제적 어려움을 겪는다.

문제를 해결하기 위해서는 원금과 이자를 갚기 위한, 또 다른 집이 필요하다.

이를 쉽게 설명하기 위해 한 가지 시뮬레이션(모의실험)을 해보자.

여기 철수와 민수, 두 사람이 있다.

두 사람은 연봉 5천만 원을 받으며, 생활 수준도 비슷하다. 둘 다 똑같이 3억 원 대출을 받아 5억 원짜리 집을 사서 거주하고 있다. 집값은 국토교통부 자료 기준, 2006년 이후 공시지가 평균 상승률인 4.7%만큼 상승한다고 가정하자.

같은 조건이지만, 철수는 자기 집 한 채밖에 없고, 민수는 자기 집 외에 2억 5천만 원짜리 집을 한 채 더 가지고 있다고 하자.

둘 다 생활 수준이 비슷하기 때문에, 각자 한 달에 200만 원씩 저축하고 있다.

이러한 조건으로 계산을 해보자.

철수는 근로소득만으로 자기 집 대출을 상환하려면, 이자를 제외하고도 150개월, 즉 12년 6개월이 걸린다. (매달 저축하는 돈 200만 원 * 150개월 = 대출금 3억)

반면, 민수는 8년쯤 걸린다. 2억 5천만 원짜리 다른 집이 연 4.7%씩 오른다고 가정할 경우, 8년 뒤엔 1억 1,000만 원이 올라 3억 6,100만 원이 된다. 거주하는 집이 아니므로, 시세가 오르면 현금화할 수 있다. 매달 200만 원씩 8년간 저축한 1억 9,200만 원에 시세 차익을 합하면 3억 200만 원이 된다.

똑같이 매달 200만 원씩 저축했지만, 철수는 12년 6개월이 지나야 자기가 살고 있는 집의 대출 3억 원을 갚을 수 있다. 반면에 민수는 8년 만에 갚을 수 있는 것이다. 민수는 똑같은 조건의 철수보다 무려 5년 먼저 앞설 수 있다.

이렇게 단순한 계산으로도 차이를 알 수 있다. 또 다른 자산(집)을 이용하면, 근로소득만 가지고 대출을 갚을 때보다 훨씬 빠르게 시간을 단축하게 된다.

그럼 혹자는 이렇게 반문할지 모르겠다.

그 사이 집값이 떨어지면 어떡하냐고?

그런 부동산을 사지 않기 위해 당신이 이 책을 산 것 아닌가.

인터넷 매물을 믿지 말라

허위 매물이란 말이 있다. 허위 매물이란 말 그대로 가짜 매물이다. 있지도 않은 매물을 인터넷에 광고하는 것이다. 포털 사이트나 부동산 거래 사이트에서 허위 매물을 줄이려는 노력을 많이 하고 있지만, 실무에서는 여전히 자행되고 있는 것이 현실이다.

그렇다면 인터넷에는 왜 이렇게 허위 매물이 많은 것일까?

이에 대한 설명에 앞서 인터넷에 매물이 등록되는 과정을 먼저 살펴볼 필요가 있다. 매도자나 임대인은 매물을 내놓기 위해 중개업체에 의뢰한다. 그러면 중개업체는 그 매물을 인터넷에 광고하게 되는 것이다.

그런데 매물 의뢰를 한 곳에만 하지 않는다. 하나의 매물을 여러 중개업소에 의뢰하게 되는 것이다. 그러다 보니 여러 군데에서 똑같은 매물을 광고하게 되면서, 인터넷에 노출되는 매물은 하나가 아닌, 여러 개가 된다.

그 매물을 중복체크 할 수 없을까? 가령 똑같은 매물이면 다른 중개업소에서 등록하지 못하도록 말이다. 이 또한 의미가 없다.

예를 들어, 임대인이 A 아파트를 황금 부동산에 먼저 내놓고, 새벽 부동산에 내놓았는데 임차인은 새벽 부동산에 먼저 가서 집을 구할 수도 있다. 똑같은 물건이라는 이유로 먼저 등록한 중개업소 외에 다른 중개업소에서 거래를 못 하도록 하는 것은 엄연한 영업방해에 해당한다.

이러한 원리로 하나의 물건이 여러 중개업자에 의해 광고가 되면서, 마치 물건이 많은 것처럼 보이는 것이다.

동일매물을 묶어 보더라도 마찬가지다. 그 물건이 계약되었다고 하자. 그러면 원칙적으로 중개업소는 광고에서 그 물건을 빼야 한다. 하지만 계약이 되었는지도 모르는 업체들도 많고, 알면서도 광고를 빼지 않는 경우도 있다. 왜일까? 광고하는데 돈이 들어갔기 때문이다.

예를 들어, 당신이 엊그제 등록비를 지불하고 매물 광고를 했는데, 오늘 그 매물이 계약된 사실을 알았다고 하자. 그 매물을 광고에서 빼면 등록비는 그냥 버리는 것이다. 어떻게 하겠는가? 대부분 그 매물을 일단 빼지 않고 지켜본다.

어차피 돈을 주고 광고를 하는 만큼, 문의 전화를 받으면 고객을 다른 물건으로 유도할 기회가 생기기 때문이다.

중개업소도 결국 영업이다. 그만큼 경쟁이 치열하다. 문의 전화가 많이 와야 계약이 이루어지는 만큼, 광고도 적극적으로 할 수밖에 없다.

이러한 이유 때문에 인터넷에는 매물이 많은 것처럼 보여도, 실제로는 매물이 그보다 적은 경우가 많다.

만약 당신이 중개업소에 전화를 걸어, 광고하고 있는 매물이 진짜 있는 거 맞냐고 물어보면 모두가 그렇다고 할 것이다.

중개업소 입장에선 전화 온 당신이 허위 매물을 확인하여 제재하려는 사람인지, 실제 손님인지 알 길이 없기 때문이다. 그러니 이실직고를 하기보다, 우선 있다고 대답하는 것이다.

인터넷 광고 매물의 이러한 속내를 제대로 이해해야 한다. 그래야 겉으로 보이는 허위 매물에 쉽게 속아 넘어가지 않는다.

많은 초보자가 인터넷에 올라와 있는 매물을 그대로 믿고, 중개업소에 방문했다가 정작 본인이 원하지도 않는 물건을 계약하는 경우가 허다하다. 충동적으로 계약한 뒤, 문제가 발생하면 그 책임은 계약 당사자의 몫이다.

인터넷 매물 등록 과정과 허위 매물이 발생하는 구조를 알았으니, 앞으로는 인터넷 허위 매물에 속지 않도록 주의를 기울이길 바란다.

투자와 투기를 구별하지 말라

우리 사회는 부동산에 대해 참 민감하다. 부동산 시장은 다양한 이해관계가 얽혀있는 만큼, 각자의 이익을 대변하는 목소리가 다르다.

국가, 기업, 개인이 부동산 시장을 바라보는 관점이 다르고, 집을 사는 사람과 사지 않으려는 사람도 나름의 이유가 있다. 부동산을 둘러싼 다양한 입장이 존재한다는 점은 이해할 수 있지만, 안타까운 점은 덮어놓고 부동산 투자를 비난하는 날 선 반응이다.

현대 사회는 뉴스를 쉽게 접할 수 있어서, 사람들은 누군가 집을 사거나 건물을 샀다는 소식 역시 빠르게 접한다. 그런데 누군가 부동산을 샀다는 얘기를 접하면 긍정보다 부정적인 반응이 훨씬 많다. 시기와 질투를 넘어서 탈세 의혹, 집값을 올리는 주범, 투기판을 만드는 범죄자 취급까지 하니 말이다.

자꾸 투자와 투기를 구분하다 보니, 적법한 절차에 따른 부동산 투자자도 졸지에 파렴치한 투기꾼이 돼버리기 일쑤다. 그러나 그런 쓸데없는 구분과 단죄는 본인에게 전혀 도움 되지 않는다.

애초에 투자와 투기의 경계가 모호하다. 어떤 기준으로 투자자와 투기꾼을 구별할 것인가? 그런 말을 하는 사람들은 개인의 기준으로 세상을 바라보고 판단하지만, 세상은 그런 개인의 기준에 맞춰 흘러가지 않는다.

현재의 집값은 거품이라 반드시 떨어져야 한다고 외치는 사람들, 최저임금과 원자재 가격이 상승하고 인플레이션 현상으로 자산가치가 상승하는 현상은 어째서 외면하는가?

투기는 없어져야 한다고 부동산 투자를 범죄처럼 취급하는 사람들에게 공짜로 건물 명의를 넘겨주겠다고 해보면 마다할 사람이 있을까? 요즘은 다들 건물주가 꿈이지 않은가.

결과적으로 부동산 투자를 헐뜯으면서 투기꾼으로 몰아가는 사람들은 본인이 하지 못하는 것, 갖지 못하는 것에 대한 열등감과 부러움을 남에 대한 비판으로 표출하는 것뿐이다. 자기 게으름과 무지에 대한 핑계가 말과 행동이 다른 모순을 낳고 있다.

본인이 게을러서 돈을 모으지 못하고, 집을 사지 못한 것인데, 그 이유를 남 탓하며 자기합리화를 하는 것이다.

짜장면이 먹고 싶다고 해서 모든 사람이 직접 면을 뽑고, 춘장을 볶아가며 만들어 먹진 않는다. 오히려 재료를 일일이 사서 만들어 먹는 것이 비효율적일 때도 있다. 짜장면 가게 주인은 남들이 직접 만들지 않는 짜장면을 대신 만들어 팔고, 이익을 낸다.

집도 마찬가지다. 투자자는 집을 사서 집을 사지 않는 사람들에게 집을 빌려주고 그에 대한 대가를 받는다. 물론 시세가 상승하는 집을 사서 진짜 이익을 보는지 여부는 실력의 문제겠지만 말이다. 짜장면조차 맛없게 만들면 망하지 않는가.

핵심은 집을 사고파는 것도 자본주의 경제행위로써 본질은 똑같다는 것이다. 생산하여 유통하고 판매하여 이익을 본다. 투자자가 직접 생산하진 않지만, 판매 과정에 참여하면서 경제행위를 한다. 자본주의에서 이뤄지는 모든 거래는 이익을 기대하게 되어있다. 누구도 손실을 보기 위해 거래하지 않는다.

부동산 거래가 성사될 때 매수자와 매도자는 서로의 기대가 충족되는 것이다. 매수자는 집이 필요하여 현금을 지불하고, 매도자는 집을 주고 현금을 받는다. 만약 매수자가 당장 거주할 건 아니지만, 부동산 가격상승을 기대하고 집을 산다고 할지라도 이 역시 매도자와 매수자 모두 각자의 기대이익이 충족되었기에 거래가 완료되는 것이다. 누구도 억지로 집을 사라고 강요하지 않는다.

결론적으로 차익을 위해 부동산을 사고파는 것은 자본주의사회에서 정상적인 경제행위의 일부라는 말이다.

투기라는 것은 과거에 세금을 제대로 내지 않는 사람들에게나 어울리는 잣대다. 현재는 모든 거래에 대한 포착률이 높아진 만큼 세금을 내지 않고 거래할 수 없다.

즉, 위법(법을 위반)이나 불법(위법으로 타인에게 피해)이 아니라면 투기라고 할 수 없다. 세금을 내는 모든 행위는 국가 경제에 도움이 되었으면 되었지, 피해를 주진 않는다. 또한, 부동산을 매수하여 임대를 놓는 것은 생산적인 서비스를 제공하는 일이기도 하다.

고로 투기가 경제를 망친다는 주장은 그저 자신이 집을 사기 싫은 것(또는 못사는 것)을 남에게도 같이 하자고 강요하는 핑계가 아닐까?

투기가 경제 폭망의 주범이라는 말에 동조하기보다, 과연 부동산 투자가 자신에게 이익인지, 손해인지 직접 판단하고 결정하는 게 현명한 일이다.

초보자라면 부동산 경매를 꼭 배워라

이제 부동산 경매는 과거처럼 일부만 참여할 수 있는 그들 만의 리그가 아니다.

2003년 민사집행법이 개정되면서 참여자를 보호하는 제도가 많이 보완되었다. 그로 인해 경매가 대중화되면서 일반 개인조차도 쉽게 할 수 있는 부동산 거래 절차가 되었다.

그럼에도 아직 많은 사람이 구시대적인 방식에 사로잡혀 부동산 경매를 어렵게 생각하고 있다. 어렵게 배우는 것도 하나의 이유일 것이다. 알고 보면 부동산 경매야말로, 초보자들이 부동산 거래와 민사집행법에 대한 지식과 경험을 높일 수 있는 훌륭한 거래 절차다.

일반 매매는 일단 부동산 중개사에 대한 의존도가 높다. 본인이 직접 사고 싶은 물건을 선택한다고 해도, 거래 가능한 물건이 없다며 다른 물건을 권유받기 일쑤다. 계약을 할 때도 매도자와 공인중개사 둘을 상대하며 협상해야 한다. 매도자의 요구나 임차인의 요구 등 여러 이해관계인의 입장을 고려해가며 계약을 진행한다.

만약 계약 과정에서 문제가 생기면 민법으로 해결해야 하는데, 공인중개사가 책임져 주는 것도 아니다. 일부 순진한 사람들은 부동산 거래 과정에서 분쟁이 생기면 공인중개사가 해결해 줄 거라 생각하는데 큰 오해다. 매도자와 매수자가 알아서 문제를 해결해야 한다. 덜컥 계약금이라도 걸어 놓은 상태라면 일은 더 복잡해진다.

또한, 혹자는 공인중개사와 친해지면 급매물을 잡을 수 있다고도 하는데, 이것은 실무 경험 없이 떠드는 소리다. 중개사들도 손님과 쉽게 친분을 쌓으려고 하지 않으며, 거래는 친분보다 돈을 따른다는 점을 경험으로 배우기 때문이다. 초보들이나 손님과 소위 친목질하다가 서로 불편한 관계만 만든다. 결코, 친분에 따라 계약이 이루어지지 않는다. 이런 실무 구조를 잘 모르기 때문에 급매를 잡기 위해 공인중개사와 친해지라는 소리가 그럴듯하게 들리는 것이다.

일반 매매는 겉으로는 쉬워 보이지만, 오히려 초보자가 감당하기 어려운 부분이 많다. 따라서 비교적 안전한 부동산 경매 투자를 통해 경험을 높인 다음, 일반 매매에 도전하는 것을 추천한다.

부동산 경매는 법원에 나와 있는 물건 중에서 본인이 직접 좋은 물건을 선택할 수 있다. 다른 사람이 물건을 소개하는 것도 아니고, 찍어주는 것도 아니다. 스스로 선택하고 결정하는 과정에서 부동산에 대한 안목을 높일 수 있고, 타인의 간섭으로부터 자유로울 수 있다.

또한, 낙찰받고 잔금을 치르고, 소유권을 이전하고, 명도하고, 수리하고, 임대를 놓거나 실거주를 하는 일련의 절차를 직접 통제할 수 있다. 타인에게 의존하는 것은 나의 결정권을 내어주는 것과 같다. 부동산 경매는 처음부터 끝까지 직접 주관하여 과정을 이끌어 가기 때문에, 거래 절차가 투명하다.

경매로 나온 물건은 법원에서 감정 평가와 현황 조사를 한다. 모든 거래 절차가 민사집행법의 보호 아래 이루어진다. 분쟁이 생겨도 절차에 따라 깔끔하게 처리할 수 있다.

누군가에게 의존하면서 불투명한 거래를 하는 것보다, 자신이 모든 과정에 직접 참여하여 투명하게 거래할 수 있다는 것은 부동산 경매의 큰 장점이다. 직접 해보면 경매 절차가 얼마나 깔끔한지 깨닫게 된다.

흔히 부동산 경매는 권리분석이 어렵다고 하는데, 권리분석은 일반 매매에서도 필요한 과정이다. 권리분석이란 부동산의 권리관계를 따져, 위험한 물건을 선별하는 일이다. 부동산은 이해관계인(임차인, 채권자 등)에 따라 다양한 문제가 얽혀있을 수 있기 때문이다.

따라서 일반 매매도 권리관계를 따져 거래한다. 다만, 일반 매매는 공인중개사가 대신 따져 주기 때문에 권리분석을 하지 않는 것처럼 보일 뿐이다. 그리고 부동산 경매의 권리분석이 어렵다고 생각하는 이유는, 대부분 민사집행법이 개정되기 전 옛날 방식대로 어렵게 배우기 때문이다. 원칙대로 투자에 필요한 핵심만 배운다면 누구나 쉽게 권리분석을 할 수 있다.

더불어, 부동산 경매를 배우다 보면 민사집행법에 대한 지식이 높아져, 자기 재산을 스스로 보호할 수 있는 힘이 강해진다. 남에게 돈을 빌려줬는데, 그 돈을 받지 못하면 어떻게 해야 할까? 드라마나 영화처럼 무력을 사용해서 돈을 받아내는 것이 아니다.

채무자 재산에 가압류를 하고, 소송을 통해 확정판결을 받아 재산을 처분하여 배당받는다. 그러한 강제적인 법률 절차가 바로, 민사집행법이다.

살면서 그런 일이 자주 발생하진 않겠지만, 아예 없을 거라고 확신할 순 없다. 본인이 아닌 가족 구성원에게 그런 일이 생길 수도 있다. 그럴 때, 타인이 나를 위해 발 벗고 나서서 도와줄 수도 없다. 스스로 해결해야 하는 문제들인데, 그런 상황에 대한 지식을 쌓을 수 있는 것이 바로 부동산 경매다.

인생에서는 학교에서 배우지 못하는 것들이 필요할 때가 많다. 예를 들면, 금융 지식이나 투자가 그렇고 처세술이나 협상력이 그렇다. 이러한 것들은 학교에서 배우기 어렵지만, 사회생활을 할 때 매우 필요하다. 금융 지식과 투자에 대해 잘 알아야 자산을 지킬 수 있고, 처세술과 협상력이 좋아야 남들에게 당하지 않고 자신을 지킬 수 있기 때문이다.

필자가 생각하기에 부동산 경매는 이런 것들을 한꺼번에 배울 수 있는 분야다.

대출을 받고 잔금을 치르는 과정, 명도하는 과정, 인테리어 업자와의 협상, 공인중개사와의 협상, 임대를 놓고 월세를 받는 과정, 이 모든 과정을 거치며 당신은 금융과 투자의 중요성을 배우고 처세술과 협상력을 어떻게 활용해야 하는지 몸소 깨달을 것이다.

그러면서 돈을 버는 것은 물론, 자산을 늘리고 재산권을 지키는 데 자신감이 생길 것이다.

이 외에도 부동산 경매의 장점은 참 많다. 부동산 경매 실무에 대한 추가적인 것들은 필자의 책 〈10억짜리 경매비법2〉를 통해 확인할 수 있으니, 꼭 읽어 보길 권한다.

Chapter 3.
당신이 피해야 할 함정

주식과 펀드의 유혹

아이러니하게도 돈을 벌려고 시작한 주식투자 때문에 집을 사지 못하는 경우가 많다. 섣불리 주식투자를 시작했다가 돈을 잃기 때문이다.

단순한 계산으로 부동산보다 주식이 더 돈 벌기 쉽다고 생각하는 것은 착각이다. 주식은 하루에도 몇십 프로씩 오르는 데 비해, 부동산은 시세가 단시간에 움직이지 않기 때문에 심리적으로 돈 벌기 어렵다고 오해하는 것이다.

하지만 부동산과 주식은 레버리지 때문에 수익률이 크게 다르다. 주식은 오로지 자기자본만 가지고 수익률을 계산하지만, 부동산은 자기자본 및 타인의 자본을 합한 금액으로 계산한다.

쉽게 말해, 부동산이건 주식이건 1억 원짜리가 10% 올라 1천만 원을 벌었다고 하더라도, 주식은 현금 1억 원을 들여서 1천만 원을 번 것이지만, 부동산은 1억 원 중 자기자본은 일부에 지나지 않는다. 자기자본이 30%가 들어갔다고 치면, 3천만 원만 들여서 1천만 원을 번 것으로서 수익률이 확 높아진다.

이렇게 자기자본비율로 따져보면 부동산이 주식보다 수익률이 훨씬 높다.

또한, 부동산은 안정적인 자산이다. 주식은 상장 폐지의 위험도 있고,

하루에도 수시로 가격이 왔다 갔다 하기 때문에 심리적인 리스크가 크다. 특히 초보자라면 급변하는 시세 변동에 심리적으로 대응하기가 더 힘들다. 하지만 부동산은 사라지지 않는 자산이고, 주식만큼 시세가 수시로 움직이지 않는다. 그렇게 매일 가격이 변동할 만큼 거래 가능한 물건도 많지 않기 때문이다.

필자가 중개업을 하던 시절, 돈만 모이면 부동산을 사던 펀드매니저가 있었다. 주식 거래로 먹고사는 사람조차 부동산을 사는 이유가 무엇이겠는가. 그만큼 부동산이 안정적인 자산이기 때문이다.

그리고 투자에서 수익률만큼이나 중요한 것은 바로 심리다. 주식이건 부동산이건 마찬가지다.

조급한 마음으로 쫓기듯 투자를 해서는 이익은커녕, 작은 하락에도 쉽게 마음이 동요된다. 그러다 보면 버티지 못하고 손절매만 하다가 가랑비에 속옷 젖듯 큰돈을 잃는다.

주식을 샀는데, 시세가 조금이라도 하락하면 두려움 때문에 손해 보고 빨리 팔거나, 반대로 팔지 못하고 그대로 굳어버리는 심리적 프리징(얼어붙는) 현상이 발생하는 것이다.

언젠가 오르겠지라는 마음으로 돈을 주식에 묻어놓고 버티다 보면, 어느새 시간이 훌쩍 흐르고, 그 사이 계좌는 파란불을 밝히며, 종잣돈이 주는 기회마저 잃고 만다. 그렇게 집을 살 기회를 잃는 것이다.

그렇다면 펀드는 어떨까? 주변에 물어보라. 펀드로 수익을 낸 사람들이 있는지.

그럼에도 계속 펀드를 가입하는 것은 금융 회사의 광고 효과 때문이다. 광고를 자주 볼수록 많은 사람이 그렇게 하는 것 같은 착각을 일으킨다. 펀드, 보험 광고에 나오는 사람들은 모두 밝고 쾌활한 모습이다.

그런 사람들이 다들 가입한 것처럼 이야기하니, 광고를 보다 보면 자연스럽게 거부반응이 없어지고, 당신도 하나쯤은 가입해야 할 것 같은 착각마저 든다.

펀드는 투자 전문기관이 일반인들로부터 돈을 모아 대신 투자를 하고 여기서 올린 수익을 다시 투자자에게 나눠주는 방식이다. 은행이나 금융사의 권유로 펀드에 가입하는 경우도 있고, 돈은 벌고 싶은데 투자에 대해 잘 모르는 사람들이 펀드에 가입하기도 한다. 금융 분야의 전문가라는 기관이 운영하는 만큼 자기가 직접 투자 하는 것보다 수익률이 높지 않을까 하는 생각에서다.

그러나 펀드는 다른 사람이 중간에서 투자를 대행하기 때문에 수수료가 생긴다. 내가 얻은 수익에서 은행이 수수료를 떼어가기 때문에 돌아오는 이익은 작을 수밖에 없다. 손해가 나더라도 은행 수수료를 줘야 하기 때문에 손실은 커진다. 펀드 수익률 100%라고 광고를 하더라도 그 내막을 확인하면 통계 속임수에 불과하다는 것을 알 수 있다. 가령, 수익률 100%란, 최근 3개월을 기준으로 한 것이고, 1년간 수익률은 -10%인 것은 쏙 빼고 광고하는 식이다.

그게 광고의 효과다.

현실을 냉정히 따져보라. 그러한 금융 상품들로 과연 돈을 번 사람들이 있는지.

은행만 돈을 벌었다. 펀드 상품으로 회사, 직장인, 자영업자 모두 손해를 보던 금융위기 시절에도 은행의 영업이익은 오히려 크게 증가했다. 은행은 고객이 돈을 잃어도 수수료를 받는 곳이다.

그러니 당신이 투자 초보라면, 집을 사기 전에 무모하게 주식과 펀드에 손을 대는 것은 피하는 것이 현명하다.

작은 수익을 얻으려던 게 큰 손해로 이어지기 때문이다.

금융 상술에 속지 말라

TV 광고를 보면, 금융 상품 관련 광고가 정말 많이 나온다.

상식적으로 생각해보자.

광고 중에서 가장 비싸다고 할 수 있는 TV 광고를 가장 많이 하는 곳, 그것도 CF 출연료가 매우 높은 탑 연예인을 내세워 광고하다니. 금융계는 과연 얼마나 많은 수익을 올리고 있을까?

대부분의 은행은 고객보다, 그들의 돈을 불리는 데만 관심이 있다. 그러면서 하는 말은, 고객을 먼저 생각한다고 광고한다.

이러한 뻔한 상술에 속지 말라. 은행의 목적은 고객의 돈을 불려 주는 곳이 결코 아니다.

2008년 KIKO 사태, 2011년경 부산저축은행 사태, 2019년 DSL사태, 라임사태 등 잊을 만하면 늘 반복되는 금융 상품 피해 사건들이 그 사실을 대변한다.

2008년경, 펀드에 가입했던 수많은 사람의 원금을 반 토막 내고도, 버젓이 수수료를 챙겨간 당사자들이 누구인가? 바로 고객을 먼저 생각한다던 은행들이다. 그렇게 벌어들인 수익으로 은행 역시 건물을 세우고, 부동산을 사들인다.

당시 펀드에 가입했던 수많은 직장인은 원금까지 크게 잃었지만, 정작 은행들은 2008년 재무제표상 순이익률이 크게 올랐다.

부산저축은행 사태를 기억하는가? 은행을 믿고 돈을 맡긴 개인들 특히 소상공인들의 피해가 막심했다. 그러나 시간이 지날수록 피해자들의 목소리는 잊혀져 가고 있다. 2019년 현재 3만 명이 넘는 피해자들은 여전히 피해 금액을 구제받지 못한 채, 힘겨운 싸움을 계속하고 있다.

은행이 안전하다고 말하는 건, 예금자 보호를 받을 수 있는 5,000만 원 한도 까지다. 5,000만 원이 넘는 금액에 대해서는 전혀 보호를 받지 못한다. 부산저축은행은 예금이자를 더 준다고 말한 은행을 믿고, 조금이라도 이자를 더 받으려고 했던 개인들이 큰 피해를 보았다.

KIKO 사태는 환율을 방어하고, 환차익을 올릴 수 있다는 은행의 말에 속아 가입을 하였으나, 파생상품의 위험성으로 모든 원금과 손실액을 떠안게 되면서, 수많은 기업이 흑자도산까지 하게 되었다.

이러한 피해 사례 모두, 기업에 종사하는 많은 사람과 평범한 개인들이 금전적인 손실을 입고도 보호받지 못했지만, 은행은 예외였다.

앞으로도 새로운 금융 상품은 계속 생겨날 것이다. 당신이 정신을 똑바로 차리지 않는다면, 은행의 상술은 당신의 돈을 분산시키고, 점차 사라지게 만든다. 은행은 고객의 이익이 아닌, 자신들의 이익이 우선이기 때문이다.

실제로 장사나 사업을 잘하던 사람들조차, 흑자 도산한 이유가 은행의 금융 상품 때문인 경우가 많았다.

은행이 내 돈을 불려 줄 거란 착각으로 과도하게 은행을 믿는 어리석은 일은 하지 말자.

은행에서 판매하는 모든 금융 상품들(보험, 펀드 등)은 고객의 돈을 불려 주기 위한 목적이 결코 아니다. 그들은 고객이 손해 보는 것은 신경 쓰지 않는다. 수수료를 챙기기에 여념이 없으며, 그래서인지 금융 상품들은 점점 더 어렵고 복잡하게 설계되고 있다.

금융 상술에 속는다는 말은 결국 무엇인가? 당신은 점점 배고파지는데도, 은행의 배를 불려주고 있는 것과 같다.

은행은 돈을 잠시 보관하는 곳이라고 생각하자. 단, 예금자보호법에 해당하는 5,000만 원까지만.

그 외의 금융 상품 때문에 힘들게 모아 놓은 돈을 날리지 말자.

부동산 저평가의 오류

저평가라는 것은 원래 주식에서 통용되던 개념이다. 그런데 어느 순간 주식투자를 하던 사람들이 부동산 분야로 넘어오면서, 부동산에서조차 저평가라는 말이 유행하기 시작했다.

특히, 아파트에 투자할 때 주식처럼 저평가된 물건에 투자하라는 말을 종종 듣는다.

그러나 저평가에 대한 기준이 모호하다.

부동산 가치에 대한 저평가의 기준을 어떻게 결정할 것인가?

어떤 사람은 비슷한 평형대의 옆 단지와 비교하고, 어떤 사람은 옆 동네 아파트와 비교한다. 또 어떤 사람은 아예 다른 지역의 비슷한 평형대와 비교하면서 저평가된 아파트를 찾으라고 한다.

그 기준은 물론 개인의 주관적인 판단이다. 그러나 주관적인 판단으로 저평가라 결론짓고 투자하는 것은 무모하다.

어떤 지역의 같은 동에 개나리아파트와 진달래아파트가 있다고 하자.

24평 기준으로, 개나리아파트는 1억 5천만 원 시세인데, 진달래아파트는 3억 원이다.

평형대도 같고, 같은 동에 있으니, 생활권도 같다. 그렇다면 당신은 개나리아파트가 더 싸니까 저평가되었다고 생각하는가? 그렇게 생각한다면 저평가의 오류에 빠진 것이다.

가격이 싼 아파트는 싼 이유가 있고, 비싼 아파트는 비싼 이유가 있다.

아파트는 투자가치뿐만 아니라 사용가치를 함께 지닌다. 사용가치를 지닌다는 것은 실제로 사용하는 사람들의 선호도를 반영하는 것이다.

아주 단순하게만 생각해도 개나리아파트보다 진달래아파트에 살고 싶은 사람들이 많기 때문에, 진달래아파트의 가격이 비싼 것이다

사람들이 선호하는 이유는 브랜드일 수도 있고, 내부 구조나 단지 조경의 차이일 수도 있고, 외부인은 모르지만, 거주자들만 알고 있는 또 다른 점이 있을 수 있다.

그런데도 겉으로 보이는 가격이 싸니까 저평가되었다고 결정짓는 건 모순이라는 말이다.

누군가는 어쨌든 진달래아파트가 3억 원이니까, 개나리아파트도 그 가격을 곧 따라 올라갈 것이라고 얘기할 수도 있다.

그러나 개나리아파트가 올라갈 때, 진달래아파트 가격이 가만히 기다려주진 않는다. 이미 사람들의 선호도가 진달래아파트 쪽이 더 높기 때문에, 개나리아파트가 오르면 진달래아파트는 더 오른다.

그렇다고 진달래아파트처럼 꼭 비싼 아파트를 사야 한다고 주장하는 것은 아니다.

저평가라는 기준 자체가 잘못된 기준이기 때문에, 저평가를 이유로 아파트에 투자하는 것이 얼마나 비논리적인지를 말하고자 하는 것이

다.

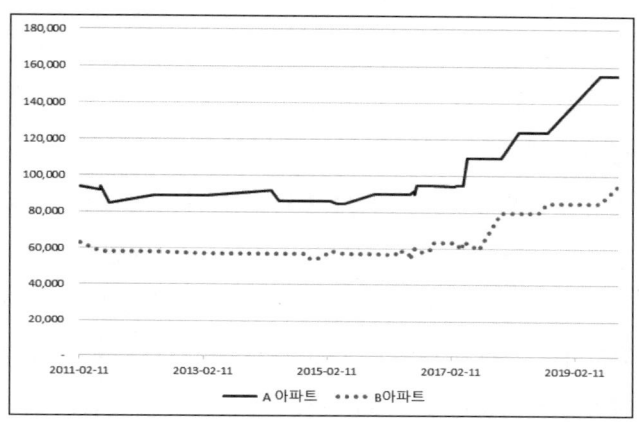

〈같은 지역, 동일 평형대 두 아파트 실거래가 변화 사례〉

위 그래프는 같은 지역, 동일 평형대 아파트 시세를 나타낸다.

만약 생활권도 같고, 평수도 같지만, B 아파트가 A 아파트보다 싸기 때문에 저평가되었다는 판단으로 2015년에 매수했다고 하자. 그러나 4년 뒤 시세 변화를 보면, B 아파트가 오른 것보다 A 아파트는 더 많이 오른 것을 알 수가 있다.

이러한 시세 차이는 B 아파트가 저평가된 것이 아니라, 실수요자의 선호도가 떨어지기 때문에 가격 차이가 날 수밖에 없다는 사실을 입증해준다.

어떤 사람은 신도시끼리 비교하여 저평가를 논하기도 하더라.

분당과 평촌 둘 다 1기 신도시인데, 분당보다 평촌이 싸니까 저평가 되었다는 식이다.

분당과 평촌은 신도시라는 공통점 외에 비교할 만한 다른 공통점은 없다. 분당에 사는 이유와 평촌에 사는 이유는 제각각이다. 실수요자의 선호도와 기준을 무시한 채, 투자자 자신만의 기준으로 평가하는 것은 위험한 논리임을 인식해야 한다.

이런 식이라면 분당과 일산도 비교할 수 있고, 일산과 부천도 비교할 수 있으며, 그러다 보면 부천과 분당을 비교하게 되고 비교 대상의 기준은 점점 불명확해진다.

저평가 방식의 비교평가는 시세 확인이 어려웠던 시절, 국토교통부 실거래가가 활성화되기 이전에나 활용 가능했던 부동산 투자 방법이다. 그 시절에 정보의 괴리로 진짜 저평가된 것들이 있었기 때문이다.

그러나 지금은 가격도 투명하게 공개되고, 지역 정보 역시 그렇다. 단순히 가격만으로 저평가를 논하는 것은 심각한 오류를 낳는다.

아파트에 투자할 때는 '저평가'라는 기준이 적용될 수 없다. 아파트는 필자가 말한 '전세율'을 기준으로 아파트 자체의 실제적 가치를 판단하여 투자해야 한다.

부동산 임장에 대한 잘못된 인식

부동산 투자에 관심이 있다면, 임장과 발품에 대한 얘기를 많이 접했을 것이다.

임장이란 한자어로 현장에 임한다는 뜻으로, 현장에 가서 확인하는 행위를 뜻한다.

"반드시 현장에서 답을 찾아야 한다."

"원주민보다 더 많이 알 수 있을 정도로 그 지역을 돌아다녀라."

왜 그렇게 임장을 강요할까?

필자 생각에 임장은 실천을 위한 교육이 아닌, 교육을 위한 교육이기 때문이다. 그럴듯한 커리큘럼을 만들기 위해, 탄생한 것이 임장이 아닐까 생각한다.

사실 부동산 거래 절차는 특별히 할 게 별로 없다. 그러다 보면 배우는 사람들이 간단한 절차에 오히려 실망하기도 한다. 그런데 임장은 왠지 그럴듯해 보인다. 현장에 가서 답사하고 지역을 파악하고 주변 인프라를 눈에 익힌다. 그리고 나서 지역 보고서까지 완성한다. 뭔가 좀 투자자의 느낌이 나는 것 같다. 초보자들이 볼 때, 임장의 과정 자체가 뭔가 그럴듯해 보이는 것이다.

임장 한번 다녀오면 그 지역에 대해 전문가가 된 것 같고, 부동산 실전 투자자가 된 것 같은 기분까지 느껴지니 말이다.

아예 별도로 임장 교육이란 것도 있다. 막상 그런 교육에 참석하면, 참석비 걷고 버스 대절해서 현장에 방문한다. 도착해서 한다는 게 '금강산도 식후경'이라며 그 지역 맛집에 찾아가 회포를 풀고, 서로 통성명하고 몇 군데 둘러보고 돌아온다.

이게 무슨 임장이란 말인가. 그저 소풍일 뿐이다.

일부는 좀 더 전문적으로 보이기 위해, 중개업자를 찾아가 브리핑을 듣는다. 지역 발전에 대한 예측이라던가, 뭐가 곧 입주할 예정이라던가, 주로 사는 사람들이 누구고, 그런 시답잖은 이야기를 듣고 온다. 인터넷만 검색해봐도 쉽게 알 수 있는 고작 그런 걸 듣기 위해 귀한 시간을 내서 현장까지 방문할 필요가 있을까?

현장에 답이 있다는 말도 사실은 논리적이지 않다.

어디 수사하러 간 형사들인가. 범죄현장에 가는 것도 아니고, 대체 현장에서 무슨 답을 찾으려 하는가.

무리한 임장을 강요하는 것. 부동산 투자에 있어 불필요한 요소일 뿐이다.

 필자가 왜 이렇게까지 자신 있게 말하는 줄 아는가. 모두 경험해 봤기 때문이다.

 필자 역시 초보 시절이 있었다. 그때는 필자도 현장에 답이 있는 줄만 알았다. 당시에는 지금처럼 스마트폰도 없었고, 인터넷 지도도 없던 시절이었다. 종이 지도와 무거운 지번도를 들고 다니며, 현장을 누볐다. 일단 현장에만 가면 뭐든지 알 수 있을 줄 알았다. 하지만 현장에서는 오히려 역정보만 얻을 뿐이었다.

 이와 관련된, 실제 경험을 하나 이야기하겠다.

 한창 필자가 임장을 다니던 시절이었다. 현장 조사를 하기 위해 중개업소를 찾았다.

 "사장님, 이 단지는 가격이 왜 이렇게 떨어졌나요?"

 "부실공사 때문에 그래요. 부실공사 소문이 나니까, 사람들이 매수를 꺼리더라고.."

 필자 역시 그 얘길 듣고, 아쉬웠지만 투자를 포기했다. 전세율도 높고, 따져보니 수익률이 매우 좋은 아파트였지만, 부실공사라니까 필자도 썩 내키지 않았던 것이다.

 그러나 불과 2~3년 뒤 그 아파트는 그때 시세보다 2배 이상 올랐다. 부실공사도 과장된 소문에 불과했고, 결국 임계점을 지나 시세가 폭등했던 것이다.

 이와 반대로, 가치가 없는 물건임에도 중개업자의 브리핑을 듣고 덜컥 샀다가 손해를 보는 경우도 있다.

 결과적으로 현장에 가서 듣는 얘기는 당신이 투자에 활용할 만한 정보가 아닌 경우가 더 많다는 말이다.

임장을 가는 사람들에게 목적을 물어보면 대부분 명확하게 답을 못한다. 두루뭉술하게 현장에서 답을 찾기 위해, 조사하기 위해, 잘 알기 위해라는 식의 답을 한다.

과거 임장의 목적은 정보를 습득하기 어려웠던 부동산의 가치를 현장에서 파악하기 위함이었다.

즉, 국토교통부 실거래가 정보, 인터넷 등이 없던 과거 시절엔 부동산 시세를 파악하기 위해선 현장에서 물어보고, 따져봐야만 했다.

그게 임장의 본래의 목적이다. 그러나 지금은 현장에 가서 시세를 물어보면 중개업자조차 국토교통부 실거래가 정보를 보고 말해준다. 중개업자들이 모든 정보를 알고 있다는 착각을 하지 말라. 그들도 직접 거래하지 않은 아파트 단지는 국토교통부 홈페이지를 보고 시세를 파악할 뿐이다.

남들이 하니까 나도 해야 될 것 같은 생각부터 버려야 한다. 임장을 많이 다닐수록, 몸만 피곤해지고 실천은 더 멀어진다.

필자를 믿으라.

필자는 지금 사는 동네에 20년 넘게 살았지만, 아직도 뭐가 어디에 있는지 제대로 모른다. 인터넷으로 검색해서 찾아가고, 알고 있던 곳이 갑자기 바뀔 때도 종종 있다. 그런걸 다른 지역 사람들이 단순히 임장 몇 번 다닌다고 해서, 속속들이 지역 정보를 알아낼 수 있을 거라 생각하는가.

혹자는 눈을 감고 머릿속에 그릴 수 있을 정도로 임장을 다녀야 된다고 하는데, 정말이지 대동여지도를 그린 김정호도 울고 갈 얘기다. 그런 불필요한 과정에 치여 정작 투자를 실천하지 못하는 것이다.

필자의 수강생들은 임장을 가지 않고도, 투자해서 수익을 내고 있다.

몇 번의 투자 경험이 생긴 수강생들은 심지어 명도와 인테리어까지 문자로 다 끝내다 보니, 임대가 나갈 때까지 집 한번 안 보는 경우도 있더라.

물론 내가 투자할 물건이기 때문에, 한두 번 방문하는 것까지 말리는 건 아니다. 그리고 투자를 진행하다 보면 갈 일이 생기기도 한다.

그러나 임장을 위한 임장은 전혀 도움 되지 않는다. 일부러 없는 시간까지 쥐어짜내며 임장을 할 필요도 없고, 원주민보다 더 많이 그 지역을 알 만큼 현장을 다니지 않아도 된다.

요즘 사람들은 무슨 일을 하든지 효율적인 방법을 찾는다. 그런데 부동산 투자에 있어서는 좀처럼 구시대적인 방식에서 벗어나지 못하는 느낌이다. 본인이 왜 임장을 해야 하는지 목적을 잊은 채 그저 남들을 따라 하고만 있는 모습이랄까.

현장에서 찾을 수 있는 답은 대부분 인터넷으로도 확인 가능하다. 실거래가 조회, 내부 구조, 입지, 학교와의 거리, 로드뷰를 통한 주변 인프라까지 집에서 모든 정보를 수집할 수 있다는 말이다. 또한, 그런 정보들은 수집만 한다고 해서 그 자체로 가치를 갖지 않는다. 수집한 정보를 어떻게 해석하고 투자에 응용하는지가 더 중요하다.

그러니 임장을 할 때 그냥 무조건 발품만 팔 게 아니라, 효율적인 방법으로 본인이 필요한 정보를 수집하도록 하자.

어려울수록 하기 싫은 게 인간의 심리다. 임장을 많이 하는 사람치고, 꾸준하게 투자를 실천하지 못하는 사람들이 많은 이유는 그만큼 임장이 부담되기 때문이다.

로또가 된 청약시장

'청약경쟁률 420대 1'

이런 신문기사를 보면 무슨 생각이 드는가?

나 빼고 다들 청약에 열을 올린다는 생각이 들지 않는가?

그러나 일반 청약자(개인)가 아닌, 공인중개사나 실무자로서 청약시장을 경험해 보니 청약경쟁률은 대부분 만들어진 숫자라는 것을 알 수 있었다.

청약의 본래 목적은 집을 사는 사람들에게 공정한 기회를 주기 위함이다. 가령, A라는 단지를 분양하는데, 그 지역이 인기가 있다면 너도 나도 몰려들어 가격을 높일 것이다. 그렇게 된다면 돈이 상대적으로 적은 사람은 A단지를 살 수 없다. 그래서 생긴 것이 청약이다. 서로 몰려들어 과열 경쟁으로 가격을 높이지 말고, 정당하게 뺑뺑이를 돌려 최초 분양가로 살 수 있는 기회를 주기 위한 목적이랄까.

그런데 좋은 취지에도 불구하고, 오히려 로또와 같은 속성을 가지면서 청약시장은 더 많은 경쟁자를 만들어 내고 있다. 그냥 자율경쟁으로 내버려 뒀다면 10명이 경쟁했을 일을, 청약이란 제도로 경쟁을 붙이니 수백 명이 경쟁하게 된 꼴이다. 더불어 브로커들이 청약통장을 가지고 있던 사람들까지 설득하여 참여시키고 있다.

"청약통장을 빌려주시면 100만 원 드리겠습니다."

혹시 골목길에서 '청약통장 삽니다'라는 문구가 붙은 전단지를 본 적이 있는가? 이런 것들 모두 브로커들이 청약확률을 높이기 위해 청약통장을 구하려는 모집 광고인 것이다.

인기 있는 단지는 당첨만 되면 그 자리에서 프리미엄이 붙는다. 정부가 그런 과열을 막기 위해 보유 기간을 의무적으로 부여해도, 브로커들은 편법으로 피할 수 있다.

결국, 청약경쟁률이란 실소유자가 아닌, 프리미엄 이익을 보려는 수많은 사람들에 의해 만들어진 가짜일 뿐이다.

그렇다면 투기꾼들이 그런 가짜 경쟁률을 만드는 것일까?

아니다.

오히려 청약통장을 가진 사람들이, 내집마련이 아닌, 프리미엄 차익을 위해 참여하는 경우가 많다. 그들의 목적을 살펴보면 안정적인 내집마련보다는 청약 당첨을 로또처럼 생각하는 경향이 있었다. 당첨만 되면 대박이라는 생각으로 뛰어드는 것이다. 브로커들은 그런 욕심을 잘 알기 때문에, 교묘하게 그들을 이용하면서 청약경쟁을 더욱 과열시킨다.

그런 경쟁률에 동요되기 시작하면, 집을 사는 것에 대한 현실감각이 떨어질 수밖에 없다.

또한, 청약에 당첨되려면 가점이 필요하다. 우리나라는 100% 청약가점제 또는 최소 50% 이상인 경우가 많다. 문제는 이 가점이 일반적으로 쉽게 얻을 수 있는 점수가 아니라는 것이다.

이해를 돕기 위해, 자녀 두 명을 키우는 평범한 40대 맞벌이 가족을 기준으로 청약 가점을 계산해보자. 편의상, 무주택기간은 10년, 청약통장 가입 기간은 15년으로 하자.

몇 점일까?

무주택기간 최고 32점 중, 10년은 22점이다.

부양가족 수는 최고 35점 중, 3명(배우자와 자녀 두 명)은 20점이다.

청약통장 가입 기간은 최고 17점 중, 15년 이상은 17점이다.

모두 합하면, 위 조건의 청약 가점은 59점이다.

청약 가점의 총점은 84점 만점이고, 일반적으로 청약 커트라인은 인기 지역의 경우 70점 이상이어야 1순위가 된다. 인기가 매우 높은 지역은 80점 이상인 경우도 있다. 이 말은, 자녀 두 명이 있는 40대 맞벌이 가족은 청약에 당첨될 확률이 거의 없다는 뜻이다.

높은 청약 가점을 만들기 위해 시간을 기다린다고 해도, 그 사이 집값이 먼저 올라갈 것이다.

결국, 여러가지를 따져보면 청약통장이라는 것은 그저 허울 좋은 희망 고문에 불과하다. 그런데 왜 많은 사람들은 청약통장에 집착하는 것일까?

청약시장은 언론사, 건설사, 은행, 국가 모두에게 이득이 되는 시장이기 때문이다. 모두에게 이득이 되는 만큼, 사람들을 끌어모으기 위해 긍정적인 분위기를 조성하는 것이다.

청약통장으로 인해 은행은 예금 및 이자 수익을 올릴 수 있고, 건설사는 청약을 통해 사업수익을 낸다. 언론사 역시 신문 전면 광고나 TV 광고를 통해 광고 수익을 얻고, 국가는 규제, 시행인가, 세금을 통한 수익을 올린다.

그러나 청약시장이 과열되면 각종 규제가 생겨나는데, 대표적으로 의무보유 기간이 그렇다. 당첨자들 역시 여러 가지 제약에 시달리다 제대로 된 재산권을 행사하지 못하는 경우도 생긴다.

이런 문제들을 종합하면, 실거주자나 투자자에게 청약통장이 만능은 아니란 사실을 알 수 있다. 그저 빛 좋은 개살구에 불과하다.

실거주를 위해 만든 청약통장이 거대한 로또 시장으로 변질된 지 오래다. 청약 당첨만 기다리다가는 지금 당장 집을 살 수 있는 좋은 기회마저 잃게 될 수 있다.

분양시장의 속사정

뉴스나 신문 등에서 분양시장에 대한 소식을 쉽게 접할 수 있다. 뉴스나 신문에 나오는 것들은 주로 광고다. 그냥 보도처럼 보여도 결국 광고다. 사람들이 많이 읽고 몰려들면, 분양시장이 커지게 되고 그만큼 돈이 된다.

그러나 자주 접해서 친숙하다는 느낌 때문에, 초보자들도 쉽게 할 수 있는 분야라고 생각한다면 오산이다. 마치 유명 축구선수를 TV에서 자주 본다고, 본인도 유명 축구선수가 될 거라고 생각하는 것과 같다. 그러나 현실은 어떤가? 유명축구 선수가 될 확률보다 그의 팬이 될 확률이 더 높다.

분양시장도 마찬가지다.

언론에서 자주 들려오는 소식이라고 해서, 모든 사람이 분양시장에서 성공할 수 있다고 착각하면 안 된다. 오히려 실패한 사람들이 더 많고, 그런 사례들은 노출조차 되지 않는다. 그리고 실패한 사람들은 더 이상 다른 투자를 하지 못할 정도로 시간과 비용 그리고 에너지를 잃은 상태가 된다.

그렇다면 분양시장은 아예 하지 말아야 하는 것일까?

당연히 아니다.

분양시장의 핵심은 판을 먼저 읽어야 한다는 점이다.

경기가 안 좋을 때, 남들이 모두 외면할 때, 그때가 분양시장에 뛰어들 때다. 전반적으로 경기가 안 좋으면, 시공사들은 손해를 줄이기 위해 분양가를 큰 폭으로 낮춘다. 심지어 원가로 분양하는 경우도 있다.

과거 2008년 금융위기 시절, 집값이 폭락하자, 대부분의 시행사들이 너도나도 20~30% 할인분양을 하던 때가 있었다. 생각해보자. 할인하지 않고 원래의 가격이라면 20~30%를 더 비싸게 주고 산 것이다. 그리고 그때 할인분양을 받은 사람들은 경기가 회복되자 20~30% 이익을 보았다. 최초 분양가로만 가격이 회복되어도 이익이었던 것이다.

분양권 투자는 경기 상황을 예의주시하며 돌아가는 판을 읽다가, 경기가 안 좋을 때 투자하는 것이 승률이 높다. 만약 그런 상황이 아니라면, 무리해서 분양권 투자를 해서는 안 된다.

분양권 시장이 아니어도, 일반 매물 시장에서도 좋은 물건들이 넘쳐난다.

미디어가 말하듯 분양권 시장만이 돈을 벌 수 있다는 착각은 금물이다.

더불어 분양은 분양가의 40% 이상 현금을 보유하고 있지 않다면, 시도하지 않는 게 낫다. (단, 정책에 따라 보유율은 달라지기도 한다.)

분양 절차는 분양가의 10%를 계약금으로 내고, 잔금 전까지 일정 기간 중도금을 6회차까지 지불한다. 각각 10%씩 6회에 걸쳐서 중도금을 지불하는데, 은행이 대신 납부를 해주는 게 일반적이다. 계약자가 납부하는 것을 '자납'이라고 하며, 은행이 이자를 받지 않는 것을 중도금 무이자 대출이라고 하는데, 그런 이자는 이미 분양가에 다 포함된 후다.

즉, 말만 무이자이지 분양가에 이자 비용까지 다 계산되어 있다는 말이다.

중도금까지 모두 납부했다면, 입주할 때 잔금을 치르는데, 잔금 전까지 계약금과 중도금의 합은 70%에 이르며, 잔금은 분양가의 30%를 납부해야 한다.

여기서 분양가 30%를 잔금으로 납부하기 어려운 사람들은 임대로 주거나, 매도하는 것이다. 이때 가격이 내려갔다면, 손해를 보고 팔아야 한다.

혹자는 계약금 10%만 걸고, 3~4년 뒤 잔금을 치르기 전에 프리미엄을 붙여서 팔면 된다고 꼬드기는 경우가 있는데, 천만의 말씀이다. 거품 낀 분양가는 프리미엄은커녕 마이너스 프리미엄이 붙을 확률이 높다. 손해 보지 않으려고 팔지 않고, 잔금 때까지 기다리다 시세가 더 떨어지는 경우도 있는 것이다.

이러한 이유로 초보자라면 프리미엄만 노리는 투자를 꼭 피해야 한다. 분양가의 40% 이상 현금을 보유하고 있지 않다면, 아예 투자를 하지 않는 것이 현명하다.

또한, 분양률 100% 광고에 현혹되면 안 된다.

필자가 중개업을 하던 시절, 분양사 사장과 식사를 하던 때였다.

"이번 분양단지는 100% 완판하셨다면서요?"

"그렇게 말해야지 사람들이 몰리죠."

"그럼 100% 분양이 아니에요?"

"왜 그래요, 아마추어같이…"

"100% 계약이 됐다고 하면 사려는 사람이 없는 거 아니에요?"

"그 반대입니다. 100% 했다고 해야 좋은 물건인 줄 알고 사려는 사람들이 몰려요."

그리고 이런저런 분양률에 대한 실무적인 이야기를 나누었다.

여기서 잠시, 시공사와 시행사는 어떻게 다를까?

시공사는 공사를 맡은 업체를 말하며, 시행사는 공사를 의뢰하는 업체를 뜻한다.

시공사나 시행사는 분양하기 전, 미리 다양한 방법으로 수요를 체크한다. 시장의 경기 상황, 주변 시세를 확인하고, 투자에 관심 있는 사람들의 명단을 확보하는 것이다. 실제 분양은 경기 상황과 투자자의 관심도, 분양사의 영업력에 따라 그 결과가 달라진다.

미분양이 나는 이유도, 인구수 대비 공급량이 많아서라기보다, 시장 경기 및 부동산 정책의 영향이 가장 크다. 경기가 좋지 않고, 부동산 시장을 억제하는 정책이 많을수록, 미분양이 발생하는 것이다.

일반적으로 분양 물건을 계약하는 사람들은 목적에 따라 크게 세 부류로 나뉜다.

입주하려는 사람, 임대하려는 사람, 프리미엄 차익을 보고 팔려는 사람. 이 세 그룹은 비율도 비슷하게 각각 1/3씩 구성된다. 이들 중 어느 한 그룹이라도 균형이 깨지면 미분양이 생긴다.

가령 900세대를 분양한다면, 300세대는 입주를 하려는 사람이고, 300세대는 임대로 주려는 사람, 300세대는 프리미엄 시세 차익을 보려는 사람들로 구성된다. 그러다 경기가 좋지 않아, 프리미엄 시세 차익을 보려는 사람들이 분양에 참여하지 않는다면, 그 단지는 300세대 미분양이 난다는 이야기다.

하지만 시공사로선 회사 신용도 때문에 어떡하든지 미분양을 메꿔야 한다.

직원들의 명의를 빌리건, 대폭 할인을 해주건, 수단과 방법을 가리지 않고 분양이 모두 완료된 것처럼 꾸미는 것이다. 미분양 물량이 감당할 수 없는 수준일 때는 어쩔 수 없이 미분양 신고를 하는 것이다.

따라서 분양률 100%라는 말에 속아, 굉장히 인기 있는 물건이라고 생각하면 안 된다.

그런 문구는 그저 광고에 지나지 않는다.

이러한 분양의 뒷이야기는 일반 개인이 알 수 없는 것이 현실이다.

당신의 호주머니를 노리는 상술은 언제나 그럴듯해 보이는 이미지로 접근해 온다.

필자가 말한 분양의 속사정을 기억해 두고, 투자를 하기 전 항상 냉정하게 판단하길 바란다.

단기 매매의 종착역은 실패다

많은 사람이 단기 매매를 선호한다. 빨리 수익금을 손에 쥐고 싶어서 그럴 것이다. 주식이든 부동산 투자든 마찬가지다.

그러나 어떤 투자를 막론하고, 단기 매매의 끝은 실패다.

이유가 무엇일까?

일단 단기 매매로 이득을 보는 세력은 따로 있다. 주식은 증권사가 그렇고, 부동산 분야에서는 중개업자와 분양업자가 그렇다.

중개업자는 거래 횟수가 많을수록 수수료가 많아진다. 분양업자 역시 판매한 물건 수에 따라 거래 수수료가 커진다. 그렇기 때문에 중개업자는 매수자가 이익을 보건 손해를 보건 중요하지 않다. 그냥 계약을 성사시키는 것이 중요하다.

분양업자도 매수자가 시세 차익을 보던, 손해를 보던 중요하지 않다. 고객이 물건을 사는 게 중요하다. 높은 프리미엄이 보장된다는 등의 설득을 해서 사게 만들기 바쁘다.

그렇다고 중개업자와 분양업자를 나쁘다고 말할 수 있을까. 그들은 자신의 직업에 충실할 뿐이다. 물론 거짓말로 매수자를 속이는 건 잘못이지만, 매수자 역시 빨리 이익을 보려고 제대로 알아보지 않고 물건을 산다면 일부 책임이 있는 것이다.

그런 세력들이 단기 매매에 대한 잘못된 허상을 퍼트린다. 문제는 그 단기 매매가 실무적으로 결코 이익을 낼 수 없는 구조라는 것이다.

'이 부동산은 매수 대기자가 많아요. 지금 사서 등기치고 몇 개월 뒤 팔면, 시세 차익을 낼 수 있습니다. 세금 50%(부동산은 1년 이내 매도 시 양도소득세율이 50%다)를 내더라도 이익입니다. 제가 책임질게요.'

'분양 계약금 10% 걸고, 몇 개월 뒤에 프리미엄 붙여서 팔면 이익입니다. 전매도 가능한 물건이에요. 저희 부모님도 몇 개 했어요. 제가 책임질게요.'

중개업자나 분양업자들이 잘하는 말이 있다. 자기들이 모두 책임진다는 말로 안심시키는 것이다.

그러나 절대 책임지지 않는다. 필자는 호기심 삼아 그렇게 책임지겠다고 말하는 사람에게 계약서에 책임 조항을 넣자는 말도 해보았다.

'계약서에 안 써도 정말 책임집니다. 제가 이곳에서 영업한 지 10년이 넘었어요. 신뢰 없으면 오래 장사 못 합니다.'

이런 식으로 빠져나간다. 결국, 책임져야 할 사람은 계약한 당신이다.

중개사들이 중개업소를 옮기는 이유, 분양업자가 수시로 핸드폰 번호를 바꾸는 이유 모두 면책을 위해서다.

중개업자들조차, 돈 욕심 때문에 거래가 활발한 시장에서 단기 매매를 몇 번 하다가 손해를 보는 경우가 허다하다. 중개를 하다 보면, 그들도 인간이기 때문에 빨리 이익을 보려고 단기 매매에 손을 대는 것이다. 매도자는 없는데, 매수자가 줄을 서 있다는 게 사실이면, 정말로 단기에 시세 차익을 볼 수 있기 때문이다.

그러나 몇 번 거래를 하다 보면 알게 되는 것이, 달이 차면 기울듯 어느 순간 매수세가 끊긴다는 점이다. 그럼 물리는 것이다. 팔고 싶어도 손님이 없어 팔지 못하고, 하락하는 것을 보고만 있어야 한다.

손해를 줄이기 위해서 임대로 주면, 임차인이 있는 상태에서는 실거주자가 매수를 꺼린다. 그런 이유로 임대도 망설일 수밖에 없고, 거래도 안 되고 이자만 내다가 결국 큰 손해를 보는 결과로 이어진다.

분양권 전매 투자도 마찬가지다. 분양업자는 입주까지 시간이 넉넉하기 때문에 그 안에 프리미엄 붙여서 팔 수 있다고 꼬시지만, 만약 마이너스 프리미엄이 붙는다면 이 역시 매수자가 큰 손해를 떠안게 된다.

결국, 책임자는 누구인가. 바로 매수자 당신이다.

다시 한번 말하지만, 단기 매매는 결코 끝까지 이익을 볼 수 없는 투자다. 10번 중 1번만 어긋나도 큰 손해를 볼 수 있다. 시간에 쫓기기 때문이다. 제대로 판단하기 어려워지고, 작은 변동 폭에도 쉽게 동요되는 것이다.

그런 이유로 애초에 부동산 투자를 단기 매매로 접근하는 것은 매우 위험한 발상이다.

이에 대해 실제 있었던 유명인의 이야기를 하나 들려주겠다. '도널드 트럼프'가 말한 재미있는 일화다.

'도널드 트럼프'와 '리 아이아코카'는 반반씩 투자해서, 팜비치에 있는 빌딩을 샀던 적이 있다고 한다.

빌딩을 산 후, 공교롭게도 경기 침체가 시작되었고, 빌딩은 분양이 제대로 되지 않아, 투자금이 오래도록 묶이게 되었다고 한다.

그러자, 리(리 아이아코카)는 매일 같이 전화를 걸어 부동산 시장 전망이 어떤지, 분양은 잘되고 있는지 분양업자에게 질문해댔다고 한다.

그 모습을 보고, 트럼프는 리에게 좀 기다려라, 시간이 걸린다고 했지만, 리는 계속 분양업자에게 전화를 걸어 재촉했다는 것이다.

결국, 참다못해 화가 난 분양업자는 이렇게 소리쳤다고 한다.

"이런 제기랄! 귀찮게 자꾸 전화할 겁니까? 왜 그렇게 전화를 해대는 거예요? 당신 조금 이상한 거 알아요?"

여기에 나오는 리 아이아코카는 머스탱의 아버지라 불리는 그분, 폐업 직전의 크라이슬러를 살린 그분이 맞다. 리 아이아코카는 빨리 이익을 보려는 마음에 재촉하다가 울기까지 했다고 도널드 트럼프는 말했다.

이렇듯 단기 매매는 돈이 많고 적고, 문제가 아니다. 미래를 알 수 없는 투자에서 빨리 이익을 보려는 것 자체가 스스로 약점을 만드는 꼴이다.

첫 투자 성공의 저주

초심자의 행운이라는 말이 있다. 부동산 투자에서도 초심자의 행운은 늘 있다.

처음 투자한 물건에서 큰 수익을 보는 경우다.

물론 수익이 나는 것은 좋은 일이다. 그러나 첫 투자의 성공으로 인해 앞으로의 투자도 모두 성공할 거라 자만해서 번 돈까지 잃는 경우가 생긴다. 이것은 투자를 하지 않느니만 못한 결과를 가져올 수 있다.

그렇기 때문에 첫 투자 성공은 오히려 조심하고 경계해야 한다.

필자의 지인 이야기를 하나 하자.

A라는 지인은 아파트 2채를 경매로 낙찰받은 뒤, 시세가 급격히 올

랐다. 당시에는 부동산 호경기였다. 몇 달 만에 투자한 물건들의 가격이 크게 오르자, 자신이 성공한 부동산 투자자라는 생각이 들었나 보다.

갑자기 잘 다니던 회사를 그만두더니, 전업투자자의 길로 나섰다. 필자는 전업 투자에 반대하는 입장이기 때문에 노파심에 말렸지만, 회사를 그만두겠다는 지인의 의지가 너무 확고했다. 그는 전업을 하면 부동산 투자에 온전히 집중하여, 더 큰 수익을 낼 수 있을 거라 자신했다.

그렇게 A 씨는 겉으로는 그럴듯해 보이는 전업투자자가 되었지만, 실상은 소득 없는 백수일 뿐이었다. 직장 다닐 때처럼 갈 곳이 정해진 것도 아니었는데, 시간이 많아져서 그런지 오라는 데는 없어도 갈 데는 많았다. 목적 없는 외출은 오히려 평소보다 많은 돈을 쓰게 했다.

전업투자자란 이유로 기동성을 위해 작은 자가용도 구매했고, 생산성을 위해 최신형 노트북도 구매했다. 그는 첫 투자 성공의 환상에 빠져, 자가용과 노트북 비용 정도는 쉽게 벌 수 있을 것이라고 착각했던 것이다.

또한, 시간이 많이 남으니, 무엇인가를 자꾸만 저지르려고 했다. 가만히 시간만 보내고 있으니, 뭐라도 하자는 심정으로 그는 또다시 호기롭게 부동산 경매로 두 개의 물건을 동시에 낙찰받아 버렸다.

그것이 그에게 몰락을 가져올지는 아무도 예상하지 못했다.

낙찰받은 물건의 대출을 알아보던 그는, 소득 증명이 되지 않는 전업투자자는 대출을 받지 못한다는 사실을 알게 되었다. 우여곡절 끝에 대출을 받긴 했지만, 직장인일 때보다 큰 폭으로 대출비율이 줄었다. 그러면서 자금이 꼬이기 시작한 것이다. 첫 투자로 돈을 벌었지만, 고정적인 수입은 없었고, 이미 지출은 전보다 많이 늘어난 상태였다.

A 씨는 급한 대로 가족들에게 손을 벌릴 수밖에 없었다. 그마저도 더 빌려줄 사람이 없게 되자, 높은 이자의 카드 대출까지 받았다. 나중에 투자한 물건을 팔면 대출을 잘 해결할 수 있을 것이라는 막연한 기대를 하면서 말이다.

이런 모습은 마치, 도박으로 처음 돈을 딴 사람이 그 기억을 잊지 못하고 계속 도박에 돈을 갖다 바치며 헛된 희망을 품는 것과 같았다. 그 결과는 결국 빈털터리 도박 중독자가 아니겠는가.

A 씨는 전업투자자란 타이틀이 무색할 만큼, 대출이자마저 감당하기 어려운 수준에 이르렀다. 그는 조급한 마음에 투자했던 물건들을 전부 팔 수밖에 없었다. 황금알을 낳는 거위를 내다 팔게 된 것이다. 그마저도 두 번째 낙찰받은 물건들은 손해를 보면서 매도했다.

그리고 그는 다시 취업 전선에 뛰어들었다. 다시 취업을 할 때는 물론, 전보다 더 안 좋은 직장을 선택할 수밖에 없었다.

A 씨를 보면서 필자는 '첫 투자 성공의 저주'를 떠올렸다.

처음 투자한 물건이 좀 시세가 상승하면, 갑자기 부자가 된 듯한 착각이 든다. 당장 손에 현금이 들어온 것도 아닌데, 우상향하는 시세를 보면서 기분까지 덩달아 우상향하는 것이다.

그러나 이때가 가장 조심해야 할 때다.

첫 투자가 성공했다고 해서 다음 투자도 계속 성공적이라고 확신할 순 없다. 그때 무리하게 투자를 한다든지, 갑자기 사치를 해버리면 잘 돼 가던 일도 꼬여버리는 것이다.

투자자는 항상 시장 앞에서 겸손한 마음을 가져야 한다.

그게 첫 투자든, 마지막 투자든 상관없이 말이다.

Chapter. 4
자산을 지키는 원칙!

내 돈은 결코 남이 벌어주지 않는다

우리나라가 사기죄 세계 1위, 횡령죄 세계 2위라는 내용을 읽은 적이 있다.

이것은 누가 어떤 의도로 만들었는지 모르겠지만, 모두 근거 없는 주작(조작)이다.

일부 기사에서는 WHO (World Health Organization; 세계보건기구) 범죄 종류별 국가 순위에서 우리나라가 사기 범죄 세계 1위를 했다고 밝혔다. 하지만 정작 2013년 WHO의 세계 보건 통계자료에는 사기 관련 항목 자체가 없다.

WHO는 보건, 위생 분야에 대해 국제적인 협력을 위해 설립된 전문 조직이다. Crime(범죄)이 아닌, Health(보건)이다.

출처가 'WHO'라는 말을 봤을 때부터 의심을 할 법한데, 많은 사람이 그대로 믿는 듯하다.

유언비어를 쉽게 믿는 것을 보면, 비록 사기죄 세계 1위라는 정확한 근거는 없더라도 많은 사람이 쉽게 속는 경향은 확실히 있어 보인다.

필자는 이점에 대해 일차적으론 불순한 목적으로 남을 속이는 사람의 잘못이지만, 이차적으론 대한민국 민족의 속성인 선량함에도 원인이 있다고 생각한다.

고대 로마 황제 '시저(Caesar; 카이자르)'는 장군들에게, 무기 없이 싸울 의사가 없음을 보여 주는 인사법으로 오른쪽 빈손을 내미는 방법을 가르쳤다고 한다.

그것이 '악수'의 유래다.

그 후 악수는, 손을 잡고 흔들어 소매에도 무기를 숨기고 있지 않다는 것을 확인하는 것으로 진화했다. 이러한 악수의 기원은, BC 8세기 고대 로마 시대부터, 서로를 쉽게 믿지 않았다는 것을 의미한다고 볼 수 있다.

이와는 상대적으로 1900년대 초까지 농경사회를 유지했던 우리나라는, 이웃을 믿고 의지하는 그 선량함이 오랫동안 유지되었다. 그렇기 때문에 쉽게 속는 것은 아닐까 싶다.

우리는 어릴 때부터 어떻게 교육을 받았는가. 높은 사람(선생, 상사, 고참, 사장 등) 말을 잘 들으라고 배우지 않았는가.

김병국 국제변호사는 우리나라 국민의 이러한 성향이 외교 협상력 부족의 원인이라고 설명하기도 했다.

당신의 돈이 걸려 있는 판에서는 그 누구도 믿지 말라. 특히 당신의 돈을 불려 주겠다는 그 어떤 사람이나 조직, 단체도 믿어서는 안 된다.

돈을 불려 주겠다고 꼬드기며 여러 명의 초보자에게 투자 명목으로 돈을 받는 사기가 있다.

가령 이런 식이다.

'우리에게 투자하면 10% 이익을 줄게. 원금도 보장해 줄게. 대출이라도 받아서 우리에게 투자해. 대출이자 5%만 내도, 앉아서 5% 먹는 거잖아.'

이런 말도 안 되는 속임수에 아직도 많은 사람이 속고 있다. 이것은 조금이라도 사회 경험 있는 사람이라면 쉽게 속지 않는다. 그렇다 보니 이제 막 사회인이 된 초보나, 나이 어린 사람들이 주목표가 되는 듯하다.

확실하게 10% 이익을 낼 수 있다면, 본인들이 직접 은행에서 5% 금리로 대출받아서 투자하면 되지 않겠는가.

요즘은 왜 직접 투자하지 않느냐는 반론을 대비해서 그런지, 은행에서 대출을 받을 수 없기 때문이라고 설명하며 투자금을 모집한다고 한다.

그렇다면, 더 위험한 것 아닌가? 은행에서 대출도 못 받을 정도로 신용이 나쁜데, 어찌 10% 이익을 챙겨줄 수 있겠는가.

결국, 핑계를 위한 거짓말을 하고 있는 셈이다.

원리는 아주 간단하다.

결코, 당신의 돈을 남이 대신 벌어주지 않는다는 진실만 믿으면 된다.

잊을 만하면 집단 사기 사건들이 계속 터지는 이유는, 사회에 진입하는 초보들이 매년 생겨나기 때문일 것이다.

그런 초보자들은 아직 사회의 냉정함을 모른 채, 따뜻한 거짓말에 속아 남을 위해 희생하는 사람이 존재한다고 믿기 때문이 아닐까 생각한다.

노벨 경제학상을 수상한 제임스 토빈 경제학 박사는 경제학의 정의를 '인센티브'라 하였다.

즉, 보상이나 이익이 경제를 움직인다는 말이며, 이는 경제를 움직이는 인간 본성을 뜻하는 것이다.

그 누구도 자신의 이익을 희생하면서까지 타인의 이익을 챙겨주지 않는다.

누군가 처음엔 선한 사마리아인을 자처하더라도, 이익이 없다면 나중에는 나쁜 사마리아인이 될 수도 있는 법이다.

그게 인간 본성이다.

예외는 없다.

그러니 제발 좀, 속지 말자.

퇴사는 옵션이 아니다

"월급 노예를 탈출하자!"

"인생은 짧다. 좋아하는 일을 찾아 퇴사하라!"

하루의 반을 넘게 직장에 얽매여, 온갖 스트레스를 받는 사람들에게 얼마나 달콤한 유혹인지 모른다.

그런 말을 들으면 지금 나를 불행하게 만드는 요소는 직장생활이고, 퇴사만 하면 어찌 됐든 모든 일이 잘 풀릴 것 같은 예감이 든다.

그럴듯하게 들리는 말이지만, 사실 평범한 사람들에게 퇴사의 끝은 지옥으로 가는 지름길이다.

젊을수록 은퇴에 대한 환상이 크다. 한 살이라도 젊을 때 자신의 꿈을 찾아야 한다고 생각한다. 하지만 그것은 기회를 위해서라기보다 나이가 어릴수록 돈에 대한 현실감각이 떨어지기 때문이라고 본다.

나이가 들면 느끼겠지만, 어릴 때보다 훨씬 돈이 많이 든다. 나이 든 사람들이 오히려 계속 직장을 다니려는 이유가 무엇일까? 그들은 꿈이 없어서일까? 아니다. 당장 퇴사하고 나면 돈 문제를 겪을 것이 뻔하기 때문이다.

젊은 사람들은 까짓거 월급이 없으면 꿈이라도 먹고 살면 된다고 생각하지만, 이미 세상을 겪어본 사람들은 그까짓 월급 때문에 꿈을 찾아 떠나기도 전에, 생계부터 타격을 받는다는 것을 알고 있다. 꿈보다 밥이 먼저인 이유다.

그저 단순히 회사 다니기 싫어서 은퇴를 꿈꾸는 사람들은 초등학생이 학교 가기 싫어하는 것과 다르지 않다. 성인이 볼 때, 초등학생이 학교 가지 않으면 할 게 없다는 것을 알지만, 초등학생은 그렇지 않다. 학교에 안 가면 마음껏 하고 싶은 대로 놀 수 있다고 생각한다. 물론 부모의 보호 아래에서는 아주 불가능한 것은 아니다. 그러나 부모가 초등학생을 보호하는 것은 당연하지만, 성인은 그런 게 없다. 스스로 문제를 해결하고, 책임져야 한다.

퇴사로 인해 생기는 수많은 돈 문제들. 당장 핸드폰비, 교통비와 같은 고정비용은 어떻게 충당할 것인가. 모아 놓은 돈을 다 썼을 때는 어떻게 할 것인가.

지금은 월급을 받고 있기 때문에, 그 소득이 끊겼을 때의 막막함을 실감하지 못한다. 점점 잔고는 바닥을 드러내는데, 돈 나올 구멍이 없을 때의 심정은 이루 말할 수 없다. 그때 가서 부랴부랴 재취업을 하려고 해도, 조급함과 성급함 때문에 제대로 된 직장을 얻기도 힘들다.

또한, 제대로 된 경력이 있어야 재취업이라도 할 것 아닌가. 꿈을 찾겠다는 명목으로 시간만 보냈을 텐데, 무슨 경력으로 재취업을 할 수 있겠냔 말이다. 작은 회사라도, 꿈을 찾으러 돌아다닌 사람보다 맡은 분야에서 차곡차곡 경력을 쌓은 사람을 더 선호한다는 것은 당연한 사실이다.

혹자는 10억 정도만 모으면 은퇴를 하겠다고 말한다. 한 달에 100만 원씩만 써도 83년이 걸리기 때문이다. 그러나 이것도 짧은 경험으로 세상을 판단한 것이다. 10억을 진짜 모아본 적이 없기 때문에 그런 말을 아무렇지 않게 할 뿐이다.

2000년도 평균 짜장면 가격은 3천 원이었다. 그러나 2018년도 최근 평균 짜장면 가격은 6,714원이다. 20년도 안 지나서 가격이 2배가 되었다.

이 말은 기본적으로 식대만 놓고 보더라도, 20년도 안 되어 2배 이상 가격이 오른다는 말이며, 역으로 생각하면 돈의 가치가 2배 이상 하락한다는 뜻이다. 10억을 모아두고, 100년간 쓰겠다는 당신의 계획은 물가 상승과 인플레이션에 의해 방해를 받는다.

젊을 때 주어지는 기회를 이용하여 미리미리 자산을 만들어놔야 한다. 나이가 들면 기회조차 줄어들기 때문이다.

꿈을 찾는 것도 돈을 벌면서 충분히 병행할 수 있다. 반드시 퇴사를 해야만 꿈이 보이는 것은 아니다. 요즘은 직장인들도 회사 일에만 매달려 사는 것은 아니더라. 퇴근 후 시간을 활용하여 취미생활을 곧잘 한다. 인터넷의 발달로 인해 배움에 있어 시공간의 제약이 사라지고 있다. 꼭 멀리 가지 않아도, 유튜브나 온라인 강의를 들으며 자기 집 방 안에서 취미생활을 즐길 수 있는 시대가 된 것이다.

한 가지 분명한 것은 생계가 뒷받침되어야, 꿈을 찾는 것도 안정적으로 진행된다는 것이다.

필자는 당신의 꿈을 응원하지만, 퇴사가 대안은 아니다. 수많은 사람이 섣불리 퇴사해놓고 후회한다. 조금 더 일할 걸, 조금 더 돈을 모아놓을 걸 하고 말이다.

지금 당장 퇴사해도 먹고 살 걱정이 없다면 과감히 퇴사해라. 그러나 대안이 없다면 퇴사는 지옥으로 가는 꽃길이라는 점을 명심해야 한다.

자산의 진정한 가치를 이해하라

요즘은 과거에 비해 많은 사람이 투자에 대한 필요성을 인식하고 있다.

예전과 다르게 20대 초반의 젊은 사람들조차 투자에 관심을 두고, 어떻게 하면 근로소득 외 추가소득을 만들지 고민하는 모습을 종종 본다.

그러나 투자의 필요성을 알고 있어도, 자산가치는 중요하게 생각하지 않는 듯하다.

이러한 현상은 마치, 밥을 먹어야 하는 것은 알겠는데, 왜 먹어야 하는지를 모르는 것과 같다.

그저 남들이 투자한다니까, 나도 해야 할 것 같은 막연한 생각을 하는 건 아닌지 모르겠다. 그런 생각으로는 제대로 된 투자를 하지 못한다. 투자의 본질적인 가치를 제대로 모르면, 실천한다 해도 스스로 위험에 빠질 수 있다.

투자를 자산 증가의 개념이 아닌, 그저 단기에 돈을 버는 수단으로만 생각한다면, 싸게 사야 한다는 생각으로 타이밍만 재다가 사지 못할 것이고, 빨리 이익을 보고 팔아야 한다는 생각 때문에 조금만 가격이 하락해도 초조해지고 버티지를 못할 것이다. 조금 가격이 상승하면 그새를 못 참고 팔아버려, 더 큰 이익을 놓치는 일도 생긴다.

이러한 태도는 투자에 대한 본질적인 가치와 자산에 대한 개념이 제대로 확립되지 않았기 때문이다.

자산이란, 상품을 그저 팔았을 때 생기는 시세 차익으로만 취급하면 안 된다. 자산은 가지고 있으면 있을수록 그 가치가 늘어나는 황금알을 낳는 거위와 같다. 조금 가격이 올랐다고 쉽게 내다 파는 행위는 황금알을 낳는 거위의 배를 가르는 것이다.

배를 갈라봐야 거위 고기는 좀 먹을 수 있겠지만, 다시는 황금알을 얻지 못한다.

세계 어느 나라 건, 개인의 재산권을 인정하면서 자본주의가 시작됐다. 그리고 자산에 대해 시간이 지날수록 그 가치가 늘어나는 관점으로 접근했다. 당장 하루 한 끼를 때우기 위해 팔아 버리는 것이 아닌, 시간이 지날수록 그 가치가 늘어나는 것으로 인정했던 것이다.

그러나 시대가 빠르게 변하면서 점차 부동산을 자산이 아닌, 거래 수단으로만 취급하고 있다. 무조건 싸게 사서 비싸게 팔려는 목적으로만 접근하기 때문에, 조급함과 공포에 사로잡혀 조금만 가격이 내려가도 손해를 보고 팔거나, 살 기회를 놓치는 것이다.

부동산을 자산의 개념으로 인정하는 것은 투자자가 반드시 지녀야 할 마음가짐이다.

장사꾼이 물건 파는 것처럼 다뤄서는 안 된다. 작은 자산이라도 보유하고 있어야, 시간이 지남에 따라 복리를 훨씬 상회하는 상승률로 가치가 증가한다.

시간을 돌려 20여 년 전으로 돌아가 보자. 그때 당시엔 필자가 한창 왕성하게 사회생활을 하던 시기다. 연봉도 제법 높게 받았던 때였다.

그때 누군가 필자에게 와서 이런 제안을 한 적이 있다.

"제가 집을 팔려고 복덕방에 내놨는데, 경기가 어려운지 전화 한 통 안 오네요. 혹시 사겠다면 시세보다 더 싸게 팔려고 하는데 사실 의향이 있나요?"

"얼마인데요?"

"7천만 원에 내놨는데, 사신다면 6천만 원에 해드릴게요. 요즘 제가 자금이 급해서."

"그리 부담되는 돈은 아닌 것 같은데, 제가 부동산은 잘 몰라서 선뜻 내키지는 않네요."

"여유가 되시면 그냥 사서 묻어두세요. 부동산은 그렇게 하시는 겁니다. 여유 있을 때 사놓고 잊어버리면 알아서 큰돈이 되는 거예요."

솔직히 말하면, 그때 샀어야 했다. 그리고 그때 그분의 말을 새겨들었어야 했다. 시간이 지나서야 그 말의 의미를 깨달았고, 그게 바로 진리였음을 알게 되었다.

그 부동산은 10년 뒤 재개발되면서, 6억 원짜리 아파트로 재탄생 되었다. 그리고 현재는 12억을 호가한다.

그렇다고 필자가 재개발이 좋다고 말하려는 게 아니다. 시간이 지나면서 가치가 상승하는 자산의 개념을 설명하고 있는 것이다.

'그냥 사서 묻어두세요. 부동산은 그렇게 하시는 겁니다. 여유 있을 때 사놓고 잊어버리면 알아서 큰돈이 될 거예요.'

이 말의 진리를 이해하라는 말이다. 그게 자산 증가의 개념이자, 투자의 본질적인 가치다.

시간의 차이는 있겠지만, 시간이 지나면서 100% 오르는 자산은 부동산밖에 없다. 여유 있을 때 사놓고 잊어버리듯, 자산을 만들어 두면 된다.

뒤늦은 후회는 언제나 소용이 없다.

인맥은 리스크다

시대를 통틀어, 큰 업적을 이룬 사람들은 능력 위주의 인사를 펼쳤다는 공통점이 있다. 정에 이끌린 인사가 아닌, 능력 위주의 인사를 했던 것이다.

에이브러햄 링컨은 대통령 취임 후, 경선 당시 상대 진영에 있던 능력 있는 인물들을 정부 요직에 앉혔으며, 유명한 사업가 록펠러 역시 자신을 악랄하게 공격했던 변호사들을 자기 사업의 법무팀으로 고용했던 일화가 있다. 이들은 모두 사적인 감정보다 능력을 중요하게 생각했던 것이다.

하지만 대부분의 사람은 주로 자신을 도와줄 사람을 결정할 때, 능력보다는 정, 인맥, 학연, 혈연을 우선으로 한다.

이는 비단 사업 분야만이 아니다.

부동산도 공동투자를 할 때, 실력이 아닌 자신의 입맛에 맞는 사람들끼리 모여 투자를 한다.

그에 대한 결과는 어떨까? 보나 마나다.

필자는 장사, 사업, 투자를 25년을 넘게 해오면서, 동업이나 공동투자가 성공한 경우는 단 한 번도 보질 못했다. 간혹 성공한 케이스는 앞에서 이야기한 것처럼, 철저하게 능력 위주의 인사를 했을 때나 가능했고, 그런 인사는 동업이나 공동투자로 볼 수 없다. 고용인과 피고용인의 관계였다.

자신이 직접 모든 것을 통제하고 관리하면 문제가 없지만, 타인을 끌어들이거나 타인에게 의지하다가는 오히려 없던 문제까지 만들게 된다.

인간은 결국 자신에게 이익이 되는 방향으로 기울게 되어있다. 그것은 옳고 그름의 문제가 아니라, 그저 인간 본성일 뿐이다.

당신이 집을 살 때도, 많은 인맥은 기회가 아니라, 오히려 리스크가 될 것이다.

조금만 돈을 모았다 싶으면 누군가 당신에게 좋은 투자처가 있다고 꼬드기거나, 돈을 빌려 달라고 할 것이다. 당신에게 대박 투자처가 있다며 밤낮으로 당신을 귀찮게 할 것이다.

믿기 힘들겠지만, 냉정하게 말해서 사실이다.

삼삼오오 모여서 공부하고, 투자 지식을 공유한다는 것은 그저 허울 좋은 이상일뿐이다. 그 조직을 통해 이익을 보는 대상은 따로 있다. 그 조직을 만든 사람이 이익을 보는 것이다. 조직 안에 있는 사람은 결코 이익을 볼 수 없다.

이는 네트워크 마케팅이라고 하는 다단계와 같은 원리다. 다단계 구조 속에 있는 사람은 결코 돈을 벌 수 없으며, 다단계를 만든 사람만이 돈을 버는 구조다.

부동산 투자 시장도 마찬가지다.

그저 단순히 먹고 마시고 노는 모임에선 어차피 이익을 따지지 않기 때문에 상관없다.

하지만 당신이 투자로 돈을 벌고자 한다면, 그런 모임에선 하루빨리 빠져나와야 한다. 투자 공부를 위한 모임이라는 명분을 내세우지만, 결국엔 먹고 놀면서 인맥만 강조하기 때문이다.

실제로 실력이 있는 사람들은 굳이 다른 사람의 도움이 필요 없다. 그래서 공동투자에 참여하지 않는다. 그런 일에 참여하는 것 자체가 시간 낭비, 에너지 낭비라는 것을 잘 알기 때문이다. 오히려 그 시간에 자신의 실력을 더욱 갈고닦는다.

공동투자에 혹하는 이유는 본인도 자신이 없기 때문이다. 자금이 부족하거나, 경험이 부족하거나, 지식이 부족하기 때문에 자신에게 필요한 부분을 채우기 위해 타인을 이용하는 것이다.

처음에는 좋은 취지로 시작된 모임일지라도 시간이 지나면서 자신의 욕구를 충족하기 바쁘다. 내가 가진 것을 공유하는 것은 아까워하면서, 남에게 받는 것은 당연하게 여긴다. 그런 관계는 삐걱댈 수밖에 없다.

만약 지금 당신이 혼자서 투자를 하기 망설여진다면, 스스로 무엇이 부족한지 진지하게 생각해보는 것이 좋다. 지식이 부족하다면 더 많이 공부해야 하고, 돈이 부족하다면 돈을 더 모으고 시작해야 한다. 남에게 기대거나, 남을 이용할 생각은 하지 말라.

스스로 부족한 부분을 채우면서 발전하는 것이지, 타인에게서 부족한 부분을 채우려고 하다 보면 리스크만 더 커질 뿐이다.

그런 관계가 불러오는 리스크는 당신이 생각하는 것보다 훨씬 파괴적이다.

멀리 가려면 혼자 가라

"빨리 가려면 혼자서 가고, 멀리 가려면 함께 가라."

이 말은 아프리카 속담이다.

이 속담이 생기게 된 유래는, 아프리카의 대표 사막인 사하라 횡단 때문이라 생각한다.

사하라 사막과 관련된 책(소설책이든, 역사책이든)을 읽다 보면, 대한민국 영토의 94배에 달하는 그 넓은 사막을 횡단하는 것이 얼마나 힘들었는지 유추할 수 있다.

 준비하는 데만 몇 개월이 걸리고, 동원된 인원만 수십, 수백 명에 달했다고 한다. 식량 조달을 위해 가축들까지 데리고 이동해야 하는 대장정이었다. 그런 광활한 사막을 횡단하기 위해 나온 속담이, '빨리 가려면 혼자 가고, 멀리 가려면 함께 가라'였다.

 그런데 이 아프리카 속담이 현대 사회에서도 회자되고 있다.

 성공하려면 인맥이 중요하다는 주장에 인용되고, 투자를 위해선 여럿이 뭉쳐야 한다며 회자되고 있는 것이다.

 필자의 경험으로 말하건대, 잘못된 연결이라고 생각한다.

 실제 성공한 사람들은 많은 인맥보다, 소수 인원이 주는 기회가 더 중요했다고 말한다.

 투자 역시 여럿이 뭉쳐봐야 각자의 이기적인 욕심이 문제만 일으키고, 잘 될 일도 그르치는 것을 숱하게 목격했다. 조직이건, 모임이건 문제가 되는 것은 대부분 '친목질'이었다.

 자신의 위치가 약할 땐 친목에 기대어 이익을 챙기려고 하고, 자신의 위치가 강해지면 지배하려 드는 것이 인간 본성이다.

 특히, 이익이 걸려 있는 상황에서는 개인 이기주의가 드러날 수밖에 없다. 모두가 타인에겐 희생을 강요하지만, 자신은 희생하지 않는다. 서로 뭉쳐야 산다고 주장하는 사람은, 자신의 이익을 위해 남들이 뭉치길 바랄 뿐이다.

 진짜 성공하는 방법을 아는 사람은, 여럿이 함께하라고 하지 않는다. 성공을 하는 과정에서 여럿이 함께하는 것이 얼마나 위험한지 경험해 봤기 때문이다. 그런 사람들은 오히려, '외로움'을 피할 수 없는 과정이라며 냉정하게 충고한다.

필자 역시, 젊은 시절 이런 충고를 부정적으로 생각했다. 성공한 사람들이 아무리 외로움을 즐기라고 말해도 지금은 옛날과는 다르지 않냐고 반문했다. 예외가 있을 것이라고 생각했고, 함께 일해도 충분히 성공할 수 있다고 생각했다.

그리고 오랜 시간이 지난 후, 필자 역시 인맥 리스크를 경험한 뒤 비로소 깨달았다. 결국, 성공한 사람들 말이 맞았던 것이다. 진리에는 예외가 없었다.

복잡한 현대 사회는 사하라 사막을 횡단하는 것과 다르다.

멀리 가려면 혼자 가야 한다. 느려 보일지라도(결과를 따지고 보면 결코 느린 것이 아니지만), 혼자 가는 게 더 빠르다.

운동회 때 이인삼각 게임을 하면 꼭 한 명은 어딘가에 걸려 넘어지고 말았다. 모두가 함께 발맞춰 뛰어간다는 게 얼마나 어려운 일인가. 이인삼각 게임은 중간에 넘어져도, 다 같이 웃고 넘기면 그만이다. 어느 누구도 넘어진 사람을 비난하고 다그치지 않는다.

그러나 투자는 그런 게임과는 다르다. 다 같이 돈을 벌려고 하다가 누구 하나 때문에 실패한다면, 과연 쉽게 웃어넘길 수 있을까.

그때는 돈도 잃고, 사람도 잃는 것이다.

너무 냉정하게 들릴지 모르겠다. 그러나 당신도 해보면 알 것이다. 경험한 뒤에 깨닫는 것은 소용이 없다. 그 전에 깨달아야 대비하고 방지할 수 있는 것이다.

리스크 관리는 실패조차 성공으로 만든다

필자는 항상 리스크 관리를 강조한다. 사업을 하건, 투자를 하건 수익보다 중요한 게 바로 리스크 관리다. 아무리 매출이 높아도 나가는 비용이 많다면, 남는 장사가 아니다.

투자 역시 마찬가지다. 좋은 물건을 매수해도, 그 안에서 발생되는 리스크를 제대로 관리하지 못한다면 결국 손에 쥘 수 있는 수익은 없다.

그렇기 때문에 필자가 늘 말하는 원칙이 있다.

'10의 역량 중, 5만 사용해서 투자하라.'

이는 필자가 과거 장사를 시작할 때, 경험이 많던 친구에게 배웠던 원칙이다.

그 친구는 필자에게 늘 이렇게 말했다.

'밑천 1억 원이 있으면 5천만 원만 써야 해. 그리고 나머지 5천만 원은 없는 돈으로 생각하는 거야. 그러면 나중에 큰 문제가 생겼을 때 빼놓은 돈으로 재기할 수 있어. 그래야 안정적으로 돈을 벌 수 있는 거야. 그렇게 돈을 벌어서 2억 원이 되면, 그중 반인 1억 원을 또 떼어서 잘 보관해 놓고. 이런 식으로 자본의 반만 운용하는 습관을 들여야 해.'

필자는 그때 배운 이 원칙으로 인해, 나중에 사업을 할 때나 투자를 할 때도 안정적으로 자금을 운용할 수 있었다.

당신이 투자할 때도 마찬가지다.

대부분 리스크가 발생되는 부분이 바로 돈이다. 그러나 당신이 가진 역량 중 반만 사용한다면, 그게 바로 리스크 관리의 시작인 것이다.

당신이 운용할 수 있는 자금을 한꺼번에 모두 투자에 사용한다면, 대출이자, 공실, 재계약 등의 과정에서 생길 수 있는 다양한 변수를 대처하기 어렵다. 돈 때문에 생기는 문제들은 당신의 멘탈을 쥐고 흔들 것이다.

투자에 있어 가장 중요한 것은 심리인데, 그렇게 되면 당신은 투자를 잘해놓고도 마음고생을 하다가 결국 손해 보고 좋은 물건을 팔아 버릴지도 모른다.

실제로 투자를 하다 보면, 이런 경우가 많이 생긴다. 영혼까지 끌어모아 집을 한 채 사놓고, 갑자기 공실이나 재계약, 세금 등의 문제가 생기면 이를 충당할 수 있는 자금이 없기 때문에 결국 버티지 못하고 매도하는 것이다.

그러니 당신의 역량과 자금을 잘 따져서, 리스크를 관리해야 한다. 그게 안정적으로 수익을 낼 수 있는 길이다.

10의 역량으로 5만 사용하면, 나머지 5가 당신의 에너지가 된다. 경기 상황, 정부 정책 등에 의해 잠시 어려움을 겪어도 나머지 5의 에너지가 당신을 버틸 수 있게 해준다.

그러나 10의 역량으로 15를 사용해 버리면, 초과한 5는 기존에 있던 당신의 에너지까지 빼앗아 간다. 결국, 당신에게 손해를 끼치게 되는 것이다.

이 점을 꼭 명심하여, 리스크 관리에 신경을 쓰길 바란다.

당신의 돈을 남에게 알리지 말라

연예인들이 돈 문제에 휘말리는 걸 종종 본다.

다른 사람 보증을 서줬다가 채무자가 된 경우도 있고, 스스로 사업에 실패해서 빚을 떠안게 된 경우도 있다.

여러 가지 사연이 있지만, 사정을 들춰보면 돈 때문에 그들에게 접근한 사람들이 원인인 경우가 참 많더라.

연예인은 돈을 많이 버는 사실을 숨기기가 어렵다. 그들의 활동 여부만 봐도 그들이 현재 잘 나가고 있는지 아닌지 금방 알 수 있지 않은가.

돈이 많은 걸 아니까 접근해서 사업이든 투자든 어떻게든 끌어들이려고 하는 것이다. 돈 없는 사람들은 오히려 안심해도 된다. 사기꾼도 돈 없는 사람에겐 접근하지 않는다.

이순신 장군은 자신의 죽음을 적에게 알리지 말라는 명언을 남겼다. 적군이 자신의 죽음을 알게 되는 순간, 적의 사기가 올라가서 아군이 힘든 싸움을 해야 했기 때문이다.

갑자기 왜 이순신 장군 얘기냐고?

이순신 장군이 그랬듯 당신도 당신의 돈을 남에게 알리지 말아야 한다.

가까운 가족이건, 친구나 친척에게도 말이다. 당신이 돈을 많이 벌면, 그들은 자기가 그 돈의 주인이 아님에도 탐욕을 드러낼 수 있다.

견물생심(재화를 보면 욕심을 냄)이라고 하지 않던가.

당신이 만약 승진을 했다고 하자. 주변에서 꼭 하는 말이 승진 턱을 내라는 것이다. 물론 당신도 기분에 취해 주변인들에게 한턱내고 싶은 마음이 드는 것은 당연하다. 그러나 이게 한 번으로 끝나지 않을 때가 문제다.

주변에서 툭 하면, "니가 승진했으니까 니가 사.", "니가 나보다 월급이 더 많으니까 니가 내."라고 하는 게 반복된다면 당신은 쉽게 거절하지도 못하고, 계속 돈을 쓰게 된다.

배우자라고 다를까, 자식이라고 다를까. 높아진 월급 믿고 씀씀이가 더 커진다. 월급이 올라도 남는 돈이 없는 이유가 바로 이 때문이다.

승진만 해도 이런데, 당신이 만약 부동산으로 수익을 올렸거나, 주식으로 이익을 봤다고 자랑한다면 주변에서 가만히 있을까?

돈 많은 당신이 쓰는 게 당연한 일이 돼버린다. 그리고 돈을 써도 문제, 안 써도 문제가 된다.

참 웃긴 게 당신이 돈을 안 쓰면 자린고비라고 욕을 하고, 당신이 돈을 쓰면 돈 자랑한다고 또 뒤에서 욕을 한다. 그게 인간의 심리이자 본성이다.

가족 중 누군가 사업 실패로 빚을 진다면 당연히 당신에게 먼저 찾아올 것이다. 도박 빚이건, 결혼 자금이건, 병원비건 어찌 됐든 돈 들어갈 일이 생기면 당신을 가장 우선순위로 찾게 되는 것이다.

당신이 돈이 있는 걸 모른다면, 그 사람은 굳이 당신에게 찾아오지 않는다. 자기가 어떻게든 문제를 해결하게 되어있다. 그러나 당신이 돈이 있다는 것을 알면 어떻게든 손을 벌리려고 한다.

홍길동은 평범한 직장인이었다. 성실하게 일을 하며, 통장에 꼬박꼬박 저축하였다. 그러나 돈이 제법 모였을 때, 그 사실을 알게 된 동생이 찾아왔다. 사업을 하다 망했다며, 도움을 요청했던 것이다.

동생이 빚쟁이에 쫓기며 생활하는 모습을 딱하게 생각했던 길동은, 돈보다 사람이 중요하다는 생각으로 그동안 어렵게 모았던 돈을 동생에게 주었다.

"우선 급한 대로 이걸로 해결하고, 꼭 재기해서 나중에 형에게 갚아."

일반적인 동화라면 동생은 길동이에게 받은 돈으로 빚을 갚고, 피나는 노력으로 성공해서 형의 은혜를 갚는다.

그러나 현실은 동화가 아니다. 동생은 돈을 갚은 지 얼마 되지 않아 길동이를 다시 찾았다.

"형, 이번 한 번만 더 도와줘. 나중에 꼭 두 배로 형에게 보답할게."

줄 돈이 없던 길동은 대출까지 받아서 동생에게 돈을 빌려주었다. 동생의 재기를 간절하게 소망하면서 말이다.

그러나 동생은 얼마 뒤, 또 길동을 찾아왔다.

"형, 이번엔 진짜 마지막이야. 한 번만 더 빌려줘."

길동이 더 이상 빌려줄 돈이 없다고 하자, 동생은 돈이 없으면 당장 죽는다는 극단적인 말까지 했다. 마음이 약한 길동은 다시 한번 무리한 대출을 받아 동생에게 돈을 주었다.

결과는 어떻게 되었을까? 예상한 대로다.

동생은 더 많은 빚을 지게 되었고, 길동 역시 동생에게 빌려준 돈을 거의 평생 갚아야 하는 신세가 되었다. 이것은 실제 있었던 일이다. 이와 비슷한 모습들도 우리 주변에서 심심찮게 목격할 수 있다.

필자의 얘기가 극단적으로 들릴 수도 있다. 주변에 한턱내는 게 뭐 힘든 일이냐, 어려운 동생을 도와주는 게 잘못된 일이냐, 돈 번 것을 그렇게까지 숨기며 살아야 하는지 이해를 못 할 수도 있다. 그러나 한두 번으로 끝나는 문제가 아니라, 반복된다는 것이 문제다.

돈은 겉으로 드러낼수록, 문제를 끌어당기는 속성을 가지고 있다. 상대방은 당신의 선의를 당연하게 받아들이고, 당신 역시 그렇게 계속 쓰다 보면 의무가 되어 버린다.

사람은 저마다 돈의 그릇을 가지고 있다. 각자 돈의 그릇만큼 그 안에서 생활하게 되어있다.

그릇보다 적은 돈이 있을 땐 가난하게 살고, 그보다 많을 땐 부유하게 산다. 그러나 가난은 사람을 힘들게 할지언정 망가트리진 않지만, 많은 돈은 그 사람을 망치는 법이다.

자신의 그릇보다 넘치는 돈 때문에 자신을 파멸로 몰고 간 사람을 가까운 미디어를 통해서도 많이 보아왔다. 이런 모습의 이면에는 모두 본인 그릇보다 많은 돈을 담았던 게 원인이었다.

당신을 돈 문제에 끌어들이는 사람들 역시 자기 그릇을 모르고, 돈을 많이 담으려고만 하는 사람들이 대부분이다.

당신의 부를 굳이 밖으로 드러내지 말라.

당신을 진정으로 축하하는 사람은 소수고, 당신에게 도움받으려는 사람들은 많아진다. 스스로 노력해서 번 돈이 아닌 이상, 제대로 사용될 리 만무하다.

돈을 쉽게 주고받는 것은 돈을 빌려준 사람과 돈을 빌려 쓴 사람 모두에게 안 좋은 결과를 초래할 수밖에 없다. 가족이건, 가까운 친구건 상대방을 위해서라도 돈거래는 신중히 해야 한다.

자신의 부를 꼭 자랑하고 싶으면 일기를 써라. 아무도 보지 않는 일기에다 맘껏 자랑하면서 기분을 내는 것이다.

남에게 한턱내러 돌아다닐 바에, 그게 훨씬 현명한 일이다.

시간에 대비하라

세상의 모든 일은, 완성하는데 필요한 최소한의 시간이 있다. 밥 짓는 것조차도, 익히고 뜸 들이는 시간이 필요하지 않는가. 하물며 돈을 벌고, 모으고, 자산을 늘리는 데도 당연히 시간이 필요하다.

돈이란, 버는 것으로 시작하여 그것을 모으고 관리하면서, 삶의 버팀목이 되어 주는 든든한 자산으로 만들어야 한다.

그러는 과정이 항상 쉽지만은 않다. 정책변화, 경기 상황, 관계 대처 등 다양한 요소의 영향으로 인해 시간 싸움을 할 일이 생긴다.

그럴 때, 시간을 이기려고 하기보다는 참고 견뎌내야 한다.

경기가 안 좋은 상황에서 예전과 똑같은 소비생활을 할 순 없다. 매년 가족들과 해외여행을 갔더라도 경기가 안 좋을 때는 한 번쯤 참아야 할 일도 생긴다.

이런 경우도 있다. 투자를 할 땐 경기가 좋았지만, 몇 년 지나지 않아 부동산 규제 정책이 시작되었다. 그러면 본의 아니게 월세 수익이 줄어들거나, 대출 일부를 상환해야 하는 등 여러 가지 면에서 힘든 시기를 참고 인내하는 시간이 올지도 모른다. 생각만큼 수익이 늘지는 않고, 대출이자만 내면서 기다려야 할 수도 있다.

그럴 때 당신은 무조건 부동산을 처분하기보다는 본업에 충실하면서 규제 정책이 완화될 때까지 기다리는 것이 현명하다. 투자는 평생 해야 하는 일이기 때문에 진행하는 과정에서 각종 외부적인 변수가 발생할 수밖에 없다. 그럴 때 참고 기다려야 좋은 날을 맞이하는 것이다.

무슨 일이건 완성하는데, 시간이 필요하다. 이런 시간에 대비해야 한다.

초보들은 무턱대고 일을 벌여 놓으면 알아서 가치가 높아지고, 돈을 벌 수 있다고 착각한다.

집을 마련하는 것도 마찬가지다. 집만 사면 끝이라고 생각한다. 그다음의 절차와 시세가 상승하기까지 걸리는 시간을 생각하지 않는다. 그래서 생각보다 시세가 금방 오르지 않으면, 쉽게 지치고, 실망하고, 포기하게 된다.

투자를 시작하기 전에 애초에 시간에 대비하는 자세를 갖춘다면, 작은 흔들림에 쉽게 동요되지 않고 기다릴 수 있다.

밥을 짓는데 뜸 들이는 시간이 필요하다고 생각하는 사람과, 바로 뚜껑을 열고 꺼내 먹으려는 사람에겐 분명 차이가 있다.

뜸 들이는 시간을 인정하는 사람은 기다릴 줄 알기 때문에 감사한 마음으로 맛있게 지어진 밥을 먹을 수 있다. 그러나 그렇지 않은 사람은 배고픔을 참지 못하고 뚜껑만 자꾸 열어보다 오히려 제대로 밥도 못 먹고, 쫄쫄 굶게 된다.

뭐든 기다려야 하는 시간이 있음을 명심하자.

기다리는 자에게 복이 있다는 옛 속담은 그냥 생긴 것이 아니다. 기다릴 수 있는 자만이 실패하지 않는다.

부동산 투자에서는 인내심이 곧 성공을 뜻한다.

당신 스스로 할 수 있다. 그 방법을 배워라

어린 시절, 부모가 모든 것을 해준 사람들은 자립심이 부족할 수밖에 없다. 뭐든 스스로 찾아서 하기보다, 타인에게 의존하거나, 누군가 지시해주길 기다린다.

세상은 결국 혼자 살아가는 곳이다. 부모님이 언제까지나 도와주고, 보호해줄 수 없다. 상황이 그런데도 누군가 명령을 내려주지 않으면 스스로 아무것도 하질 못하는 사람이 있다.

그러나 타인 의존도가 높을수록 실패하는 확률이 높다.

이는 모든 분야의 공통된 법칙이다.

가령, 장사를 한다고 하자.

타인에 대한 의존도가 높을수록, 밑바닥부터 시작하는 것을 두려워한다. 그러다 보니 손쉽게 가맹점 계약으로 돈을 벌려고 한다. 그러나 가맹점을 차려서 돈을 버는 것은 확률이 매우 낮다. 그 이유는 본사와 가맹점 사이의 이익 관계 때문이다.

계약상으론 본사와 지사처럼 서로 협력하는 듯 보이지만, 실제론 각자 살아남기 바쁜 관계다.

그래서 가맹점이 돈을 벌면, 본사가 가맹점을 직영점으로 만들려는 협잡 짓을 하는 경우도 생기는 것이다. 본사는 가맹점들의 매출을 모두 볼 수 있다. 어디가 돈을 벌고, 순이익이 높은지 한눈에 파악할 수 있다. 본사도 살아남아야 하는데, 노른자 같은 가맹점을 그대로 둘 것 같은가.

물론 모든 체인점 본사들이 그렇다는 것은 아니지만, 목구멍이 포도청이라는 말처럼 본사 역시 생존이 걸린 문제에선 어떤 짓을 할지 아무도 모른다. 실제로 필자는 많은 가맹점이 본사의 부당한 대우 때문에 울며 겨자 먹기로 계약 해지를 하고 물러나는 경우를 많이 목격했다.

투자도 마찬가지다.

늘 말하듯, 결코 남이 내 재산을 불려 주지 않는다. 제아무리 좋은 조건을 제시한다고 할지라도 타인에게 의존하지 말아야 한다. 초보들이 흔히 착각하는 것 중 하나가, 상대방이 약속을 꼭 지켜줄 것이라 믿는 점이다.

가령, 연 10% 수익 보장이라는 상품을 보면서 상대방이 꼭 10% 수익을 챙겨줄 거라고 착각하는 것인데, 대부분 약속을 어긴다. 상대방이 약속을 어길 때 초보자가 할 수 있는 일이라곤 자신의 돈을 떼이는 일밖에 없다.

초보들이 모여 소송을 하더라도, 받아내기는 어렵다.

대부분 법인을 통해 개인과 계약을 했을 것이고, 법인은 폐업이나 해산을 하면 받아낼 수 있는 대상이 사라지기 때문이다.

P2P 사기, 공.투 사기, 집단 사기 등이 끊임없이 지속되고, 새로운 방법으로 사기 피해가 계속 발생하는 이유가 무엇일까. 스스로 공부해서 투자하지 않고, 남에게 기대려는 사람들이 그만큼 많기 때문이다. 사기 치는 사람만 욕할 수 있을까. 자신의 돈을 남에게 쉽게 맡기는 사람들도 일말의 책임을 져야 할 것이다.

남 좋은 일 시키지 말고, 비록 시간이 걸리더라도 당신 스스로 할 수 있는 방법을 배워라.

성공한 사람들 모두, 자신들이 직접 했다.

도널드 트럼프는 뉴욕에 트럼프 플레이스를 건설하기 위해 30년의 세월을 참고 기다렸다. 자신이 직접 모든 것을 배우고, 경험하면서 그렇게 부자가 되었다.

스스로 자산을 늘리는 방법은 0에서 1로 가는 게 어려운 것이다. 일단 1을 만들어 놓으면, 그다음부터는 쉽다.

필자가 지금까지 말한 원칙과 노하우만 잘 지켜도, 실패는 반드시 피할 수 있다.

에필로그

집이 당신의 평생직장이다

옛날 어르신들이 흔히 하는 말이 있다.

안정적인 직장에 들어가서 월급 착실히 받으면서 생활해라, 괜히 쓸데없이 투자 같은 건 하지도 말아라 등등. 경제위기를 경험했던 세대라 그런 말을 하시는 것도 어느 정도 이해할 수 있다.

그러나 세상은 이제 바뀌었다. 착실히 월급 받으면서 회사에 다니고 싶어도, 평생 월급을 책임져 줄 회사는 점점 줄어들고 있다. 누군들 매달 나오는 월급이 싫을까.

공무원이라고 다르지 않다. 월급 받는 사람들의 상황은 다 마찬가지다. 공무원은 철밥통이라는 말도 이제 옛날 말이다.

기업의 상황도, 국가의 상황도 모든 것이 내 맘처럼 흘러가지 않는다는 것을 인정해야 한다.

사회가 발전함에 따라 더욱 복잡해지고 있다. 이제는 개인이 과거보다 더 많은 일을 해야 하고, 할 수 있는 시대가 되었다.

과거에는 몇 사람이 해야 했던 일을, 이제는 한 사람이 해야 하는 시대다. 먹고, 입고, 보는 것조차도 다양한 선택지 속에서 스스로 결정해야 한다. 그에 따라 결정장애라는 신종 '장애'마저 생기고 있다.

이러한 사회 현상은 더 이상 과거처럼, 개인이 누군가를 보살피는 게 힘들어지고 있다는 것을 뜻한다. 과거에는 개인이 해야 할 일이 적었던 만큼, 타인을 돌볼 여유가 있었다. 그러나 이제는 보호자들조차 자기 앞가림하기 바쁘다. 기업도 그렇고, 국가도 그렇고 자기 앞가림하기 바쁜 것이다.

이런 상황에서도 물가 상승과 인플레이션 현상은 진행 중이다. 그 속도는 소득이 증가하는 속도보다 훨씬 빠르다.

이제 월급 하나에만 의존할 수 없게 되었다. 직장이 안전한 노후를 보장할 수 없는 상황이다.

그렇기 때문에 각자 스스로 준비해야 한다. 정말 하루 삼시 세끼만 먹고 살 작정이 아니라면, 지금부터 소득원을 다양하게 마련해 놓아야 한다.

A 씨는 직장을 다니면서 노후대책으로 국민연금 하나만 가입했다. B 씨는 직장을 다니면서 국민연금뿐만 아니라 부동산을 몇 채 사놓았다. 30년 후, 이들의 경제 사정이 다를 거란 것은 불 보듯 뻔한 사실 아닐까.

알면서도 가만히 있는 것은 더 나쁘다. 금수저를 물고 태어난 사람들을 보면서 부러워만 하고 있을 것이 아니라, 자신 스스로 수저를 만들어야 한다. 그중에서 가장 쉽게 시작할 수 있는 것이 바로 집을 사는 것이다.

월급을 받고 있는 동안 관심을 두고 꾸준히 병행하는 것이 좋다. 당장은 체감하기 어려워도, 집은 분명 시간이 흐르면서 당신에게 보답을 할 것이다. 자산은 당신을 배신하지 않는다.

더 이상 누군가 당신을 돌봐주기를 기대하지 말자. 기대하지 않으면 스스로 생존할 방법을 찾게 될 것이다. 자본주의사회에서 그 방법은 바로 생산수단을 취득하는 것이며, 평범한 사람이 접근하기 가장 쉬운 예가 바로 집이다.

당신이 사놓은 집은 언젠가 분명 효도할 것이고, 평생직장 따위 없어도 여유로운 노후를 보낼 수 있도록 도와줄 것이다.

투자는 계획대로 되지 않는다

많은 사람이 인생의 모든 것을 계획하려고 한다.

이는 계획이 주는 심리적인 안정감 때문일 것이다. 하지만, 인생을 경험해 본 사람이라면 알 수 있겠지만, 계획해서 제대로 이루어진 것이 과연 몇이나 있을까?

투자 역시 마찬가지다.

'올해 꼭 실천해서 내년에는 목표 수익률을 달성하고, 5년 뒤엔 경제적 자유를 이루겠다.'

이런 멋진 슬로건 따위를 내건다고, 실제로 똑같이 이루는 사람이 얼마나 될까?

실제 경험을 근거로 유추를 해보아도, 1%의 확률도 안 될 것이다.

계획이 이루어지지 않는 이유는 변수가 계속 발생하기 때문이다. 미래는 신의 영역이다. 인간이 함부로 모든 것을 계획하고 준비할 수 없다.

국가의 판도가 달라질 수 있고, 정책에 따라 시장 경기가 변할 수 있다. 그러한 모든 것들을 개인이 일일이 대처할 수 없는 것이다. 오죽하면 '신을 웃기려면 당신의 계획표를 보여줘라."라는 말이 있겠는가.

앞에서도 잠시 말했지만, 투자는 계획보다 상황에 대처하는 능력이 더 중요하다.

구체적으로 얘기하자면 집을 살 때, 대처 가능한 방어막이 바로 전세율이다. 전세율이 높은 부동산은 거품이 적고, 적정 가치에 가장 가깝다는 지표이기 때문에 변수가 생겨도 대처하기 쉬운 것이다.

이 책의 Part 4. 실행전략 부분은 반복해서 읽는 것이 좋다. 전세율, 입지 선정, 수익률에 대해 완벽히 이해한 뒤, 투자를 시작해도 늦지 않다. 필자가 말한 방식을 따라 투자 지역과 물건을 선정한다면 잃지 않는 투자를 할 수 있다.

잃지 않는다면, 수익이 작더라도 결국 이익이다.

계획을 세우는 것은 오히려 실천하지 못한 계획에 공허함과 자괴감만 낳는다. 계획을 짜는 데 애쓰기보다 상황에 대처할 수 있도록 준비를 하자.

또한, 투자는 방학 동안 잠시 생활계획표를 세우는 것과는 다르다. 투자는 평생 하는 것이다. 잠깐 해 놓고 남은 인생을 편히 쉬는 게 아니다.

연예인이나 스포츠 스타처럼 큰돈을 버는 사람들이 건물주가 되었다는 소식을 보고 박탈감을 느끼는 사람들이 종종 있다. 그러나 그런 사람들 역시 큰돈을 벌기까지 오랜 기간 훈련과 연습을 했다는 사실을 간과해서는 안 된다. 남들 눈에는 한 번에 이뤄진 대박 행운처럼 보이지만, 그 숨겨진 이면에는 얼마나 많은 노력이 있었는지 아무도 모르기 때문이다.

따라서 남의 인생이 어떻게 흘러가는지 지켜보는 건 의미 없다. 당신의 인생이 어떻게 흘러가는지가 더 중요하기 때문이다.

간혹 보면 남의 인생에 유난히 관심을 갖는 사람들이 있는데, 그런 사람 치고 부자 되는 것을 보질 못했다. 남의 인생에 관심을 가질수록 그 사람의 인생만 돋보이게 만들 뿐이다. 반대로 당신의 인생은 점차 빛을 잃어간다. 아무도 관심 가져주지 않으니까 말이다.

빛나는 미래를 만들기 위해, 이제부터라도 남의 인생이 아닌 당신의 인생에 관심을 기울이는 게 어떨까.

인생은 길고, 지름길은 없다

노력하지 않고 편하게 갈 수 있는 길은 없다.

어린 시절 보았던 공상과학영화가 떠오른다. 두뇌에 선을 연결하여 컴퓨터의 방대한 정보와 지식을 머릿속에 집어넣는 장면이 있었다. 그 장면은 어린 필자에게 신선한 충격을 주었다. 굳이 힘들게 공부하지 않아도 될 것 같았기 때문이다. 머지않은 미래에 그런 꿈만 같은 기술이 실현될 것 같았다.

듣기만 해도 되는 공부법, 보기만 해도 되는 공부법, 즐기면서 하는 공부법, 잠자면서 하는 공부법, 온갖 쉬운 공부법들이 다양하게 쏟아지고 있다. 그러나 이렇게 쉬운 방법으로 성공한 사람이 단 한 사람이라도 존재하는가?

없다.

노력하지 않고 성공할 수 있는 편한 길은 절대 없기 때문이다. 먼 미래에도 필자가 어린 시절에 보았던 꿈같은 기술은 절대 실현되지 않을 것이다.

그 이유는 인간 뇌의 작동 원리 때문이다.

인간의 뇌는 장기 기억과 단기 기억으로 나뉜다. 이를 뇌 과학에서는 단기기억은 해마에 저장되고, 장기 기억은 대뇌피질에 저장된다고 한다.

쉽게 말하자면, 인간의 뇌는 단기 기억을 반복하여 장기 기억에 저장하는 것이다. 그저 한 번의 습득으로 그것을 장기 기억에 저장할 수 없다. 이는 모든 분야에서도 그대로 적용된다.

투자 분야도 마찬가지다.

투자 한 번으로 부자가 되는 사람은 없다. 한 번의 투자로 모든 것을 완벽하게 통찰하는 사람도 없다. 집을 사는 것도, 평생 딱 한 번의 기회로 완벽한 구매를 하는 것이 아니다.

당신이 전월세도 살아보고, 공부도 하고, 투자용 집도 사보면서 그런 경험들이 모여 당신의 장기 기억에 저장되면서 비로소 실력이 되는 것이다.

노력하지 않는 편한 길은 결코 없다. 그런 길이 있다면, 왜 그 많은 사람이 늘 돈 때문에 고민하겠는가.

남에게 맡기면 100% 수익률을 준다는 그런 곳을 당신만 알고 있는 정보라 생각하는가? 애초에 그런 길은 없다는 것을 알기 때문에 사람들이 그런 정보에 눈길조차 주지 않는 것이다.

당신도 빨리 깨달아야 한다. 그런 길이 없다는 것을.

인생은 의외로 길다. 지나고 나서 되돌아보는 것은 짧게 느껴져도, 그 속에서 현재를 살 때는 무척 길게 느껴진다. 특히 무엇인가를 참고 인내할 때는 더욱 지루하고 견디기 힘들게 느껴진다.

사람들은 이익을 볼 생각만으로 투자를 시작하지만, 여러 가지 변수에 따라 견뎌내야 할 때가 온다. 대부분 투자에서 큰 손해를 보는 경우는 바로 이런 시기를 버티지 못해서이다.

애초에 이런 점을 미리 알고 투자를 한다면, 견디는 것이 오히려 수월할 수 있다. 뭐든지 예상한 것은 그 충격이 크지 않기 때문이다.

준비된 위기는 위기로서의 가치가 없다. 오히려 기회가 될 수 있다. 따라서 당신이 투자를 할 때, 빨리 이익을 보거나, 무조건 성공할 거라는 한쪽 면만 보질 말고, 시세 하락 또는 조정 기간을 대비할 수 있는 다른 면도 볼 수 있도록 하라.

부동산은 주식과 다르게 상장 폐지라는 것이 없다. 극단적인 최악의 경우, 부동산이 모두 전소가 되더라도 땅은 남게 되고, 그 땅에 새로운 것을 지으면 가치는 더 올라간다.

그렇기에 주식투자는 대비했다고 하더라도, 상장 폐지를 당하면 투자금이 모두 날아가지만, 부동산은 대비하는 것만으로도 얼마든지 버틸 수 있다. 그렇게 버티다 보면 상승기가 다시 오는 것이다.

젊을수록 실패를 해도 또 다른 기회가 있다. 하지만, 나이가 들수록 그 기회는 크게 줄어든다. 잘 나가다가 한순간의 실패로 모든 것이 물거품이 되는 경우도 많다. 나이가 들어서 재기하는 것은 젊을 때의 그것보다 두 세배는 더 힘들다. 그러니 꼭 감내할 수 있는 폭 안에서 투자를 하고, 하락에 대비해야 한다. 그래야 이를 밑거름 삼아 성공할 수 있는 것이다.

마트에 가면 계산대가 여러 곳이 있다. 한 군데 서 있으면 빨리 계산하고 집에 갈 수 있는데, 빨리 계산하려고 이 줄 저 줄 옮겨 다니다가, 마트 마감 시간까지 혼자 서 있게 된다.

부자가 되는 과정, 투자를 하는 과정도 그렇다. 제대로 된 방법으로 꾸준히 나아가면 결국 수익을 내고 성공하는 게 불 보듯 뻔한데, 이것저것 재보고 지름길을 찾다가 결국 망쳐버린다.

다시 한번 말하지만 투자에 지름길은 없다.

조급해하지 말고, 책에서 배운 대로 천천히 실행하면 결국 성공한다.

필자는 투자 초보 시절, 홀로 고군분투하면서 여러 차례 시행착오를 겪었다. 시대에 뒤떨어진 교육 자료나, 투자에 불필요한 내용 때문에 쓸데없는 시간 낭비를 했던 것이다. 이 세상에 불필요한 경험은 없다고 하지만, 필자 생각에 투자 분야는 다르다.

돈이 걸린 문제이기 때문에 잘못된 투자 한 번으로 수익 모두를 날릴 수도 있고, 재기불능의 상태가 될 수도 있다. 이왕이면 불필요한 시행착오는 겪지 않는 것이 좋다. 그런 이유로 전설 같은 영웅담보다는 부동산 투자를 할 때 꼭 알아두어야 할 실무적인 내용을 중심으로 책을 썼다.

필자의 책을 통해 독자 여러분들이 스스로 좋은 물건을 찾아, 꼭 집을 사기 바란다. 집은 지금까지 그래왔던 것처럼 미래에도 위기를 방어할 수 있는 당신의 든든한 안전 자산이 되어 줄 것이다.